高等职业院校劳动教育"新形态"教材

U0641316

大学生劳动教育
（微课版）

主　编　黄婷婷
副主编　温彩霞　刘慧婧
参　编　赵巧凤　张双双　刘亚东　锡娟娟
　　　　宫珍珍　侯玉玲　郭琳琳　董传慧

电子工业出版社
Publishing House of Electronics Industry
北京·BEIJING

内 容 简 介

本书紧密结合新时代劳动教育的特点和要求，设置三篇八章内容。"铸魂篇"由"劳动精神""劳模精神""工匠精神"三章构成；"增智篇"由"劳动文化""劳动心理""劳动法律"三章构成；"实干篇"由"劳动安全""劳动实践"两章构成。本书设置"导读导学""知识拓展""阅读延伸""问题讨论""实践演练"等栏目，将课堂教学灵活化，凸显本书内容的思想性、知识性、时代性和实践性等特点。

本书作为一本新形态教材，配有大量二维码资源。"资料链接"类二维码通过案例、故事等形式拓展本书内容；"教学讲解"类二维码通过教师讲解知识点等形式突破教学重难点；"动漫解说"类二维码通过动画人物问答等形式增强理论学习的吸引力和感染力。

图书在版编目（CIP）数据

大学生劳动教育 ：微课版 / 黄婷婷主编. -- 北京 ：
电子工业出版社，2024. 8. -- ISBN 978-7-121-48794-1

Ⅰ. G40-015

中国国家版本馆 CIP 数据核字第 20249HW929 号

责任编辑：孙　伟
印　　刷：三河市君旺印务有限公司
装　　订：三河市君旺印务有限公司
出版发行：电子工业出版社
　　　　　北京市海淀区万寿路 173 信箱　邮编　100036
开　　本：787×1 092　1/16　印张：15.25　字数：390.40 千字
版　　次：2024 年 8 月第 1 版
印　　次：2025 年 7 月第 2 次印刷
定　　价：48.90 元

劳动教育是新时代党对教育的新要求，是中国特色社会主义教育制度的重要内容，是全面发展教育体系的重要组成部分。2020年3月，中共中央、国务院印发《关于全面加强新时代大中小学劳动教育的意见》，提出把劳动教育纳入人才培养全过程，贯通大中小各学段，贯穿家庭、学校、社会各方面，促进学生形成正确的世界观、人生观、价值观。2020年7月，教育部印发《大中小学劳动教育指导纲要（试行）》。两个重要文件的印发为学校开好劳动教育这门必修课提供了指导，劳动教育被赋予了前所未有的重要地位。

本书旨在贯彻新时代党的教育方针，深入实施劳动教育，帮助青年学生树立正确的劳动观，培养积极的劳动态度，养成良好的劳动习惯，提升劳动素养。在内容编排上，本书紧密结合新时代劳动教育的特点和要求，以培养青年学生劳动精神和劳动素养为目标，以强化青年学生劳动认知和劳动技能为关键，设置了三篇八章内容。"铸魂篇"由"劳动精神""劳模精神""工匠精神"三章构成；"增智篇"由"劳动文化""劳动心理""劳动法律"三章构成；"实干篇"由"劳动安全""劳动实践"两章构成。本书具有如下特色。

1. 内容设置精要实用。本书注重强化马克思主义劳动观教育，弘扬劳动精神、劳模精神、工匠精神，结合高等职业教育教学实践，精选青年学生认为实用、期望进一步学习和了解的内容，践行"管用、够用、能用、适用"原则。

2. 结构设计精巧新颖。本书设置了"思维导图""导读导学""知识拓展""阅读延伸""问题讨论""实践演练""以劳育美"等栏目，凸显了内容的思想性、知识性、时代性和实践性。

3. 配套资源丰富立体。本书配有大量二维码资源，可作为新形态、富媒体化教材。"资料链接"类二维码通过案例、故事等形式拓宽了内容覆盖面，"教学讲解"类二维码通过教师讲解知识点等形式对重难点知识进行了强化讲解；"动漫解说"类二维码通过动画人物问答等形式增强了理论学习的吸引力和感染力。使用手机扫描二维码，便可随时观看。

4. 案例素材生动鲜活。本书编者从实际出发，精心收集、整理案例素材，意在用实际案例调动青年学生热爱劳动的主观能动性。本书中的案例既有历史的深度，又具有新时代的高度，突出时代特色，力求满足青年学生期望。

5. 思政元素深度融合。本书不仅能传授劳动相关理论、指导劳动实践技能、培育正确劳动观念，还能帮助青年学生塑造健全人格、磨砺坚强意志、锤炼高尚品格。本书融入社会案例、时事政治、历史人文等大量思政元素内容，深入剖析劳动教育中的思政元素，着力培养青年学生"衣食无忧而不忘艰苦、岁月静好而不丢奋斗"的优良品质。

本书由山东交通职业学院马克思主义学院黄婷婷担任主编，并邀请潍柴控股集团有限公司所属企业专家及山东交通职业学院教师参与编写。编写过程中，潍柴控股集团有限公司大国工匠王树军对本书提供了帮助，我们也参考吸收了有关专家、学者的最新研究成果，在此一并表示感谢。限于编者水平，书中难免存在不足之处，敬请广大读者提出宝贵意见。

编　者
2024 年 5 月

目　录

CONTENTS

增智篇

铸魂篇

第一章　劳动精神

思维导图

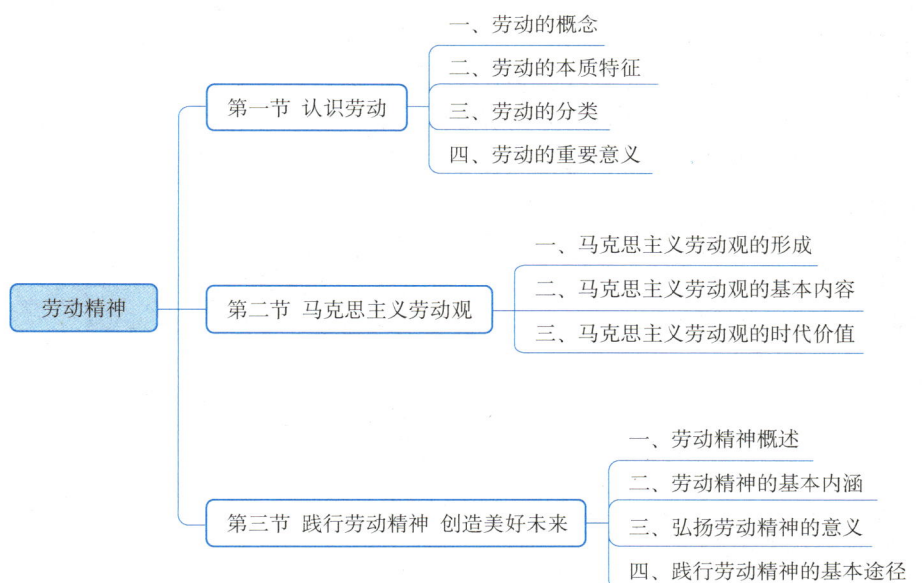

劳动精神

第一节　认识劳动
- 一、劳动的概念
- 二、劳动的本质特征
- 三、劳动的分类
- 四、劳动的重要意义

第二节　马克思主义劳动观
- 一、马克思主义劳动观的形成
- 二、马克思主义劳动观的基本内容
- 三、马克思主义劳动观的时代价值

第三节　践行劳动精神　创造美好未来
- 一、劳动精神概述
- 二、劳动精神的基本内涵
- 三、弘扬劳动精神的意义
- 四、践行劳动精神的基本途径

导读导学

　　劳动精神是一种对待劳动的态度，是每位劳动者为创造美好生活而在劳动过程中秉持的劳动态度、劳动理念及其展现出的劳动风貌。劳动精神是对马克思主义劳动观的继承与创新。弘扬劳动精神，用劳动精神培育新时代青年学生，不仅是培养青年学生综合素质的要求，还是民族复兴的需要。

　　青年学生要大力弘扬劳动精神，懂得劳动最光荣、劳动最崇高、劳动最伟大、劳动最美丽的道理，真正认识到劳动对人类社会发展的重要意义。在学习和成长过程中，青年学生要秉持崇尚劳动的态度，尊重劳动者及其劳动成果；感悟热爱劳动的真情实感，充分发挥自己的积极性、主动性和创造性，用心对待自己的专业、职业；传承中华民族辛勤劳动的品格，踏实工作、勤勉劳动，力争在平凡岗位上干出不平凡的业绩；坚持诚实劳动的德行操守，努力通过脚踏实地、诚实守信来实现人生梦想。

学习目标

【知识目标】
1. 理解劳动的重要意义。
2. 掌握马克思主义劳动观的基本内容。
3. 掌握劳动精神的基本内涵。

【能力目标】
1. 理解劳动的本质特征和重要性，将崇尚劳动的精神内化于心、外化于行。
2. 树立正确的劳动观念，掌握基本的劳动知识和技能。
3. 掌握劳动精神的实践路径，自觉践行劳动精神。

【素质目标】
1. 树立崇尚劳动的观念，培育热爱劳动的情怀。
2. 传承辛勤劳动的品格，养成诚实劳动的操守。
3. 积极参与劳动实践，增强担当意识，厚植家国情怀。

第一节　认识劳动

一、劳动的概念

　　劳动，是人类运动的一种特殊形式，是人类维持自我生存和发展的唯一手段，是人类适应和改造自然的独特活动方式。劳动一词贯穿于人类发展的始终，在不同历史时期，劳动内涵是不一样的。在农业社会，体力劳动是劳动的主要方式，劳动的对象主要是土地和动植物，并未出现较为明显的体力劳动和脑力劳动的分工。在工业社会，机械劳动变成劳动的主要方式，人类开始利用各种工具，体力劳动和脑力劳动的分工明显。此时，劳动以创造信息的服务性劳动为主，脑力劳动的重要性明显超过体力劳动。在以人工智能为特征的新时代背景下，劳动的内涵也随着劳动形态的发展而愈加丰富，更加彰显出创造性、人文性、育人性等特征，劳动者展现出吃苦耐劳、踔厉奋发、无私奉献等品质。

结合社会历史发展，可以将劳动的概念归纳为"劳动是人类所特有的创造物质财富和精神财富的实践活动，是人们为了满足物质和精神需要而对体力和脑力的耗费"。

二、劳动的本质特征

马克思认为，整个人类社会的发展，都是人类在共同劳动过程中发挥主观能动性改造客观世界而形成的。首先，劳动创造了人，是劳动把人从自然界中分化出来。其次，人们在劳动中推动社会历史的发展。有了人类的劳动，才有了满足人类生存所必需的前提，才产生了生活和历史，并推动社会历史的发展。最后，劳动是实现人的自由全面发展的前提。人在改变外部自然的同时，也使人自身得以改变和完善。可以说，人类历史的产生与劳动的产生是同一个过程，人类的发展史就是一部劳动史。恩格斯认为，手的使用和语言、思维的产生，都是在生产劳动过程中形成和发展的。正是由于劳动，人才得以从动物界中分化出来，所以说劳动创造了人本身。由此可以看出劳动具有以下本质特征。

（一）人类特有性

劳动，使人类得以和动物区别开来，使人类从自然性转向社会性。劳动是人类的本质活动，也是人类所特有的创造物质财富的实践活动。从表面上看，劳动是人类对自身生活有用的自然物质的占有，这与自然界的动物的活动没有什么区别。但是，诸如蜘蛛通过织网捕食猎物，蜜蜂通过建筑蜂房储存蜂蜜，燕子通过衔草筑巢繁殖后代，都只是动物生存的一种本能，并不能称之为劳动。动物只会本能地从自然界攫取现存的生存资料，而不会创造社会财富，人类却能通过自身的劳动对自然界进行改造并从中获取有利于自身生存或发展的物质资料。只有利用劳动工具或其他手段利用自然、改造自然的有目的的活动才能称之为劳动，这也是人和动物的根本区别。劳动是人类社会所特有的能动性活动，是人自由自觉的内在生命活动，是人内在的自我确证的需要。

（二）自觉能动性

劳动是自然属性与社会属性相统一的对象性活动。人通过劳动使体力和脑力得到不断发展，在创造物质财富和精神财富的同时，也实现自身发展。劳动既是一种客观物质性活动，又是一种有目的的社会性活动。马克思指出："蜘蛛的活动与织工的活动相似，蜜蜂建筑蜂房的本领使人间的许多建筑师感到惭愧。但是，最蹩脚的建筑师从一开始就比最灵巧的蜜蜂高明的地方，是他在用蜂蜡建筑蜂房以前，已经在自己的头脑中把它建成了。"人类在劳动过程中，是有明确的目标的，不仅知道为什么去做、怎样去做，而且知道将会做成什么样。人类可以按照自己设计的蓝图进行伟大创造，对自然界进行改造。

（三）创造性

劳动是人类所特有的实践活动，但有自觉能动意识、有目的性的活动，并不都是劳动。人类活动不等同于劳动。活动可以是积极的，也可以是消极的，可以是娱乐消遣，也可以是创新创造。劳动是"积极的、有创造性的"活动。劳动必须具备两个特征才能成立：一是一定脑力或体力的付出，二是社会财富的创造或增加。只有同时符合这两个要求的人类活动才是劳动。例如，一些有目的性的娱乐、休闲活动，我们称之为消费性活动，而不能称之为劳动。只有那些能够创造出物质财富或精神财富的创造性活动，才能称之为劳动。

人类除了在生产生活中劳动，还会从事许多服务性劳动，劳动类型丰富多样，但都具有创造性。劳动绝不是简单地重复或模仿前人的活动，人们会不断冲破固有模式的束缚，使劳动适应社会变迁和时代发展。

（四）进步性

劳动是人类社会发展的根本动力。正是由于劳动，人类才能不断地适应和改造自然界，创造了物化世界。人类通过加工物质生活资料来满足生活的需要，不断地发展生产力，从而推动社会的进步。2013 年，习近平总书记在同全国劳动模范代表座谈时曾提到："人民创造历史，劳动开创未来。劳动是推动人类社会进步的根本力量。"

劳动是解放自然万物与人类自身的自由活动。人类的劳动过程是一个人化自然与人的自然化相统一的过程，人类不仅把自然界作为改造对象，同时也把自身作为改造对象，在改造自然界的同时也在改造自身。人世间的一切幸福都需要靠辛勤的劳动来创造，青年学生作为担当民族复兴大任的时代新人，必须树立正确的劳动观，崇尚劳动、尊重劳动，着力提升自己的综合素质，促进自身全面发展、健康成长，增进对劳动人民的感情，报效国家，奉献社会。

动漫解说
五一国际劳动节的来历

三、劳动的分类

马克思认为："劳动首先是人和自然之间的过程，是人以自身的活动为中介，调整和控制人与自然之间的物质变换的过程。"人类通过自己的智力和体力活动去改造自然界，人类社会创造财富的各类实践活动都是劳动。劳动是人类生存和发展的基础，无论社会发展到什么程度，人类始终离不开劳动。在不同的历史阶段，因为生产力水平的不同，劳动会呈现不同的类型。按照不同的标准，劳动可以分为不同的种类。

（一）具体劳动和抽象劳动

马克思在剖析商品的价值和使用价值时指出，生产商品的劳动有两个方面，即生产使用价值的具体劳动和生产价值的抽象劳动。

具体劳动包括人们的劳动目的、劳动工具、劳动对象、操作方法和劳动结果 5 个要素。由于劳动目的、劳动工具、劳动对象和操作方法不同，因此生产出的物品的使用价值就不同。例如，木匠制造家具的具体劳动，是用斧子、锯、刨、凿等劳动工具对木材等劳动对象进行加工，结果生产出桌、椅、立柜、床等产品。而农民种地的具体劳动则是用拖拉机、收割机、犁、耙等劳动工具，进行翻地、播种、收割等活动，从而收获农产品。具体劳动的方式有很多，具体劳动体现着人与自然之间的关系。

生产各种商品的具体劳动，尽管在特殊性质和具体形式上千差万别，但是，它们所创造的各种各样的商品都可以互相比较和交换，这表明在各种不同的具体劳动背后隐藏着某种共同的东西。撇开生产各种商品劳动的具体形式会发现，无论是木匠的劳动，还是铁匠的劳动，都是人类劳动力（脑力和体力）在一般生理学意义上的消耗，这是一切劳动共有的东西，即人类一般的、没有差别的劳动，也就是抽象劳动。抽象劳动形成商品价值，凝结在商品中的抽象劳动是价值实体。

抽象劳动是一个经济范畴，反映的是商品生产者相互交换劳动的社会关系。只有在商品生产的条件下，当人们的经济联系通过劳动产品的相互交换来实现的时候，耗费在这些劳动产品上的人类的脑力和体力，才能当作形成价值的一般人类劳动而被社会"抽象"出来。抽象劳动是价值的源泉，但抽象劳动不等于价值，抽象劳动只有凝结到商品中才能形成价值。抽象劳动没有质的差别，只有量的差别。作为价值实体的抽象劳动是劳动的社会属性，它体现着人与人之间的一定社会关系，是商品经济所特有的。

（二）技术性劳动与非技术性劳动

在社会经济发展的不同时期，技术的定义也不相同。从广义上说，技术是人类在利用和改造自然的劳动过程中积累与体现出来的知识、经验及技能，也包含人类在劳动中所创造的工具、机器和设备等。

在实际社会活动中，人们运用"技术"标准对劳动进行分类，往往更多的是出于社会对技术的"公认"的理解，没有过多的理由可以解释。例如，我国将车工、钳工、木工等工种列为技术工种，而将清洁工、门卫等工种列为非技术工种。这里，人们常将需要使用复杂工具来完成的工作及需要较高的文化知识来进行的劳动，视为技术性劳动；而将以体力劳动为主的工作，视为非技术性劳动。人们在运用技术标准时，还习惯将技术分为硬技术和软技术。人们通常将物质技术手段，即劳动资料，称为硬技术，而将与物质技术手段相适应的操作、控制和运用的方法、技巧与技术管理组合形式称为软技术。从硬技术角度来看，物质技术手段大体可以分为手工工具、机器（包括劳动力装置、传动装置和工作装置）、自动机等，与此对应的劳动为手工劳动、机械化劳动和自动化劳动。从软技术角度来看，手工劳动只是一种朴素意义上的技术，还谈不上真正意义上的技术，只有近现代的复杂的劳动才能称得上软技术。由以上分析可以看出，硬技术和软技术是不能绝对分开的，其发展越来越相互依赖。因此，硬技术和软技术的标准也是相对的。

在执行技术标准时，应该注意到有关技术水平的评价是随国家、地域的不同及某一时期的科学、经济、社会的发展变化而变化的。例如，半导体技术在 20 世纪 60 年代属于高新技术，到了今天，这种技术就已经是普通技术了。

（三）简单劳动和复杂劳动

人类需要的各种劳动在技术复杂程度上是不同的。简单劳动是指不必经过特别训练、每个正常的劳动者都能从事的劳动。复杂劳动是指需要经过专门训练、具有一定技术专长的劳动者才能从事的劳动，它包含比较多的技巧和知识的运用。马克思指出："比社会平均劳动较高级较复杂的劳动，是这样一种劳动力表现，这种劳动力比普通劳动力需要较高的教育费用，它的生产要花费较多的劳动时间，因此它具有较高的价值。既然这种劳动力的价值较高，它也就表现为较高级的劳动，也就在同样的时间内物化为较多的价值。"

简单劳动和复杂劳动在同等劳动时间内形成的价值量是不同的，复杂劳动可以折合为若干倍简单劳动，耗费较少时间的复杂劳动生产的产品可以与耗费较多时间的简单劳动生产的产品等价交换。复杂劳动与简单劳动是相对的关系。同样的劳动，相对于某一劳动可能是复杂劳动，而相对于另一劳动可能属于简单劳动，关键在于它的比较对象是什么。简单劳动和复杂劳动的划分标准取决于一国的科学技术和教育水平，在经济发展的不同时期和在经济发展程度不同的国家里有不同的划分标准，因而这种区分是相对的。但是在同一国家的同一时期内，简单劳动和复杂劳动的区别是客观存在的。

（四）体力劳动和脑力劳动

人类在劳动中不仅有体能消耗，而且有脑力支出。也就是说，在劳动中体力劳动和脑力劳动是共同存在的。但是，对于某项或某类具体劳动来说，从计划到完成的过程中，其体力消耗的强度及脑力的复杂程度常常是不均衡的。习惯上，人们将体力活动占优势的劳动称为体力劳动，而将脑力活动占优势的劳动称为脑力劳动。古人所讲的"劳力"与"劳心"分别指体力劳动与脑力劳动。

一直以来，社会上都存在脑力劳动高于体力劳动的观念，或者把劳动等同于体力劳动，把脑力劳动同体力劳动割裂乃至对立起来。这些观念和做法显然是不客观的，也不可能让人认同。从"人生在勤，不索何获"到"业精于勤荒于嬉"，从"成由勤俭破由奢"到"一勤天下无难事"，都说明中华民族不仅热爱劳动，更将勤劳、勤奋、勤俭作为一种融入血液的信仰。所谓的勤与劳，包含丰富的含义，既有动手层面的劳动，也有动脑层面的劳动，比如古人所称的"宵旰忧勤"中的"勤"，"宵旰忧劳"中的"劳"，就不可能只是干体力活。今天的大国工匠、劳动模范，他们让人震撼的不仅是对职业的热忱，对劳动的热爱，还有炉火纯青的技艺。如果只是简单重复"低级"劳动，而没有创新精神，没有日复一日地钻研，就不可能成为劳动的标兵。所以，职业无高低贵贱，无论从事什么工作，都是一种劳动付出，只是形式不同。

问题讨论

你是否认同"劳心者治人，劳力者治于人"这一说法？为什么？

（五）传统劳动与数字劳动

传统劳动的突出特征体现在劳动者依托自身的体力直接面对并占有劳动对象。传统劳动以机械化、工厂化、规模化的体力劳动为主要方式。

相对传统的体力劳动来说，数字劳动是一种新生概念。数字劳动是人类劳动方式的最新样态，是随着大数据、5G、人工智能、区块链等新技术的兴起，由数字化、网络化和智能化技术共同创造的劳动新形态。从劳动工具看，数字劳动是新技术催生的"智力型劳动"；从劳动对象看，数字劳动是加工数据和信息的"生产性劳动"；从劳动主体看，数字劳动是受众在数字平台的"创造性活动"。

数字劳动以科学技术的实时更新为内核，以互联网为生产领域，将大数据与实体经济相结合，不断加深数字劳动对传统行业的渗透，并对传统劳动进行重新分工，以促进传统产业结构转型升级。在全球化和大数据技术迅速发展的时代背景下，数字化已经成为不可逆转的大趋势。2020年2月25日，人力资源和社会保障部与国家市场监督管理总局、国家统计局联合向社会发布了16个新职业，其中网约配送员、人工智能训练师、全媒体运营师等都可归属于数字劳动群体范畴。

✎ 知识拓展

推动中国经济加"数"跑

数字经济，大潮涌动。十年间，我国数字经济规模从2014年的16.2万亿元，快速增长至2023年的约56.1万亿元，GDP占比也从25.1%升至44%左右。可以说，数字经济作为国民经济"稳定器""加速器"的作用更加凸显。从2017年"促进数字经济加快成长"，到2023年"大力发展数字经济"，再到2024年"深入推进数字经济创新发展"，政府工作报告对"数字经济"表述的每一次推进，都传递出我国坚定不移发展数字经济的决心和信心。

结合发展实际，2024年政府工作报告从打造具有国际竞争力的数字产业集群、大力推动数据开发开放和流通使用、加快形成全国一体化算力体系等方面进行了全面部署，为数字经济高质量发展指明了目标路径。

数字产业集群是培育壮大新质生产力的重要载体之一，具有空间集聚、资源共享、平台协作、管理高效等显著特点，是未来数字产业发展的主要趋势。打造具有国际竞争力的数字产业集群的过程，实际上就是破解关键技术"卡脖子"难题、突破数字技术壁垒的过程。通过深化大数据、人工智能等的研发应用，赋能千行百业数字化转型，形成一批具有竞争力的"链主"企业，带动产业链上下游企业形成"雁阵式"发展格局，构建起更加紧密的产业链生态，为新质生产力发展注入更多创新动力。

数据是新生产要素，也是国家战略性资源。促进数字技术和实体经济深度融合，离不开对数据的开发开放和流通使用。当前，我国数据要素市场仍处于初级阶段，亟须在数据产权、数据交易与流通等方面补齐制度短板。同时，要加快构建与数字经济发展相适应的数据治理体系，用法律护航数据要素的有序流动与高效使用，通过挖掘数据要素的潜在价值，推动数据资产化转向数据价值化，加快实现数据要素向现实生产力转化。

算力是数字经济时代的新型生产力，算力网是支撑数字经济高质量发展的关键基础设施。2024年政府工作报告首次提出"全国一体化算力体系"，从国家层面"一盘棋"

谋划数字经济基座，有助于更好地发挥算力驱动作用。目前，我国已在京津冀、长三角等地区布局建设了全国一体化算力网络国家枢纽节点，算力基础设施建设取得了积极进展。下一步，应从进一步打造自主可控的算力服务生态圈、构筑自立自强的数字技术创新体系等方面发力，为数字经济发展提供有力支撑。

资料链接
数字新质生产力的三个特征

依据其他分类标准，还可以将劳动分为必要劳动和剩余劳动、生产性劳动和劳务性劳动、物质生产劳动和精神生产劳动、私人劳动和社会劳动等。

时代在变，劳动精神永远不变，热爱劳动的人是幸福的，也是有充实感和成就感的，无论什么类型的劳动，只要能创造财富，能推动社会进步，就值得赞赏。

四、劳动的重要意义

马克思认为，人与动物最大的区别就是劳动的自觉性。有意识的劳动把人同动物的生命活动直接区别开来。因此，劳动具有极其重要的意义。

（一）劳动是创造美好生活、实现人生价值的基本途径

自然界为劳动提供材料，劳动把材料转变为财富，但是劳动的作用远不止于此。1876年恩格斯发表《劳动在从猿到人转变过程中的作用》一文，在这篇经典文献中，恩格斯深刻地指出人与自然之间存在着一种真实的劳动关系，劳动既是人改造自然的对象化活动，也是整个人类生活的第一个基本条件。他认为，人类在根本上是一种劳动性的存在，原因在于作为人类重要特征的一切东西，诸如手足、语言、大脑、思维等，都是在改造自然的劳动过程中得以形成和发展的。所以说，劳动不仅是整个人类生活的第一个基本条件，还是人类对自身进行生产和再生产的过程，劳动创造了人类本身，人类的本质是通过劳动得以确定和形成的。从哲学上讲，人类区别于动物的最重要的指标就是人类能够制造和使用工具。劳动不仅造就了人类的标志特性，使之有能力、有可能追求美好生活，并且在劳动实践的基础上，人类的本质力量不断地增强，发展越来越全面，物质和精神需求也更为广泛。

劳动是人类最基本的生产活动，也是为了生存和发展而进行的最迫切的活动。正是通过劳动，人类才具有了实现人生价值、追求美好生活的基本条件和途径。美好生活，作为一种生活目标，它是人类在实践中形成的、有实现可能的一种未来理想生活状态，劳动使人类追求美好生活成为一种必然。当前我国社会的主要矛盾已经转化为人民日益增长的美好生活需要和不平衡不充分的发展之间的矛盾，人们不再满足于丰衣足食，而是要从中获取更多的满足感和幸福感，这些都需要通过加倍的劳动获得。这就要求我们把握好"美好生活靠劳动创造"这一基本价值指向，正确认识劳动在人类的生存和发展中的重要地位，

相信通过劳动肯定能实现人类的美好向往，实现人生价值。

（二）劳动是推动人类社会进步的根本力量

马克思曾说："任何一个民族，如果停止劳动，不用说一年，就是几个星期，也要灭亡，这是每一个小孩都知道的。"在马克思看来，人类的历史其实就是一部劳动史。人类的生产劳动才真正构成了人类社会发展的基础，是解开人类历史发展秘密的钥匙。他说："人们为了能够创造历史，必须能够生活。但是为了生活，首先就需要吃喝住穿及其他一些东西。因此第一个历史活动就是生产满足这些需要的资料，即生产物质生活本身，而且，这是人们从几千年前直到今天单是为了维持生活就必须每日每时从事的历史活动，是一切历史的基本条件。"由此可见，只有立足于生产劳动才能真正理解人类历史的发展，只有劳动人民才是历史的创造者，而人类创造历史的实践就蕴含在日常生产劳动之中。在马克思的历史唯物主义中，劳动是"一切历史的基本条件"和"人类的第一个历史性活动"，它既是人类历史发展的事实起点，又是整个历史唯物主义建构的逻辑起点。只有从劳动当中，我们才能够洞悉人类社会进步和发展的真正秘密。

如今，劳模精神、劳动精神、工匠精神等新词汇，是对我国广大劳动人民的劳动和生产实践活动做出的高度凝练与本质概括，是全体劳动人民在为实现中华民族伟大复兴中国梦的路上留下的浓墨重彩的一笔。在国家发展和社会前进的过程中，我们要持续营造劳动光荣的社会风尚，这是一个长期且复杂的过程，更是一个艰巨但意义深远的任务。

（三）劳动是促进国家发展、人民幸福的强大动力

亚当·斯密作为劳动价值论的奠基者，认为劳动是衡量一切商品交换价值的真实尺度，他在《国富论》开篇指出"劳动是一切国民财富的源泉"。马克思高度评价了以上观点，并在《资本论》中提出了较为完整的劳动二重性理论，即把劳动区分为具体劳动和抽象劳动。劳动的二重性统一于劳动过程之中，"一切劳动，一方面是人类劳动力在生理学意义上的耗费；就相同的或抽象的人类劳动这个属性来说，它形成商品价值。一切劳动，另一方面是人类劳动力在特殊的有一定目的的形式上的耗费；就具体的有用的劳动这个属性来说，它生产使用价值"。在这里，马克思把商品看成使用价值和价值的统一体，不同形式的具体劳动主要决定使用价值，而凝结在商品中的一般的、无差别的抽象劳动则是形成商品价值的唯一源泉。马克思强调商品的价值是由劳动者创造的，要生产出一个商品，就必须在这个商品上投入或耗费一定量的劳动。这实际上表明，商品中有着一种体现了的、凝固了的或所谓结晶了的社会劳动。正是从这个角度而言，劳动是价值的唯一源泉。

因此，重申劳动创造社会财富这一观点，在新的历史条件下极具现实意义。虽然当代社会的劳动形态已经发生了巨大变化，但是劳动是社会财富的重要源泉这一观点仍然是颠扑不破的真理。从一个人依靠劳动自力更生到千百万人依靠劳动丰衣足食，劳动支撑起来的是整个国家的安定和发展。实现中华民族伟大复兴是中华民族近代以来最伟大的梦想，这个伟大梦想是与中华民族劳动人民的劳动和实践紧密联系在一起的，是广大劳动人民伟大劳动、不懈奋斗的价值指向。

阅读延伸

邓稼先：用一生诠释"中国脊梁"

1924年，邓稼先出生于安徽怀宁一个书香门第。1948年10月，为实现科技强国的夙愿，他赴美国普渡大学物理系深造，并表示："将来祖国建设需要人才，我学成一定回来。"他学习成绩突出，不足两年便读满学分，并通过博士论文答辩。此时他只有26岁，人称"娃娃博士"。1950年8月，邓稼先在美国获得博士学位9天后，便谢绝了恩师和同校好友的挽留，毅然决定回国。

1958年8月，邓稼先接受了钱三强提出的"国家要放一个'大炮仗'"的光荣任务，出任第二机械工业部第九研究院理论部主任，成为中国第一颗原子弹的理论设计负责人。他对妻子许鹿希说："做好了这件事，我这一生就过得很有意义，就是为了它死了也值得！"

在我国进行的前32次核试验中，邓稼先指挥了15次。1964年10月16日，中国第一颗原子弹爆炸成功。2年零8个月后，1967年6月17日，按照他和于敏提出的方案，中国第一颗氢弹爆炸成功。这同法国用8年、美国用7年、苏联用4年的时间相比，创造了世界上最快的速度。1971年8月，当杨振宁从邓稼先的来信中得知，"无论是原子弹，还是氢弹，都是中国人自己研制的，没有任何外国人参加"时，他既震撼又感动，激动的心情难以抑制，顿时热泪盈眶。1979年的一次氢弹试验中，降落伞没有打开，氢弹从高空直接摔到了地上。邓稼先不顾阻拦，"你们谁也不要去，这是我做的，我知道。你们去了也是白受污染"。他冲进试验场，希望第一时间找到原因。他明白弹头里装的钚239的辐射有多厉害，但他也知道，这一颗弹头造价有多高，他把国家的事业看得比自己的生命更重要。

1985年7月，邓稼先被检查出患了直肠癌，住进了医院。1986年7月4日，当时的核工业部向国务院递交了《关于建议授予邓稼先同志"全国劳动模范"称号的请示》，这时的邓稼先已隐姓埋名28年。7月17日，邓稼先在医院接过了全国劳动模范证书和奖章，他说："核武器事业是成千上万人的努力才取得成功的，我只不过做了一小部分应该做的工作……"他曾对妻子说："我不爱武器，我爱和平，但为了和平，我们需要武器。假如生命终结后可以再生，那么，我仍选择中国，选择核事业。"

邓稼先住院363天，动了3次手术，一直疼痛不止。即使这样，他仍忍着病痛和于敏共同书写了《中国核武器发展规划建议书》，赶在全面禁止核试验之前，使中国的核武器发展达到了实验室模拟水平。1986年7月29日，邓稼先去世。他临终前留下的话仍是如何在尖端武器方面努力，并叮嘱："不要让人家把我们落得太远……"

问题讨论

你学习的专业毕业后会从事什么类型的工作？它对社会发展有什么作用？

第二节 马克思主义劳动观

一、马克思主义劳动观的形成

早在中学毕业论文《青年在选择职业时的考虑》中，马克思就表述过"为人类幸福而劳动"的职业选择观，认为只有选择了最能为人类幸福而劳动的职业，所享受的才不是可怜的、有限的、自私的乐趣，这样幸福将属于千百万人。马克思青年时期就萌生了崇高的价值观和职业选择观，考虑到职业选择背后涉及的分工问题和劳动尊严问题，认为真正为人类谋福利的劳动就是值得尊敬的，个人也能在这种有尊严的职业中获得体面又幸福的人生价值。

在《1844年经济学哲学手稿》中马克思提出异化劳动理论，这部著作对马克思主义劳动观的形成意义非凡。异化劳动理论是马克思吸收前人异化理论，结合实践经验，对资本主义劳动过程的特征进行全面剖析所创造出的新理论，是马克思主义劳动观整个思想架构的核心。通过剖析异化劳动，马克思揭示了异化劳动的最终根源——资本主义雇佣制下生产资料的私人占有，并在批判资本主义制度和扬弃异化劳动的基础上提出自己心目中的理想社会——共产主义。

1845年—1846年，马克思和恩格斯在《德意志意识形态》中从劳动概念出发阐释自己的唯物史观，认为人的劳动是有目的、有意识的活动，是在前人基础上的、受到一定条件制约的活动。物质生产活动是人类生活的基本前提，人类为了生存需要不断劳动，在劳动过程中又会产生新的需要，在满足生存需要的同时又会繁殖新的生命。劳动让生活得以维持，让生命得以延续，它是人与人、人与自然双重关系的显现。"从直接生活的物质生产出发阐述现实的生产过程，把同这种生产方式相联系的、它所产生的交往形式即各个不同阶段上的市民社会理解为整个历史的基础，从市民社会作为国家的活动描述市民社会，同时从市民社会出发阐明意识的所有各种不同的理论产物和形式，如宗教、哲学、道德等等，而且追溯它们产生的过程"。唯物史观的确立为马克思创立劳动价值论提供了强有力的支撑，也为马克思第二个伟大发现——剩余价值论的提出奠定了深厚的理论基础。

马克思在《哲学的贫困》中阐述了自己的劳动价值论，他将唯物史观和劳动价值论结合，放到政治经济学中考察。随着研究的深入，马克思在《雇佣劳动与资本》中提出，资本家可以通过货币购买工人的劳动，工人可以获得资本家购买自己劳动力所支付的工资。而关于资本和劳动之间的关系，马克思则说："资本的实质并不在于积累起来的劳动是替活劳动充当进行新生产的手段。它的实质在于活劳动是替积累起来的劳动充当保存并增加其交换价值的手段。"进一步讲，工人的劳动是一种手段，积累起来的劳动能够支配活劳动就是资本积累的外在表现形式。在《政治经济学批判（1857年—1858年手稿）》中，马克思从商品的使用价值和交换价值的视角观察分析劳动的二重性。在《资本论》中，马克思深化了对劳动二重性的理解。他从一般商品开始分析，指出劳动二重性是理解政治经济学的枢纽，认为具体劳动生产商品的使用价值，抽象劳动决定着商品的价值。资本主义生产方式之下，工人把自己作为商品出卖，资本家购买这个劳动力商品，工人在必要劳动时间内除了要完成必需的工作量，还要能够生产其他剩余价值、实现价值增值。这标志着马克思劳动思想的成熟。

知识拓展

《青年在选择职业时的考虑》节选

在选择职业时，我们应该遵循的主要指针是人类的幸福和我们自身的完美。不应认为，这两种利益是敌对的，互相冲突的，一种利益必须消灭另一种的；人类的天性本来就是这样的：人们只有为同时代人的完美、幸福而工作，才能使自己也达到完美。

如果一个人只为自己劳动，他也许能够成为著名的学者、大哲人、卓越诗人，然而他永远不能成为完美无疵的伟大人物。

历史承认那些为共同目标劳动因而自己变得高尚的人是伟大人物；经常赞美那些为大多数人带来幸福的人是最幸福的人；宗教本身也教诲我们，人人敬仰的理想人物，就曾为人类牺牲了自己——有谁敢否定这类教诲呢？

如果我们选择了最能为人类福利而劳动的职业，那么，重担就不能把我们压倒，因为这是为大家而献身；那时我们所感到的就不是可怜的、有限的、自私的乐趣，我们的幸福将属于千百万人，我们的事业将默默地、但是永恒发挥作用地存在下去，面对我们的骨灰，高尚的人们将洒下热泪。

二、马克思主义劳动观的基本内容

（一）马克思的异化劳动理论

马克思在《1844年经济学哲学手稿》中，从四个维度对"异化劳动"理论进行了系统性阐释。马克思认为，劳动是人类特有的基本实践活动，劳动创造了人类社会，也创造了人本身。人可以通过劳动改变自然物，使之符合人自身的需要，还可以通过劳动创造快乐、幸福和美感。但是在资本主义生产过程中，人的劳动能力成了劳动力，劳动力成为商品进入市场，进一步成为可变资本，而劳动过程也相应转变为生产剩余价值的过程。这一系列转变，使人变成了工具，成为生产物质产品、创造剩余价值和利润的工具。因此当劳动对资本的实际隶属使劳动者作为资本的物的表现形式而成为异己的力量时，就与人的本质相违背了，就成为了异化劳动。

1. 劳动者与劳动产品相异化

马克思指出："劳动产品是固定在某个对象中的、物化的劳动，这就是劳动的对象化。劳动的现实化就是劳动的对象化。"劳动是劳动者主体力量的对象化，劳动者在他生产的劳动产品中使自己的价值得以实现。但是，在资本主义制度下，马克思认为，"劳动所生产的对象，即劳动产品，作为一种异己的存在物，作为不依赖于生产者的力量，同劳动相对立"。工人们无法占有自己的劳动产品，劳动产品成为不依赖于他们的东西。工人劳动的对象化并不是他们自身价值的实现过程，而是一种非现实化。在资本主义制度中会出现这样一种现象：工人们越是努力生产财富且生产财富越多，他们自己反而越贫穷、越一无所有；工人们以自己的双手创造出来的商品越多、价值越高，他们自己反而成为越廉价的商品，毫无地位；工人们自己创造出来的产品越完美，他们自己反而显得越畸形，失去自我。所以，劳动者与自己的劳动产品的关系就变成了一种异化关系了。究其原因，在于劳动者不占有生产资料，只能通过出卖自身劳动力去依附资本家以获取所需的生活资料。因此，不管劳动者生产多少劳动产品，都会被资本家无偿占有。

2. 劳动者与劳动活动相异化

马克思认为，劳动者与自己生产出来的劳动产品相异化只是一个表象，它实际上隐含着劳动者与劳动活动相异化的事实。马克思指出："如果，劳动的产品是外化，那么生产本身就必然是能动的外化，或活动的外化，外化的活动。"也就是说，在资本主义制度条件下，工人在劳动过程中，其本身的劳动行为已经被异化，工人的劳动并不是自己所拥有与支配的，而是属于别人的。这样一来，工人们劳动的过程就不是肯定自己的过程，而是一种自我折磨、自我否定、自我厌恶的过程。工人"在自己的劳动中不是肯定自己，而是否定自己；不是感到幸福，而是感到不幸；不是自由地发挥自己的体力和智力，而是使自己的肉体受折磨、精神遭摧残"。然而，工人们又不得不继续如此生活，为了能够继续生存下去、养活家人，他们不得不出卖自己的劳动，在别人的强制下继续自我牺牲。并且，随着生产技术的不断革新，尤其是机器生产体系的形成，工人被资本家固定在机器生产上，机械地重复着流水线的工作。可以说，这种机器体系使得劳动者完全成为生产的"工具人"，任凭资本家对其进行剥削。这种劳动对工人来说是一种瘟疫，他们越来越想摆脱这种在精神上备受折磨与摧残的活动，"只要肉体的强制或其他强制一停止，人们就会像逃避瘟疫那样逃避劳动"。

3. 人与自己的类本质相异化

马克思说："动物和它的生命活动是直接同一的。动物不把自己同自己的生命活动区别开来。它就是这种生命活动。人则使自己的生命活动本身变成自己的意志和意识的对象。他的生命活动是有意识的。"这是人与动物的生命活动的本质区别。但在资本主义私有制下，劳动对象和其在劳动过程中的异化，导致人与自己的类本质异化。既然工人劳动所生产出来的产品自己无法占有，而只是成为一种外在的、工人无法支配的东西；既然工人的劳动不是自主的活动，也不是自由的活动，而只是为了维持自身肉体生存的单纯手段，成为一种奴役劳动，那么劳动者失去的不仅是他们的劳动对象、他们自己的劳动，也失去了他们的类本质，变成自身类本质的对立物。正如马克思所言："人的类本质，无论是自然界，还是人的精神的类能力，都变成了对人来说是异己的本质，变成了维持他的个人生存的手段。"因此，在这样的生产过程中，劳动者不会达到对自身的确证，反而被迫下降到动物水平。

4. 人与人相异化

马克思认为，人与自己的劳动产品、自己的生命活动、自己的类本质相异化，这一事实所造成的直接结果就是人与人相异化。当人与自身相对立的时候，那么其他人也与他相对立。既然劳动产品及劳动活动本身都与劳动者相异化，这背后就一定存在一个敌对的、强有力的人作为他们的劳动和劳动产品的主人。在这种条件下，劳动者的劳动也只能是被他人所强迫和管束下的劳动，只能成为为他人服务的劳动。而在资本主义制度下，资本家就是这个奴役剥削劳动者和其劳动产品的人，因而人与人之间的异化就表现为工人和资本家的敌对。同时，资本家内部关系也产生了异化。资本家为了维持并不断扩大自身拥有的劳动产品，必然要与其他资本家展开竞争，以掌控更多的劳动及劳动产品，并且这种竞争并不是资本家可以自主把控的，而是资本的内在本性迫使他们必须开展这种无止境的竞争。可以说，资本家同样受到资本的支配和控制，无法主导自身的活动，以至于资本家之间的关系同样出现异化。

异化劳动理论的这四个维度，是从现象向本质的逐步推进。前两个方面体现的是人的劳动现实表征的异化，是后两个方面的前提条件和逻辑步骤。后两个方面体现的是人的本质的异化，即人的自然本质和社会本质的异化。针对资本主义主导的社会中出现的越来越严重的异化现象，马克思也提出了他一生孜孜不倦追求的共产主义社会的理想目标——消除异化，使劳动真正成为人的本质需要和人存在的目的。

> **教学讲解**
> 马克思的异化劳动理论

（二）马克思的劳动价值论

马克思的劳动价值论是马克思主义政治经济学的基础理论，包括商品二因素和生产商品的劳动二重性及其相互关系原理，劳动生产率与商品价值量关系原理，货币产生、本质和职能原理，价值规律，商品经济的基本矛盾等丰富而深刻的内容。

1. 劳动具有二重性

马克思在《资本论》中把"劳动"定义为人与自然之间互相发生行为和人以自身活动调整、控制人与自然之间的物质变换的过程。裁缝生产衣服和铁匠生产器具，都是通过具体劳动生产出来的，具体劳动生产商品的使用价值。当生产出的物品被当作商品出售时，必须以无差别的人类劳动作为衡量标准。此时物品是价值的实体，是抽象劳动的凝结。因此，劳动具有二重性，其由生产商品的具体劳动和抽象劳动构成。

在政治经济学范畴中，作为生产商品使用价值的具体劳动，不同于一般意义上劳动分工的有用劳动，而是建立在社会分工基础上作为商品交换的有用劳动；抽象劳动是同质地、无差别地形成商品价值的劳动。性质不同的具体劳动生产性质不同的使用价值，它表明怎样劳动、用什么形式去劳动的问题。性质相同的抽象劳动形成性质相同的价值，它表明劳动多少、劳动时间多长的问题。具体劳动和抽象劳动是生产商品的同一劳动的两个方面，而不是两种或两次劳动。具体劳动和抽象劳动在时间上、空间上都是不可分割的。

2. 商品是使用价值和价值的对立统一体

商品是使用价值和价值（亦称"商品二因素"）的对立统一体。生产一件物品，能满足人类的某种需要，马克思将这种物品的有用性称为使用价值，使用价值是具体劳动的成果。生产出一件物品，无论自己使用还是出售给顾客，它都具有使用价值。一切非天然存在的物质财富要素，都必须通过人类的某种需要和专门的生产活动才能被创造出来。因此，使用价值是社会物质财富的承担者和交换价值的载体，是商品的自然属性，由具体劳动创造。当从不同的产品中抽象出耗费的人类劳动时，虽然劳动形式不同，但都是人脑、肌肉、神经、手等的生产耗费，从这个意义上生产的产品都是无差别的人类劳动，所以才能在市场上等价交换。凝结在商品中无差别的人类劳动就是价值，价值是商品的社会属性，由抽象劳动创造。商品的使用价值和价值不可兼得。

商品经济关系决定了生产商品的异质的具体劳动转化为同质的无差别的抽象劳动。劳动二重性和商品二因素紧密相连，不可分割，劳动的二重性决定了商品的二因素，后者是前者推导的逻辑起点。

动漫解说
商品的二因素

3. 价值量与价值规律

马克思认为，商品的价值量是由生产商品的社会必要劳动时间决定的。社会必要劳动时间是指在现有的社会正常的生产条件下，在社会平均劳动熟练程度和劳动强度下，制造某种使用价值所需要的劳动时间。一个企业要想获得高利润，就必须通过引进科学技术提高劳动生产率，使生产该商品的个别劳动时间低于社会必要劳动时间，即商品的个别价值低于社会价值时，企业才会盈利。社会必要劳动时间与商品的价值量成正比，与劳动生产率成反比。通过劳动价值论中价值量的变动，马克思探索出了商品价值规律。

商品的价值在市场流通过程中转换为商品的价格，从短期和表面来看，商品的价值和价格不一致，但其存在内部联系。市场价值调节供求关系，供求关系影响市场价格，市场价格围绕市场价值并进一步围绕商品的生产价格上下波动，这是价值和价格内在本质的联系。

三、马克思主义劳动观的时代价值

马克思主义劳动观是在对资本主义劳动形式的批判过程中形成的，发展具有中国特色的社会主义，需要创造性地将马克思劳动思想转化为当代中国的社会实践。因此，马克思劳动思想仍具有十分重要的时代价值。

（一）马克思劳动思想的理论价值

1. 马克思劳动思想推动社会主义从空想走向科学

劳动在人和自然的相处过程中产生巨大的生产力，在劳动过程中，人与人之间形成相应的生产关系。生产力对生产关系始终起决定性作用，随着生产力的改变，人们转变自身所固有的生产关系，进而导致自身所拥有的社会关系发生改变。同时，生产关系对生产力产生反作用。生产力和生产关系的对立统一构成生产方式，生产关系存在于人类劳动过程始终。马克思从人类生产劳动出发，对生产力和生产关系、经济基础和上层建筑之间的关系进行了深刻阐释，发现了人类社会发展进步的钥匙，形成了科学的唯物史观，这是马克思的第一个伟大发现。

马克思劳动价值论的最大贡献是证明了劳动的二重性，马克思从"劳动是唯一的价值源泉"入手，无情地批判了资本主义制度下劳动的异化和资本家榨取劳动者剩余价值的罪恶，进而创立了剩余价值学说，这是马克思的第二个伟大发现。

马克思通过对劳动的研究，形成了唯物史观和剩余价值学说两个伟大发现，在此基础上，马克思揭示了资本主义生产的实质及资本主义生产方式的内在矛盾，并由此得出了资本主义必然灭亡、社会主义必然胜利的结论，使社会主义由空想逐渐发展为科学。"共产主义是对私有财产即人的自我异化的积极的扬弃，因而是通过人并且为了人而对人的本质的真正占有；因此，它是人向自身，也就是向社会的即合乎人性的人的复归，这种复归是完全的复归，是自觉实现并在以往发展的全部财富的范围内实现的复归。这种共产主义，作为完成了的自然主义等于人道主义，而作为完成了的人道主义，等于自然主义，它是人和自然之间、人和人之间的矛盾的真正解决，是存在和本质、对象化和自我确证、自由和必然、个体和类之间的斗争的真正解决。"马克思的劳动价值论是揭示资本主义从产生到灭亡的历史规律的基础理论，是科学社会主义的理论基石，是具有鲜明的阶级立场、为工人阶级争取经济和政治主体地位的学说。

问题讨论

马克思认为，劳动不仅是谋生的手段，更是通向客观世界与主观世界的媒介，也是实现人性至美至善、彻底自由的必由之路。你理解他的观点吗？

2. 马克思劳动思想揭示了资本主义必然灭亡的历史趋势

资本主义生产关系的形成过程，正是工人自身和生产资料不断分离的过程，最后工人劳动力变成了商品。资本对剩余价值无穷无尽的贪婪，使工人受到资本家残酷无情的压榨。这也就意味着，工人的生活空间会逐步缩小，长时间、高强度地工作，使工人的身心健康受到极大损害。而由于剩余价值无穷无尽的诱惑，资本家在相互竞争的压力下，又会不断累积资本，扩大再生产。但新的科技产品和机器的使用，使劳动力的需求迅速缩小。这便导致受雇佣的工人饱受奴役，变得更加贫困，甚至出现结构性失业，而资本却日益聚集在少数人手中。这就使工人和资本家之间的对抗、资本家和资本家之间的冲突愈演愈烈。

因而，生产力和购买力之间的矛盾、生产资料的集中化和劳动的社会化之间的矛盾，成为资本主义社会所固有的矛盾。这鲜明地揭示了资本主义必然灭亡的历史趋势。马克思写道："生产资料的集中和劳动的社会化，达到了同它们的资本主义外壳不能相容的地步。这个外壳就要炸毁了。资本主义私有制的丧钟就要响了。剥夺者就要被剥夺了。"

3. 马克思劳动思想阐明了劳动者的历史主体地位

肯定劳动者的主体性，尊重劳动和劳动者是马克思劳动思想的基本立场。无产阶级创造了财富，在事实上处在资本主义生产方式的核心和基础地位。但在资本主义经济关系中，劳动作为工人的劳动力被资本主义生产关系所控制，并逐步降低为工人谋生的手段和资本增值的工具，劳动丧失了作为人生命表现的内在目的和意义。工人处在被压迫的阶级地位、阶级关系，这就决定了工人阶级作为整体资本主义社会制度的反抗力量，也决定了工人阶级作为实现先进的社会形态的历史主体。劳动构成了历史发展的动力，而劳动人民就是社会历史的主体。发展为了人民，这是马克思主义政治经济学的根本立场，也是中国发展道路的根本立场。

（二）马克思劳动思想的实践价值

1. 马克思劳动思想有利于形成科学的劳动观

马克思始终把解放劳动、实现自由自觉地劳动、最终实现人的自由全面发展作为其毕生追求的目标。劳动创造价值，生产性劳动直接创造物质财富，一个国家无论发展到什么阶段都要崇尚勤劳致富。而如今，随着经济的迅速发展，很多人将获取个人利益作为自己劳动的唯一目的，还有一些不合理的尊卑等级观念直接导致人们在思想上对一些体力劳动和技能性劳动表现得轻视与不屑，就业观与职业观严重扭曲。

劳动是一切幸福的源泉，只有实现了自由自觉的劳动，由衷热爱并坚持自己所从事的劳动活动，才能真正实现人的劳动解放，实现自我的人生价值。青年学生应始终坚持以马克思主义劳动观为指导思想，摒弃职业偏见的错误观念，践行社会主义核心价值观，尊重并热爱劳动，努力实现自己的人生价值。

2. 马克思劳动思想有利于促进社会主义市场经济健康发展

我国的社会主义市场经济，是社会主义的基本原理同市场经济的特殊方式相结合的产物，是在遵循市场经济价值规律的同时，对资本主义的批判和超越。我国经济在改革开放后飞速发展，一跃成为世界第二大经济体，社会财富这块"蛋糕"越来越大，但社会上却出现一种奇怪现象：财富的"蛋糕"越大，人们的收入差距就越大。造成贫富不均的主要原因是资本与劳动的回报率不同。在现代社会，资本的回报率远远高于劳动的回报率，通俗地说，就是"人赚钱难，钱赚钱易"。如此一来，劳动与资本的报酬比重逐渐失衡，社会财富分配日益不均，贫富差距渐渐扩大，轻视甚至蔑视劳动的现象日益严重，从而涌现出大量想通过投机取巧来追求利益的从业者。

劳动是社会财富的唯一源泉。我们要坚持马克思主义劳动观理论基础，在运用资本的同时，掌控资本，防范它对政治、社会和文化等领域的侵蚀。要把经济发展的关注点从量的增长转为质的提高，从整体上实现高质量发展。要规范财富积累机制，保护合法收入，调节过高收入，取缔非法收入，形成社会财富公平合理分配的良性循环。要在倡导"劳动崇高、劳动平等"的思想下，建立社会主义劳动原则，提高劳动报酬在初次分配中的比重，充分体现劳动的贡献，提升人民的幸福感。

3. 马克思劳动思想有利于培育高素质的新时代劳动者

劳动是人实现自我价值的本质活动，在劳动中应该获得幸福感和满足感。马克思劳动思想的内在包含了马克思对幸福的理解，马克思的幸福观与劳动观具有内在的统一性。因此，我们应当从幸福观着手建立个人的劳动观，将幸福寓于劳动之中。劳动观与幸福观的统一要求新时代的劳动者具有以劳动奉献为幸福的劳动品格。当前，我们已经消除了异化劳动的私有制根源，在理论上异化劳动已经失去了生存的土壤。然而，在整个社会大环境中，把劳动看成一种束缚，甚至逃避劳动的现象仍然存在。

在新的历史时期，青年学生要真正尊重劳动，感受到劳动的光荣与伟大，做一个真正出色的劳动者，成为能够承担起民族复兴大任的时代新人。主观上，青年学生要对劳动形成正确的认识，培养在奉献中创造幸福的劳动品格。客观上，整个社会要不断改善劳动者的劳动条件，提高劳动者的地位，保障劳动者的合法权益。

党的十八大以来，我国经济发展态势步入新常态，经济发展的速度、方式和动力都发生了巨大的变化。实现中华民族伟大复兴这一恢宏伟业，必须调动全社会的积极因素，让全体人民重视劳动、尊重劳动、踏实劳动，创造更多的社会物质和精神财富。党的二十大报告对劳动和劳动精神作出了一系列重要论断。这些论断继承和发展了马克思主义劳动哲学，植根于中华民族优秀传统文化的土壤，立足于中国国情和发展实际，勾勒出中国特色社会主义伟大事业的实践路径。

阅读延伸

道路养护工吴喜军：从农民成长为"全国技术能手"

1997 年，吴喜军刚刚 20 岁，父亲因罹患胃癌去世，家里一贫如洗。他只身从河南周口老家来到北京成了"北漂"。经老乡介绍，吴喜军来到位于北京西南部的原京石高速公路干起了道路保洁员的工作。他每天跟着清扫车捡大块儿垃圾，下班前卸下渣土、冲洗车辆……一干就是 5 年。

2003 年，北京首发公路养护工程有限公司成立。公司工会通过对基层一线的调研，将工作认真负责的吴喜军选调入道路维修班，并指派师傅手把手教他道路维修的各项技能。路面病害修复工作涉及面很广：从坑槽、车辙、沉陷、桥头涵顶跳车、表面破损等常见路面病害的认定，到如何使用运料拌料车、碾压车、切割机、灌缝机等车辆机械，再到开槽清缝、压力灌注密封胶、沥青热再生修补等多种针对性的修补工艺……让吴喜军头痛的问题多到数不过来，但他知道，掌握到更多技术，也意味着掌握更多改变自己命运的机会。年复一年，吴喜军不仅练就了一身本领，还考下了焊工操作资格证，成为高级技师，完成了向技术工人的转型。

2005 年 7 月的一天，一场暴雨后的北京西五环衙门口桥严重积水。为了尽快弄清桥下的积水情况，吴喜军穿上防护服、戴上防毒面具，让工友把保险绳紧紧系在自己的腰间，手持火把，跳进了齐腰深的水中，对辅道的排水方涵进行探查。吴喜军在摸索前行了 300 多米后，终于发现了一堵未拆除的挡墙遮挡了排水口。衙门口桥长期积水的老大难问题终于得到了根治。2014 年 3 月，京平高速 K47+610 处桥梁伸缩缝出现钢轨断裂，经过多次维修依然无法彻底解决病害。吴喜军现场观察发现，钢轨反复断裂是由于伸缩箱底部混凝土浇筑不实，横梁与钢轨反复撞击才造成的。他大胆提出剔除碎裂混凝土，自制与原尺寸相同的伸缩箱，进行重新安装的方案。焊接牢固后，自主实施的支模浇筑混凝土至今依然牢固，没有再发生过钢轨断裂，且减少了 70% 维修费用。

从农民到享受北京市政府技师津贴待遇的技术工人，谈到未来，吴喜军信心满满。他常说："我为首都高速养护事业感到光荣！我要尽全力为首都养好每一条路，让这些路成为老百姓的幸福路、安全路、小康路！"

第三节 践行劳动精神 创造美好未来

一、劳动精神概述

劳动精神指的是广大劳动者在劳动过程中秉持的劳动态度、劳动理念及展现出来的风貌，是劳动者为国家富强、民族振兴、人民幸福而奋斗的精神动力，是推动人类社会进步的根本力量。进入新时代，中国社会发展进入新的历史方位、面临新的历史任务和要求，在此情况下，建构新时代劳动精神是一个迫切的时代要求。党的十八大以来，习近平总书记立足新时代现实语境，对新时代劳动精神作了高度概括，阐明了劳动精神的内涵。2020年11月24日，习近平总书记在全国劳动模范和先进工作者代表大会上发表重要讲话，全面阐述了劳动精神的科学内涵，即"崇尚劳动、热爱劳动、辛勤劳动、诚实劳动"。劳动精神是与劳模精神、工匠精神一起被纳入中央宣传部梳理的第一批中国共产党人精神谱系的伟大精神。

劳动精神作为劳动的精神产物，既体现马克思主义理论的思想性，又体现广大劳动者劳动的实践性，是理论与实践的统一；既体现与时俱进的时代性，又蕴含文化基因的传统性，是现实与历史的统一。

（一）马克思主义劳动观是新时代劳动精神生成的思想源泉

马克思认为劳动是人的本质，劳动创造价值，劳动也是解放自身、实现自我、超越自我的现实途径。马克思主义劳动观深刻反映了中国工人阶级和广大群众通过劳动在价值创造中的积极作用，为我们继承和弘扬劳动者伟大的劳动精神提供了理论支撑，为新时代劳动精神的形成提供了思想源泉。

（二）中华优秀传统文化是新时代劳动精神生成的文化基因

中华民族是以勤劳勇敢著称的民族，也正是凭借着辛勤劳作，伟大的中国人民书写了中华民族五千多年的辉煌历史，创造了光耀世界的华夏文明，使中华民族得以屹立于人类历史的长河而不倒。中国人民的劳动精神与以农耕劳动为发展脉络的对劳动推崇备至的中华民族传统文化密不可分，热爱劳动也已经成为中华民族的传统美德，勤劳与勇敢是中华民族的传统文化基因，世代流淌于人们的血液之中。中华优秀传统文化中蕴含着丰富的劳动精神，是塑造新时代劳动精神的丰厚滋养。

（三）广大劳动者的劳动实践是新时代劳动精神生成的实践基础

在社会主义革命、建设和改革的伟大实践中，中国共产党以马克思主义劳动观为指导，坚持为中国人民谋幸福、为中华民族谋复兴的初心和使命。广大劳动者在党的领导下，奋勇拼搏、艰苦创业，在全面推进强国建设、民族复兴伟业中奋勇担当。这些都为新时代劳动精神的形成奠定了坚实的实践基础。

✏ 知识拓展

五章一簿 功勋表彰体系确立

自党的十八大以来，党和国家功勋表彰工作委员会制定了《中国共产党党内功勋荣誉表彰条例》《国家功勋荣誉表彰条例》《军队功勋荣誉表彰条例》《"共和国勋章"和国家荣誉称号授予办法》《"七一勋章"授予办法》《"八一勋章"授予办法》《"友谊勋章"授予办法》，我国确立了以"五章一簿"为主干的统一、规范、权威的功勋荣誉表彰制度体系。

"五章"是指"共和国勋章""七一勋章""八一勋章""友谊勋章"及国家荣誉称号；"一簿"是指功勋簿。

"共和国勋章"授予在中国特色社会主义建设和保卫国家中作出巨大贡献、建立卓著功勋的杰出人士。这是根据宪法法律规定，由全国人大常委会决定、国家主席签发证书并颁授的国家勋章，是国家最高荣誉。

"七一勋章"授予在中国特色社会主义伟大事业和党的建设新的伟大工程中作出杰出贡献、创造宝贵精神财富的党员。这是由中共中央决定、中共中央总书记签发证书并颁授的党内最高荣誉。

"八一勋章"授予在维护国家主权、安全、发展利益，推进国防和军队现代化建设中建立卓越功勋的军队人员。这是由中央军委决定、中央军委主席签发证书并颁授的军队最高荣誉。

"友谊勋章"授予在中国社会主义现代化建设和促进中外交流合作、维护世界和平中作出杰出贡献的外国人。这也是根据宪法法律规定，由全国人大常委会决定、国家主席签发证书并颁授的国家勋章。

国家荣誉称号授予在经济、社会、国防、外交、教育、科技、文化、卫生、体育等各领域各行业作出重大贡献、享有崇高声誉的杰出人士。

为记载上述功勋荣誉获得者及其功绩，还专门设立了党、国家、军队功勋簿。

勋章和国家荣誉称号一般采取评选授予方式，也可在特定情况下，根据特定历史时期的任务、特点确定基本条件，凡符合基本条件者均可授予。勋章和国家荣誉称号一般定期授予，特殊情况也可及时授予。国家主席举行国事活动，可直接授予外国政要、国际友人等人士"友谊勋章"。

伟大时代呼唤伟大精神，崇高事业需要榜样引领。隆重表彰为国家建设和发展作出杰出贡献的功勋模范人物，以国家和人民的名义授予他们崇高荣誉，以国家的最高规格礼赞这些英雄模范，就是要向全社会发出关心英雄、珍爱英雄、尊崇英雄的强烈信号；就是要礼赞奋斗、鼓舞人心、聚合民气，动员、激励和号召更多人投身新时代中国特色社会主义伟大事业，接续奋斗、建功立业并争当先进，从而最大限度地凝聚人心和力量，共圆中华民族伟大复兴中国梦。

❓ 问题讨论

你知道"共和国勋章"的获得者都有谁吗？你了解他们的事迹吗？

二、劳动精神的基本内涵

（一）崇尚劳动

崇尚劳动是人们对劳动的态度，是对劳动及劳动者价值的肯定，是人们在认识到劳动创造价值、创造历史之后进行的价值判断，是对劳动和劳动者的正面价值取向。马克思主义劳动观认为，劳动创造人类的物质财富和精神财富，是满足人类基本生存需要、提高人类生活质量的途径，是人类的本质活动。可以说没有劳动就没有人类的繁衍，也没有文明的进步。在中国，崇尚劳动是一种历史传承，中华民族自古就是崇尚劳动的民族。从"晨兴理荒秽，带月荷锄归"的耕作，到"女郎剪下鸳鸯锦，将向中流匹晚霞"的纺织，再到"六月调神曲，正朝汲美泉"的酿造，古往今来，对劳动的赞歌绵延不绝。无论时代条件如何变化，我们始终都要崇尚劳动、尊重劳动者。

崇尚劳动具体表现为：对劳动主体的尊崇——人民至上；对劳动成果的尊重——珍惜劳动成果；对劳动过程的尊敬——尊重劳动。

1. 人民至上

人民是历史的创造者，是决定党和国家前途命运的根本力量。马克思主义理论是人民的理论，青年学生要深刻认识到，无论时代条件如何变化，我们始终都要崇尚劳动、尊重劳动者。无论是医生、教师、警察、消防员，还是农民、工人、服务员，每一个劳动者都在为社会做贡献，都是社会运转的关键。

2. 珍惜劳动成果

"锄禾日当午，汗滴禾下土。谁知盘中餐，粒粒皆辛苦。"劳动成果是通过辛勤劳动获得的，只有切身体会过烈日炎炎下"面朝黄土背朝天"的田间劳作，才会珍惜每一粒来之不易的粮食。对别人劳动成果的尊重程度，反映出一个人素质的高低、品格的优劣。我们要尊重每一位劳动者，珍惜他们的每一份劳动成果。

3. 尊重劳动

"成功的花，人们只惊羡她现时的明艳！然而当初她的芽儿，浸透了奋斗的泪泉，洒遍了牺牲的血雨。"劳动是成功路上的必需品，要想取得辉煌的成就，必须付出比常人更多更辛苦的努力和劳动。只有辛勤的劳动才会让我们嗅到成功之花的芬芳，才会让我们品尝到成功之果的甘甜。尊重劳动，就要让劳动意识融入生活中，培养艰苦奋斗、勤劳肯干的品格，这样才能成为合格的社会主义接班人。

（二）热爱劳动

热爱劳动是人们对劳动的一种积极的情感体验和心理态度，是新时代中国劳动者对中华民族勤劳美德和马克思主义劳动价值观的情感内化。作为一种积极的情感，热爱劳动要求劳动者充分发挥自己的积极性、主动性和创造性，激发自己对劳动的情感和欲望，在劳动的过程中创造劳动成果，展现自己的价值，由此获得幸福、愉悦、满足的感受，培养热爱劳动的情感。

站在新的历史起点上，实现中华民族伟大复兴的中国梦要求所有劳动者发挥自己的劳动热情，在劳动中感受美好、创造幸福。一代又一代热爱劳动、勤于劳动、善于劳动的高素质劳动者，用对事业的"痴"、对岗位的"爱"、对工作的"狂"，创造了新时代的美好生活。劳动没有高低贵贱之分，不论身处哪个行业，只要付出足够的辛劳与智慧，干一行、爱一行、钻一行，就能够在平凡的岗位上取得不平凡的成绩。

热爱劳动具体表现为：对劳动主体的热爱——以人民为中心的发展思想；对劳动成果的热爱——坚定"四个自信"；对劳动过程的热爱——热爱劳动本身。

1. 以人民为中心的发展思想

党的二十大报告指出："全党要坚持全心全意为人民服务的根本宗旨，树牢群众观点，贯彻群众路线，尊重人民首创精神，坚持一切为了人民、一切依靠人民，从群众中来、到群众中去，始终保持同人民群众的血肉联系，始终接受人民批评和监督，始终同人民同呼吸、共命运、心连心，不断巩固全国各族人民大团结，加强海内外中华儿女大团结，形成同心共圆中国梦的强大合力。"在一百多年的奋斗历程中，中国共产党为人民而生、因人民而兴，党同人民群众形成了生死相依、休戚与共的血肉联系。我们取得的一切成就，都是党和人民一道奋斗出来的。党的根基在人民、血脉在人民、力量在人民，正是因为有人民群众的拥护和支持，党和国家的事业才能不断地从胜利走向胜利。以习近平同志为核心的党中央将"以人民为中心"置于治国理政的重要位置，坚持以维护人民根本利益、增进民生福祉为目标，始终保持同人民群众的血肉联系，夯实人民至上的根基，聚焦为民、便民、安民，用切实的惠民行动巩固党同人民群众的鱼水关系，不断增强人民群众的获得感、幸福感、安全感。

2. 坚定"四个自信"

改革开放四十多年来，取得的一切成绩和进步，就在于我们开辟了中国特色社会主义道路，形成了中国特色社会主义理论体系，确立了中国特色社会主义制度，发展了中国特色社会主义文化。中国特色社会主义道路是实现社会主义现代化的必由之路，是创造人民美好生活的必由之路。中国特色社会主义理论体系是立于时代前沿、与时俱进的科学理论，指引我们战胜前进道路上的种种艰难险阻。中国特色社会主义制度是具有鲜明中国特色、明显制度优势、强大自我完善能力的先进制度，为当代中国发展提供了根本制度保障。中国特色社会主义文化源自中华民族5000多年文明历史所孕育的中华优秀传统文化，熔铸于党领导人民在革命、建设、改革中创造的革命文化和社会主义先进文化，植根于中国特色社会主义伟大实践之中，是激励全党、全国各族人民奋勇前进的强大精神力量。中国特色社会主义，既是我们必须不断推进的伟大事业，又是我们开辟未来的根本保证。

3. 热爱劳动本身

热爱劳动就要以辛勤劳动为荣，以好逸恶劳为耻。新时代最大的劳动就是实现中华民族伟大复兴的强国建设。我们要自觉转变观念，实现从"要我劳动"到"我要劳动"的转变，向书本学、向实践学，在学中练就过硬本领，立足岗位埋头苦干、奋力拼搏干事创业，在实现中华民族伟大复兴的征程中实现人生价值。热爱劳动需要外在观念灌输和切实的劳动实践感染。青年学生要培养对劳动的敬畏与热爱，通过劳动和创造播种希望、收获果实，也通过劳动和创造磨炼意志、提高自己，使自己在崇尚劳动的优良环境浸润中，让热爱劳动融入基因血液，进而转化为参与劳动的自觉和热情。

（三）辛勤劳动

辛勤劳动是对劳动过程及其强度的充分肯定，表明了要充分遵循劳动的客观规律及要达到的劳动强度，体力劳动要付出辛劳和汗水，脑力劳动要付出智慧和心血。回顾中华民族的历史，可以发现，正是由于广大劳动者辛勤劳动，不断克服困难与挫折，才创造了辉煌灿烂的中华文明。近代以来，也正是由于中国共产党领导人民辛勤劳动、艰苦奋斗，才建立起了中华人民共和国。如今，站在新时代的历史方位上，我们仍需辛勤劳动，努力战胜发展过程中的挫折，这样才能在全面建设社会主义现代化国家新征程中继往开来。"功崇惟志，业广惟勤"，辛勤劳动是中国人民创造一个又一个"中国奇迹"的力量之源。三峡工程、青藏铁路，南水北调、西气东输，"嫦娥"飞天、"蛟龙"潜水，北斗卫星导航系统，港珠澳大桥……每一个"中国奇迹"的背后，都是众多劳动者经年累月的辛勤奋斗。

当今社会，劳动的内涵不断丰富，劳动者的主动性、创造性愈加彰显，知识型、技能型、创新型劳动者成为时代的需要，但辛勤劳动仍然不可或缺。无论是知识分子、工人还是农民，都需要以自我革新的勇气和胸怀，去不断努力学习新的知识，打破既有的思维模式、劳动习惯，运用新技术、新理念改造劳动工具、劳动方法，提升劳动效率，升华劳动价值。只要踏实劳动、勤勉劳动，就能在平凡岗位上干出不平凡的业绩。

（四）诚实劳动

诚实劳动是对劳动者品德的客观规定，是指劳动者在劳动过程中应当遵守的德行操守。诚实劳动要求劳动者在劳动过程中遵守法律和相应的道德规范，遵守相关工作标准、职业道德，在劳动中脚踏实地、真抓实干、诚实守信。我们崇尚劳动、尊重劳动，就要诚实地付出劳动，认真劳动。

我们要在全社会大力弘扬劳动精神，提倡通过诚实劳动来实现人生的梦想、改变自己的命运，反对一切不劳而获、投机取巧、贪图享乐的思想。人无信不立，业无信不兴。劳动是个体实践，也是社会行为。每个劳动者都通过诚实劳动收获财富，社会的基本秩序才能够得以维系。

中国特色社会主义进入新时代，诚实劳动显得更加重要。劳动者只有诚实劳动，才能创造价值，改变自己的命运；只有诚实劳动，才能得到他人的尊重。我们要谨遵工作标准、职业道德、法律法规，脚踏实地、恪尽职守、实事求是，这样才能收获实实在在、真真切切的劳动成果。

教学讲解
劳动精神的基本内涵

总体来说，崇尚劳动是理念坚守，是热爱劳动的思想基础、辛勤劳动的理念灯塔、诚实劳动的道德指引。只有整个社会都崇尚劳动，才能使幸福源于奋斗的理念蔚然成风。热爱劳动是情感旨归，是崇尚劳动的情感演化、辛勤劳动的情结呈现、诚实劳动的情怀维护。只有全体人民都热爱劳动，才能激发广大劳动者的劳动热情、创造潜能，为实现中国梦提供最持久的动力。辛勤劳动是态度外化，是崇尚劳动的意念挥发、热爱劳动的忠实体现、诚实劳动的现实基础。只要人人踏实劳动、勤勉劳动，就能汇聚劳动创造的巨大能量，让每位劳动者都能在宽广的舞台上展示价值，实现梦想。诚实劳动是价值追求，是崇尚劳动的价值呼唤、热爱劳动的价值追随、辛勤劳动的价值体现。只有始终以诚为先、以诚为重、以诚为美，才能担当起民族复兴的时代大任。

阅读延伸

家国同梦映初心——全国劳动模范李江福的诚信故事

河南新城建设有限公司项目经理李江福，主持建造的楼房超过 1000 栋，其中有 160 多个项目获得鲁班奖、国家优质工程银奖、中国优质样板工程，以及"中州杯""汾水杯"等荣誉。30 多年来，李江福带领过的农民工有 14 万多人次，但从未拖欠过农民工一分钱工资。"我不欠你一分钱，你要垒好每块砖。"这句话，他不但经常讲给员工听，更镌刻在公司的诚信柱上，作为公司的诚信理念，让每一名员工入眼、入脑、入心。李江福主持建造的所有工程，没有一次质量问题，没有一次延误工期，没有一次拖欠工资，他用诚信践行诺言，为社会交上答卷，更为自己赢得了全国劳动模范、全国道德模范、全国诚信之星、中原大工匠等荣誉称号。

"诚信不欺"一直是李江福的家风，20 世纪 60 年代，李江福的父亲李章栓是红旗渠的参建者之一，更是一个信守承诺的工匠，言必信、行必果。多年以后，李江福同样以诚信教育着自己的孩子。李江福常跟爱人和孩子讲，做人做事一定要靠谱，与任何人的约定，都要说到做到；与人打交道，不能嫌贫爱富，要一视同仁，得人帮助，要记着回报。多年来，逢年过节，李江福都要带着家人回林州老家，看望老师和长辈。孩子也是争气的，大儿子是西南政法大学的研究生，二儿子是解放军战略支援部队信息工程大学优秀毕业生。2017 年，李江福家庭被评为全国最美家庭、河南省文明家庭。

李江福说："三个精神之源影响了我的人生和事业：与人为善、诚信不欺的家风的熏陶；自力更生、艰苦创业、团结协作、无私奉献的红旗渠精神的滋养；听党话、跟党走，脚踏实地、共同致富的新乡先进群体精神的浸润。"

三、弘扬劳动精神的意义

受消费主义和享乐主义等错误观念、家庭和学校劳动教育不足、孩子在成长过程中缺乏劳动体验等诸多因素影响，很多青年学生普遍存在轻视劳动的思想。新时代的劳动教育意在弘扬劳动精神，引导学生崇尚劳动、热爱劳动、辛勤劳动、诚实劳动，懂得劳动最光荣、劳动最崇高、劳动最伟大、劳动最美丽的时代意蕴。

资料链接
影响大学生劳动观的错误观念有什么？

（一）弘扬劳动精神是全面建设社会主义现代化国家的必然要求

劳动是助推社会发展的引擎，是通往美好未来的阶梯。当前，第一个百年奋斗目标已经实现，全面建成社会主义现代化强国新征程已经开启。全面建设社会主义现代化强国，呼唤敢为人先、开拓进取的劳动精神，推动我国实现科技自立自强，解决"卡脖子"的技术难题；呼唤刻苦钻研、精益求精的劳动精神，以知识和技能作为核心驱动力，促进经济实现高质量发展；呼唤敬业担当、苦干实干的劳动精神，以脚踏实地、担当奉献为底色，加快构建现代产业体系。实现我们的奋斗目标，开创我们的美好未来，必须形成崇尚劳动、热爱劳动、辛勤劳动、诚实劳动的社会氛围。

（二）弘扬劳动精神是培养高尚道德情操的实践基础

中华民族自古以来就是热爱劳动的民族，劳动精神是中华民族的宝贵精神财富，是培育和践行社会主义核心价值观的原生要素，理应成为全社会每个人的精神底色。然而，随着科技和社会的急速发展，劳动主体、劳动形式等发生了巨大的变化，劳动范畴丰富化、经济主体多样化、社会思潮多变化、利益诉求多元化等因素对人们传统的劳动价值观念产生了巨大冲击。随着资本、知识、技术的力量凸显，人们对劳动的理解发生了很大变化，有人忽视劳动的价值，低估劳动者的作用，急功近利，心态浮躁，期望走终南捷径、一夜暴富。我们应时刻谨记，无论劳动的具体形态、劳动与其他生产要素之间的关系怎样变化，劳动是唯一的价值源泉这一点始终不可改变。在这种环境下，更需要大力弘扬劳动精神，端正人们对劳动的认知，培养高尚道德品质，提高中华民族整体思想道德水平，推进社会主义精神文明建设。

（三）弘扬劳动精神是贯彻落实以人民为中心的发展思想的有力支撑

劳动精神坚持以人民为中心的价值导向，奉行"发展依靠人民，发展为了人民，发展成果由人民共享"的理念，体现了劳动主体与劳动目的统一。一方面，劳动精神充分肯定了劳动人民的主体地位，尊重和鼓励一切劳动者以及他们的劳动创造。在革命、建设和改革中，广大劳动者展示了奋勇拼搏、艰苦创业的风采，成为激励一代又一代劳动者的强大精神力量。新时代，加强对劳动精神的弘扬，对于进一步激发广大劳动者的劳动热情，释放创造潜能，为实现中华民族伟大复兴的中国梦建功立业，将产生重要的推动作用。另一方面，劳动精神坚持劳动使人幸福的共享理念。通过辛勤劳动，人民的生活质量和社会的共享水平在新时代取得了历史性进步，人民群众获得了实实在在的利益，更加公平地享有劳动成果。

（四）弘扬劳动精神是践行社会主义核心价值观的应有之义

践行社会主义核心价值观，要求实践爱国、敬业、诚信、友善的个人行为准则。敬业就是对劳动的尊重、崇尚和热爱，就是要做到辛勤劳动、诚实劳动、创造性劳动，这与劳动精神高度一致。同时，劳动精神与劳模精神、工匠精神相互包容。"爱岗敬业、争创一流，艰苦奋斗、勇于创新，淡泊名利、甘于奉献"的劳模精神彰显劳动的价值，展现劳动者的境界，是劳动精神的集中体现。"执着专注、精益求精、一丝不苟、追求卓越"的工匠精神体现劳动者的职业精神，是对劳动精神的精粹提升。劳动精神是劳模精神、工匠精神的基础，与劳模精神、工匠精神一脉相承又各有侧重，三者都是践行社会主义核心价值观的应有之义。

（五）弘扬劳动精神是培育社会主义建设者和接班人的必备举措

社会主义建设需要一支知识型、技能型、创新型劳动者队伍，劳动精神培育是培养和造就时代新人的必然要求。在全社会尤其是学校教育中，要注重培育和弘扬劳动精神，引导青年学生树立正确的劳动价值观，形成良好的劳动态度，涵养深厚的劳动情怀，培育高尚的劳动品质，练就过硬的劳动技能，激发自身的积极性、主动性和创造性。为社会主义发展培育一批合格的建设者和接班人。也唯有如此，青年学生才能在人生道路上实现自我价值与社会价值的统一，最终实现自由全面发展，彰显新时代青年的奋斗激情。

四、践行劳动精神的基本途径

劳动精神是推动经济社会发展的根本力量。青年学生可通过以下途径践行劳动精神。

（一）培育勤俭美德，养成勤勉自持的劳动态度

勤俭是中华民族的传统美德，古人以"勤思劳体""克勤于邦、克俭于家""勤以立志，俭以养德"等思想，深刻阐明了勤俭的重要意义。勤能开源、俭可节流，二者相辅相成，影响和决定劳动者的态度与行为选择。

培育勤俭美德，旨在端正青年学生勤勉自持的劳动态度。为此，一要加强马克思主义劳动观教育和劳动实践锻炼，深化劳动认知。要掌握马克思主义劳动观这把"总钥匙"，在面对各种社会现象、价值选择、人生考量时，做到是非明、方向清、路子正，真正明白只有付出辛勤劳动才能结出果实。同时，要积极参加劳动实践，亲身体验劳动甘苦，抵制好逸恶劳、奢侈浪费的恶习，树立劳动光荣、浪费可耻的基本态度。二要加强对中华优秀传统文化和国情的了解，领悟勤俭的意义。要立足基本国情，弘扬与时俱进的勤俭观和符合实际的消费观、资源观，倡导"一分耕耘，一分收获""勤耕不辍，富而不奢"的传统美德，认识到合理消费与勤俭节约并行不悖是文明进步之表现，深刻理解劳动与享受的辩证关系。三要加强个人修养与制度约束，提升自身的勤俭修为。青年学生要勤奋学习、诚实劳动，节俭自律、不弃微末，身体力行并持之以恒。同时，要遵守经济秩序和道德规范，做节约、绿色、低碳、文明、健康的宣传者和践行者，将勤俭内化为一种生活习惯和生活方式，秉持勤奋做事、勤勉为人、勤劳致富的价值理念。

（二）筑牢奋斗信念，锤炼勇于拼搏的劳动意志

奋斗是指通过劳动改变现状或开辟未来的坚定信念与行动姿态，是一个为达成既定目标、实现理想抱负顽强斗争的实践过程，体现为不畏艰险、昂扬向上的意志状态与精神风貌。奋斗是中国共产党在长期革命、建设和改革中形成的光荣传统和优良作风。纵观中外历史，凡有所作为者无不是经过攻坚克难而成大业，一切理想的实现、事业的成功、人生的幸福无不在永久奋斗的信念坚守中孕育创造。

伟大梦想不是等来、喊来的，而是拼出来、干出来的。着力筑牢奋斗信念，旨在锤炼青年学生勇于拼搏的劳动意志。第一，坚定理想信念，把握奋斗方向。要用习近平新时代中国特色社会主义思想来武装头脑，牢固树立共产主义远大理想和中国特色社会主义共同理想，增强为实现中华民族伟大复兴努力拼搏的信念和信心。要以忧患意识和长远眼光，深刻把握百年未有之大变局下中国日益走近世界舞台中央的机遇和挑战，自觉把个人追求融入国家繁荣和民族进步的事业中；要明确人生发展方向和现实定位，根据自身现状规划制定阶段性发展目标和可行性职业目标，使奋斗之路更加理性、务实。第二，提高专业技能，增强奋斗本领。要通过树立终身学习理念，勤学善思，敏于求知，同时，通过各种实践锻炼平台，依靠踏实学习、诚实劳动，练就与时代发展和事业要求相适应的素质和能力，成为可堪大用、能担重任的栋梁之材。第三，注重心理健康，锤炼奋斗意志。当遭遇大事、难事、急事，奋斗意志动摇或消减时，要及时作出正确选择，在摔打、挫折、考验中磨砺宠辱不惊的心理素质，坚定百折不挠的进取意志，保持乐观向上的精神状态，坚持奋斗初心。

（三）塑造创新品格，树立追求卓越的劳动理念

创新的标志在于通过创造性劳动取得"人无我有、人有我强、人强我优"的突破性成果，凝结着人们打破思维定式与条条框框、敢走前人未走之路的勇气和智慧，是敢闯敢试的进取意识、不落窠臼的超越思维和标新立异的创造能力等品格的综合呈现，是最具时代特色的劳动精神表征。当前，创新已成为推动新科技革命和全球变革的第一引擎，依靠自主创新补齐我国基础科学研究和关键核心技术的诸多短板，既对传统劳动提出了挑战，又提供了培养创新精神的珍贵契机。加强新时代大学生劳动教育，尤其要在"培养学生创新意识和创新能力"上下功夫，着力塑造创新品格，为培养高素质创新型劳动大军、推动各项事业高质量发展提供强大人才与智力支持。

在塑造创新品格的实践中，青年学生要做到以下几个方面：一是注重发展自身的兴趣，激发创新意识。要坚定勇于探索、追求卓越的雄心壮志，既不妄自菲薄，也不妄自尊大，以强烈的好奇心、求知欲、挑战力进行自我教育、自我开发、自我创造。二是优化自身的知识结构，培养创新思维。要发挥主观能动性，敢于提出问题、敏锐发现问题、善于解决问题，加强对逻辑思维、逆向思维、辩证思维等的训练，用探究的手段、批判的精神、求异的品质，提出新理论、开辟新领域、探索新路径。三是加强专业学习，提高创新能力。要依托重大科技项目、重点实验室、重大赛事、虚拟仿真平台、创客空间、创业科技园、孵化基地等平台，投身基础研究、进行关键技术攻关，提高信息加工分析研究、动手操作和成果转化能力。

（四）厚植奉献情怀，提升担当有为的劳动境界

奉献是指为了国家、集体和他人利益，自觉自愿投入劳作、付出劳动、让渡财富甚至舍弃生命的本色行为。奉献精神蕴含着深刻的公共价值责任感，个人对社会的贡献越大，就越能获得自我价值实现的利益回报与社会尊重。社会主义解放发展生产力、实现共同富裕的本质，决定人们要自觉把国家和人民的利益摆在首位，积极劳动，按照集体主义原则正确处理义与利、奉献与索取等的关系。奉献既表现为危急时刻不畏牺牲的伟大情怀，又

体现为包容谦让、扶弱济困的凡人善举，既是高尚的精神境界，又是劳动的责任担当。青年学生要甘于奉献、乐于奉献、勇于奉献，把劳动作为生活需要，将奉献作为人生追求，让青春在奉献中焕发出绚丽光彩。

厚植奉献情怀，旨在提升青年学生担当有为的劳动境界。首先，要恪尽职守、敬业奉献。敬业是奉献的基本要求，不论分工如何、能力大小，在平凡岗位上担职尽责就是在为祖国、为人民、为民族做奉献；要干一行、爱一行、精一行、专一行，在勤学笃用中获得自我提升的契机；要以劳模为标杆，坚持"德者有得、好人好报"的价值导向，提高职业道德素养。其次，要投身公益、服务奉献。要主动参与社区建设、环境保护、大型活动、抢险救灾、网络公益等志愿服务，增强公共服务意识，在面对重大疫情、灾害等危机时，具有主动作为的奉献精神；要通过参加规范、完善的志愿服务培训进一步提升在生产劳动、生活劳动、服务劳动中的奉献水平。最后，要励志有为、爱国奉献。要以国家富强、民族振兴、人民幸福为己任，勇做走在时代前沿的奋进者、开拓者、奉献者；要弘扬红色革命精神、科学家精神，以张富清、黄大年、黄文秀等为榜样，用爱国情、强国志、报国行谱写新时代的奉献之歌。

问题讨论

新华网曾做过一次调查统计，发现有 54% 的 95 后最向往的新兴职业就是主播和网红。随着短视频的发展，直播带货如火如荼，一些人也的确通过直播获得了丰厚的利益，但直播人群鱼龙混杂，这就导致那些涉世未深的孩子很容易被所谓的"网红"误导，认为赚钱是件很轻松、很简单的事，只要能吸引大家的眼球就可以。在这种情况下，我们又该如何弘扬"崇尚劳动、热爱劳动、辛勤劳动、诚实劳动"的劳动精神？

实践演练

对话"幸福劳动者"

劳动是人类运动的一种特殊形式，是创造物质财富和精神财富的重要活动，也是维持自我生存和自我发展的唯一手段。高尔基说："世界上最神圣最美好的东西，就是劳动。几乎人间的所有财富，都是由劳动创造而来。"我们国家每年都对劳动模范进行表彰，宣传"崇尚劳动、热爱劳动、辛勤劳动、诚实劳动"的劳动精神，也相继出台了一系列的法律法规保障劳动者的权益和尊严。

请设计一次社会实践活动，走进工人、农民、教师、医生、快递小哥、出租车司机等群体，当面分享他们的幸福劳动。活动以 6～10 人为小组进行开展，主要内容包括：实践方案制定、访谈问题设计、报道文稿撰写。

通过实践活动，进一步理解劳动精神的时代内涵，坚定践行劳动精神的持久恒心。

◢ **章节习题** ◣

1. 劳动有哪些本质特征？
2. 如何理解马克思主义劳动观的时代价值？
3. 马克思主义劳动观的基本内容包括什么？
4. 劳动精神的基本内涵是什么？
5. 青年学生应如何践行劳动精神？

◢ **以劳育美** ◣

动漫解说
乡村四月

中华文明以农耕文明为代表，种水稻、收小麦、养蚕、采荷、打谷、耕田、插秧……日复一日、年复一年，成为中国人长期的劳动内容。为了有个好收成，勤劳刻在了中国人的骨子里，谱写了一曲又一曲的劳动赞歌。在《乡村四月》这首诗中，翁卷以朴实清新的笔调写出了江南初夏时节的农忙景象，表现了诗人对乡村风光的热爱与欣赏，也表现出了诗人对劳动生活、劳动人民的赞美之情。

第二章　劳模精神

思维导图

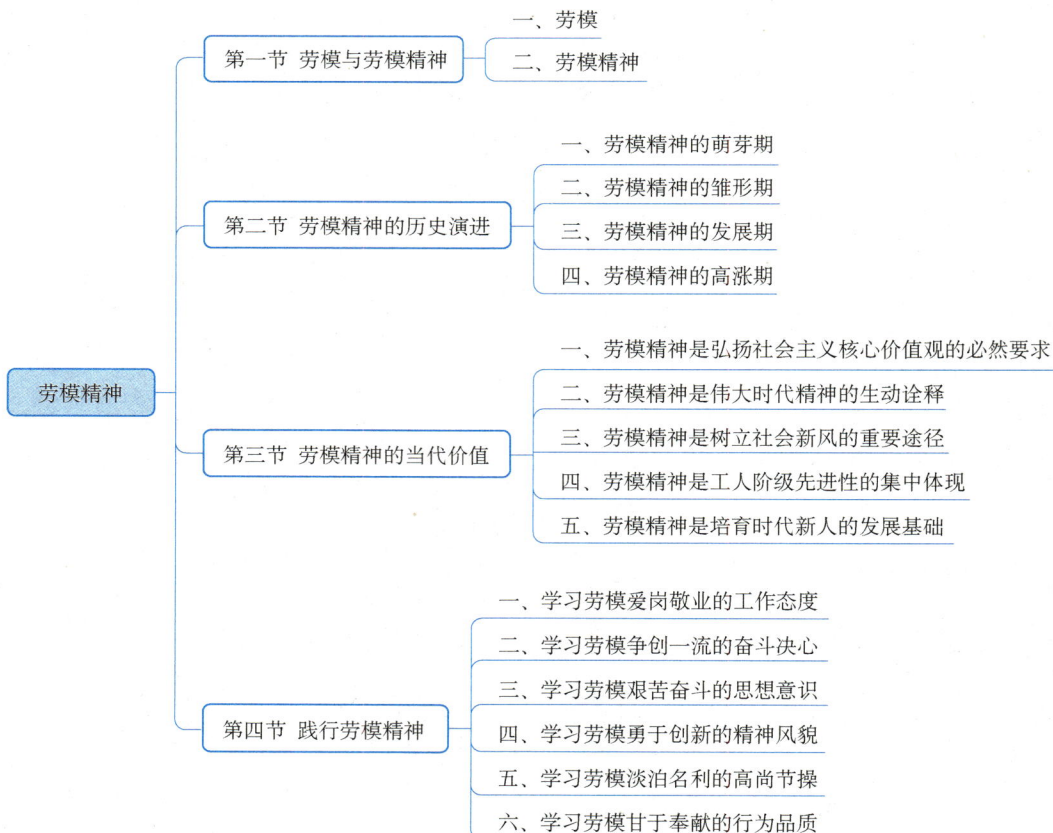

劳模精神
- 第一节 劳模与劳模精神
  - 一、劳模
  - 二、劳模精神
- 第二节 劳模精神的历史演进
  - 一、劳模精神的萌芽期
  - 二、劳模精神的雏形期
  - 三、劳模精神的发展期
  - 四、劳模精神的高涨期
- 第三节 劳模精神的当代价值
  - 一、劳模精神是弘扬社会主义核心价值观的必然要求
  - 二、劳模精神是伟大时代精神的生动诠释
  - 三、劳模精神是树立社会新风的重要途径
  - 四、劳模精神是工人阶级先进性的集中体现
  - 五、劳模精神是培育时代新人的发展基础
- 第四节 践行劳模精神
  - 一、学习劳模爱岗敬业的工作态度
  - 二、学习劳模争创一流的奋斗决心
  - 三、学习劳模艰苦奋斗的思想意识
  - 四、学习劳模勇于创新的精神风貌
  - 五、学习劳模淡泊名利的高尚节操
  - 六、学习劳模甘于奉献的行为品质

导读导学

　　劳动创造为中华民族带来了如今的辉煌成就，党的二十大报告再次明确表达了对劳动及劳动者的尊重与重视。劳模作为劳动创造主体的一部分，以高度的政治意识、优良的道德品质、不懈的价值追求，成为全体劳动群众的优秀代表，也为全国各族人民树立了理想的人格目标，是始终活跃在中国革命、建设、改革具体实践中的先锋力量。劳模精神作为劳模群体随时代发展凝练而成的最新思想内核，坚持劳动本位，并以其鲜明的先进性、群众性、实践性等优势，在引领人们树立符合时代需要的价值观方面发挥着积极作用。劳模精神是中国共产党人精神谱系的重要组成部分，是以爱国主义为核心的民族精神和以改革创新为核心的时代精神的集中体现。开展劳模精神教育为新时代赓续红色基因，引领全党全国人民为实现中华民族伟大复兴不懈奋斗提供了强大的精神动力。

学习目标

【知识目标】

1. 了解劳模精神及劳模精神的历史演进。
2. 掌握当代劳模精神的内涵。
3. 分析劳模精神的时代特色和当代价值。
4. 掌握践行劳模精神的途径方法。

【能力目标】

1. 能够结合新时代青年学生自身专业特长培养和传承劳模精神。
2. 能够学习劳模精神，弘扬劳模精神。
3. 能够做到干一行、爱一行、钻一行、精一行。

【素质目标】

1. 培养"崇尚劳动、热爱劳动"的品格。
2. 树立"敢为人先、追求卓越"的意识。
3. 具备成为优秀劳动者的品质。

第一节　劳模与劳模精神

一、劳模

　　劳模是劳动模范的简称。"劳"代表劳动，是劳模的基本前提。"模"体现了一种"示范"和"楷模"的价值导向，一种可近、可亲、可信、可学的榜样作用。劳模这一光荣的称号，有广义和狭义之分。广义的劳模是指劳动的楷模和榜样，一切用辛勤劳动推动人类社会发展的人们，都有享受"劳模"这一美誉的资格条件。但是，我们所论述的是狭义上的、具有特定含义的劳模，它是指中国共产党在革命、建设和改革的各个历史时期，选出的为推动社会主义生产实践而作出巨大贡献的先进分子和标兵。劳模是在社会主义建设事业中成绩卓著的劳动者，经职工民主评选、有关部门审核和政府审批后被授予的荣誉称号。劳模分为全国劳动模范与省（部）委级劳动模范，有些市、县和大企业也开展劳模评选。中共中央、国务院授予的劳模为"全国劳动模范"，是最高的荣誉称号。与此同级别的还有"全国先进生产者""全国先进工作者"称号。

　　劳模是劳动的模范和榜样，是在群众性学赶先进的劳动竞赛活动中涌现出来的杰出人物，是社会遴选出的较好的、鼓励人们仿效的劳动者。在国家建设和发展中，劳模是各行各业的杰出代表，他们身上体现着社会对某一类劳动方式和劳动精神的最高评价。劳模是适应国家和时代的发展而产生的，是劳动群众的杰出代表，是最美的劳动者，是民族的精英、国家的栋梁、人民的楷模，是党和国家的宝贵财富，是永远的时代领跑者。

　　劳模，意味着"希望光芒"，能照亮黑夜，温暖人心；劳模，意味着"人理之伦"，为他人、为社会创造生存的空间和条件；劳模，意味着"人生之道"，让生命向更美好的空间延伸发展；劳模，意味着"价值取向"，决定、支配主体的价值选择，对主体自身、主体间关系、其他主体均有重大的影响。劳模就是旗帜，劳模就是火炬，劳模就是形象，劳模就是标杆，劳模就是品牌，劳模就是导向，劳模就是珍贵的精神财富，能够引导全社会的劳动者热爱劳动，创造更多的社会财富。

　　各个历史时期涌现出来的劳模，虽然行业不同、岗位各异，但有着共同的特质——他们是我们身边一个个身份普通、岗位平凡、业绩突出的劳动者，他们以高度的主人翁意识、卓越的劳动创造、忘我的拼搏奉献，始终走在工人阶级和劳动群众的前列，享有崇高声誉，备受人民尊敬。

问题讨论

　　你身边有劳模吗？你认为什么样的人能当劳模？劳模带给你什么启发？

知识拓展

探秘：如何评选出劳模？怎样能成为劳模？

劳模是怎样评选出来的？

　　劳模评选是一项极其复杂严肃的工作。以2020年劳模评选工作为例，2020年1月，中共中央办公厅、国务院办公厅印发通知，对相关工作作出部署。党中央、国务院专门成立2020年表彰全国劳动模范和先进工作者大会筹备委员会。

　　筹委会办公室发挥统筹协调作用，各相关部门和成员单位积极协同配合，扎实推进各项工作。2月，制定印发《推荐评选工作有关政策说明》，指导各单位做好人选推荐工作。

　　3月，召开筹委会办公室会议，根据疫情防控实际情况研究部署工作，指导各单位上报推荐材料并进行初审。

　　5月，基本完成初审工作。

　　6月，指导各地认真做好省级公示及后续工作。

7月，基本完成复审工作。

10月15日至19日，在《人民日报》进行为期5天的全国公示。

10月21日，中央领导同志主持召开筹委会全体会议，听取大会筹备工作情况汇报，审议通过拟表彰人选名单，对高标准高质量完成各项工作任务提出明确要求。

11月，将拟表彰人选名单呈报党中央、国务院审定。

其中，如何确保评选表彰工作公开、公正、公平？

严格执行"两审三公示"程序，即实行初审、复审两次审查，在所在单位、省级和全国进行三级公示。在推荐审核所有工作环节中，严格评选标准，严肃评选纪律，认真处理举报事项，该调整的调整，该拿下的拿下，确保人选能够树得起、立得住，经得起检验。

如何能成为劳模？

"爱岗敬业、争创一流，艰苦奋斗、勇于创新，淡泊名利、甘于奉献"，这是劳模精神，也是成为劳模的必备条件。如今，我国经济已进入高质量发展阶段，需要更多知识型、技能型、创新型劳动者，只要有想法、肯干事、敢创新，任何人都有机会成为劳模。

受表彰需要符合哪些条件？

此次受表彰人选符合党中央、国务院确定的推荐评选条件，具有以下三个突出特点：

一是具有很强的政治性和先进性。人选都经过各级党委和有关部门认定，基本上具有省部级表彰奖励的荣誉基础，并且近5年来特别是党的十九大以来创造了突出业绩，其中有200余人在脱贫攻坚领域作出了突出贡献，有358人享受国务院政府特殊津贴。

二是具有广泛的代表性和群众性。受表彰人员中，中共党员2015名；民主党派和无党派人士158名；女性578人，占23.2%；少数民族226人，占9.1%。人选基本涵盖各个领域和行业，尤其是来自基层一线的比例较高，其中一线工人和企业技术人员847人，占企业职工和其他劳动者的71.1%，比原定比例高出14.1个百分点；农民工216人，占农民人选的43.2%，比原定比例高出18.2个百分点；科教等专业技术人员、科级及以下干部661人。

三是选树了一批抗疫先进典型。按照筹委会统一部署和要求，推荐评审出300名奋战在抗击新冠肺炎一线的先进个人，他们逆行出征、无私无畏，作出了突出贡献。

二、劳模精神

劳模之所以光荣而又伟大，不仅在于他们是社会主义建设中的杰出人物，为促进我国经济发展和人民幸福作出了卓越贡献，而且在于他们的优秀品质和思想行为中体现出的一种崇高的精神，即劳模精神。劳模精神是一种极为宝贵的精神财富，是对五千年中华民族精神的传承和延伸，是对中国工人阶级优秀品格的诠释和彰显，是社会主义核心价值观的生动实践。

多年来，在我国社会主义建设的各个历史时期，工人阶级始终表现出伟大的创造力，涌现出一大批劳模，他们以出色的业绩和高尚的品质，成为工人阶级学习的榜样，带动工人阶级满腔热忱地在各自的工作岗位上创造辉煌的业绩。劳模身上所体现出的优秀品质，不断凝聚成为人们所崇敬并具有强大感召力量的思想精华，这就是劳模精神。劳模精神是劳模在平凡岗位上作出不平凡业绩所坚持坚守坚定的基本信念、价值追求、人生境界及其展现出的整体精神风貌。

劳模精神是劳动群体先进性的集中体现和高度浓缩，是植根于中国大地、反映中国劳动者意愿、适应中国和时代发展要求的精神品格。劳模精神是引领中华民族时代发展的先进的、科学的、文明的思想道德和价值取向。劳模精神是一种人文精神，代表的是一个时代的价值观、道德观，展示的是中华民族顽强拼搏、自强不息的崇高品格，体现的是中华民族与时俱进、开拓创新的精神风貌。"劳模精神"的内涵主要体现在以下三个方面。

1. 强烈的主人翁意识

强烈的主人翁意识就是把国家利益和人民利益放在首位、勇于承担历史使命的责任意识。目前，我国实行以公有制为主体、多种所有制经济共同发展的基本经济制度。但无论哪一种所有制形式，归根结底都从属于构建社会主义和谐社会的根本目标。因此，需要工人阶级站在全局的高度，以强烈的主人翁意识承担起自己的历史使命，充分发挥主力军作用。

2. 忘我劳动、爱岗敬业、勇于创新的精神

忘我劳动、爱岗敬业、勇于创新，是劳模精神的精髓，尽管时代变迁，但以劳模为代表的几代工人阶级始终保持和发扬这种精神，为我国社会主义建设作出了卓越贡献。劳动创造幸福，实干成就伟业。目前，我国社会主义市场经济深入发展，但劳模精神不会过时，无论处于何种所有制形式之下，这种精神都是推动生产力向前发展的强大精神力量。

3. 与时俱进、刻苦学习的优秀品格

与时俱进、刻苦学习，是工人阶级先进性的重要体现，也是工人阶级担当主力军的重要保障。从我国社会主义建设各个历史时期涌现出的劳模身上，我们可以清晰地看到，劳模精神无不代表着一个时代的思想光辉，并与时代发展的脚步一致，成为推动时代前行的强大动力。当前，全党全国各族人民迈上全面建设社会主义现代化国家的新征程，整个人类也进入到信息时代，我们从新一代的劳模身上，欣喜地看到了与时代同步的新的精神气质。他们善于刻苦学习，在本行业、本岗位以精深的专业技能引领风骚，成为令人敬佩的专家或能手。

劳模积极投身于中国革命、建设、改革的各个时期，为国家和人民建立了卓越功勋。他们铸就了爱岗敬业、争创一流，艰苦奋斗、勇于创新，淡泊名利、甘于奉献的劳模精神，教育和激励着一代又一代中华儿女为国家富强、民族振兴、人民幸福而奋勇拼搏。伟大的事业需要伟大的精神，伟大的精神推动伟大的事业前进。无论文明进步到何种程度，无论财富积累到何种地步，劳模及其身上所体现出来的精神都是人们永不褪色的骄傲。

回顾历史，虽然几代劳模所处的历史时期不同，但他们身上所体现出来的爱岗敬业、艰苦奋斗、勇于创新、甘于奉献等优秀品质却一脉相承，熔铸成一笔宝贵的精神财富，成为中国工人阶级的典型特征。劳模作为工人阶级的优秀代表，是时代的引领者，在工作、生活中发挥了先锋和排头兵作用，他们以辛勤劳动、诚实劳动和创造性劳动持续推动着社

会进步、国家发展与民族复兴。劳模精神作为劳模的思想内核、行动指南和精神灯塔，成为推动时代前进的强大精神动力，充分体现了工人阶级先进性的主体地位，彰显了工人阶级的伟大品格，推动了工人阶级的成长进步。

> **资料链接**
> 劳模精神的理论意蕴

第二节　劳模精神的历史演进

一个时代有一个时代的劳模，每个时代的劳模都以自己的模范行为激励着一代又一代劳动者为祖国的繁荣富强而拼搏。劳模精神，作为我国工人阶级优秀品质的集中体现，与时俱进，不断丰富发展，过去是、现在和将来仍然是激励工人阶级投身社会主义现代化建设的强大动力。劳模精神作为时代精神，在不同的时代有不同的内涵，但劳模精神的主旋律始终不变。

一、劳模精神的萌芽期

我国的劳模最初是在革命战争时期艰苦复杂的环境下，在中国共产党鼓励生产的过程中孕育形成的。土地革命战争时期，中央苏区遭遇"围剿"，财政面临严重困难，状况不容乐观。中华苏维埃共和国临时中央政府诞生于瑞金后，在毛泽东的领导下，团结群众，发动群众，开展经济建设。陕甘宁和晋绥边区、晋察冀和晋西北革命根据地等地区仿效苏区做法，开展大生产运动和各项建设，开展了"新劳动者运动""增产立功运动"，开展了第一次真正意义上的大规模劳模运动，争当"增产立功"的"新劳动者"成为边区工人的响亮口号和奋斗目标。

"劳模"这一称号早就出现在苏区作为劳动竞赛奖品的斗笠上。在中国共产党领导下，部分苏区开展了热火朝天的生产运动，出现了生产竞赛实践活动，产生了许多劳模。1932年3月，中共中央第一次就开展劳动竞赛和筹建模范队发出通知，要求共产党以最大的努力"发动群众的积极性，用组织模范队和革命竞赛的新方式……转变全部工作"。1933年5月，毛泽东出席苏维埃临时中央政府召开的武阳区赠旗万人大会，并"代表临时中央政府将写有'春耕模范'的奖旗赠给武阳区和石水乡群众"。1934年春，苏维埃临时中央政府在瑞金叶坪召开了苏区妇女劳模代表大会，表彰和推动妇女参加生产劳动，毛泽东亲自给妇女劳模发了奖状以及绣有"学犁耙能手"字样的围裙和印有"劳模妇女"几个大字的斗笠两样奖品。这样，在党的历史上，劳动模范就此诞生了。劳模最初是有"英雄""模范""能手"等不同表述的，主要是在"生产战线"领域内产生的。

这一时期的劳模呈现出"为革命生产劳动、为革命拼命献身、为革命苦干巧干"的

"革命性"特征，代表人物主要有赵占魁、吴运铎、张思德等。这些先进模范人物以新的劳动态度对待新的劳动，积极参加义务劳动，全力支援前线斗争，带动群众投身中国共产党领导的人民解放事业。这一时期的劳模精神为解放区劳动人民提供了强大的精神动力，极大地推动了根据地的物质生产，加快了党领导下的新民主主义革命取得胜利和中华人民共和国成立的进程。

阅读延伸

边区英雄赵占魁

赵占魁，抗战时期陕甘宁边区农具厂化铁工人，是在生产竞赛中涌现出来的劳动英雄，1938年加入中国共产党。他在高达2000摄氏度的高热熔炉面前，每时每刻都认真工作着，毫不懈怠；每遇论功行赏时总让开，认为那是大家努力的结果。他埋头苦干、大公无私、自我牺牲的精神，大大鼓舞了边区工人的劳动热情，有力推动了整个边区工业建设向前发展。朱德称赞他是用革命者态度对待工作的"新式劳动者"。

在革命战争年代，苏区和边区的生产技术水平非常落后，物质条件极为匮乏，在这样的客观条件下，经济建设依然取得了很大成绩，靠的是人们艰辛的劳动和极高的热情。劳模在艰苦的条件下，自力更生、艰苦奋斗、埋头苦干，充分发挥主体精神，积极投身于根据地建设，促进了苏区及边区的经济建设，改善了根据地的落后面貌。革命战争年代的劳模精神为党领导的革命取得胜利起到了添薪加柴的重要作用，这一时期，劳模的评选表彰极大地调动了军民斗争、工作、生产的主动性和积极性，在群众中首次树立了"劳动光荣、劳动致富"的价值观念，不但推动了革命事业的发展，改善了军民的生活，提高了军民的军事素质和工作效率，而且增强了劳动人民的团结，为中国共产党在国家经济、政治、文化建设等方面留下了极为宝贵的精神财富。

二、劳模精神的雏形期

中华人民共和国成立后，工人阶级和广大农民实现了政治和经济上的"翻身"，获得了当家作主的权利，心中充满了感恩和报效国家的劳动热情。50年代的中国百废待兴，为使国民经济尽快恢复，更好地建设社会主义，党和国家在总结革命战争时期经验做法的基础上，积极开展社会主义劳动竞赛和生产运动，并进行了形式多样的劳模表彰工作，从中评选出了一大批劳模和先进生产者。他们广泛分布在国民经济和社会建设的各个行业，既有生产能手、岗位标兵、技术人员、科学工作者，又有先进工作者、优秀组织者和管理者，劳模群体在艰苦的环境中练就了坚毅的品质和勤劳的品格，继承了踏实朴素、艰苦奋斗的优良传统，他们为了祖国的发展建设愿做老黄牛，勇当拓荒牛，甘为孺子牛。勤勤恳恳、无私奉献、坚韧不拔、顽强拼搏、开拓奋进的"老黄牛精神"成为中华人民共和国成立到改革开放前劳模精神的时代内核，激励和鼓舞着中国人民独立自主、艰苦奋斗、自力更生，在建设社会主义初级阶段的各个方面发挥了极大的作用，构筑了一座不朽的精神丰碑。

这一时期，以王进喜、时传祥、张秉贵、孟泰、马恒昌、郝建秀、王崇伦等为代表的一大批普通劳动者，在平凡的工作岗位上以不平凡的主人翁意识和艰苦创业精神，以高尚的忘我劳动热情和无私奉献精神赢得了社会的尊重，成为激励全国人民的楷模。同时，许多劳模以高度的主人翁意识，开拓创新、攻坚克难，通过发明创造、技术革新等，突破重大技术难关，使生产效率得到了极大提高。

这一时期的劳模主要来源于基层，一线产业工人是主流，"一不怕苦、二不怕死"的硬骨头精神和"老黄牛精神"是他们的真实写照，从生产型向技术革新型转变的"建设性"是劳模们的典型特征。劳模们身上展现的是社会主义理想和爱国报恩的价值追求，劳模队伍的迅速壮大及其具有的示范引领作用，为国民经济的恢复、社会主义建设在各条战线的起步与发展作出了重大贡献，并为树立社会主义劳动观念、推广劳模经验、提高生产工作效率、提升组织管理协作水平发挥了重要作用。

阅读延伸

孟泰：高炉卫士

在鞍山钢铁厂曾经有一个特殊的仓库，里面堆满了各种各样恢复生产急需的废旧零件，工人们都亲切地称之为"孟泰仓库"。仓库的建立者就是中华人民共和国第一代劳模孟泰。

孟泰，1898 年 8 月出生，河北丰润人。1926 年到鞍山，同年进入日本人经营的昭和制铁所当配管学徒工。1948 年 2 月 19 日，鞍山解放，孟泰很快响应党的号召到吉林通化去抢修高炉，他多次向工友和家人表示："跟着共产党走，棒打不回头！"东北全境解放后，孟泰又回到鞍山，投入到恢复鞍钢的工作中去。

当时的鞍钢，经历了日军和国民党反动派的反复破坏，几乎找不出一台完整的设备。不甘心让炼钢厂变成高粱地的孟泰，带领工友们跑遍十里厂区，从废铁堆中回收上万件修复高炉所需的零件设备，建起"孟泰仓库"，不仅给高炉"起死回生"找到了"救命药"，还给国家节约储备了大批器材。1949 年 7 月 9 日，在庆祝鞍钢开工典礼上，孟泰被授予一等功臣。同年 8 月，孟泰光荣加入中国共产党。8 月 15 日，孟泰又获得特等功臣的光荣称号。

中华人民共和国成立后，孟泰以极大的热情投身生产工作。尽管已年过五旬，但干起活来还像个小伙子，在一、三号高炉点火的前后时间，孟泰干脆住进了工厂。孟泰善于发扬钻研精神，实践中他逐步摸索出一套"眼睛要看到，耳朵要听到，手要摸到，水要掂到"的工作规律及操作技术，被称为"孟泰工作法"。其中，"掂水"的功夫堪称一绝。凡是高炉循环水出故障，孟泰只要把手伸进流淌的循环水水流中掂几下，就能找准病根，手到病除，同行们都称他为"高炉神仙"。为了确保安全生产，孟泰提出"宁叫人找事故，不叫事故找人"的口号，总结出"保证不漏水、不漏风、不漏气"及"勤看、勤走、勤检查、勤修理"的"三保""四勤"制度。

面对生产过程中出现的险情，孟泰的忘我精神同样闻名。在一次高炉事故中，孟泰发现一处炉皮钢板被烧穿，铁水与顺着炉皮流下的冷却水相遇，高炉随时有爆炸的可能。孟泰带领抢险的工友，果断地用铁板将水流引离炉皮，并在短时间内采取一系列处理措施，成功避免了一场炉毁人亡的恶性事故。孟泰奋不顾身、将生死置之度外的形象镌刻在工人心中，被大家尊称为"高炉卫士"。

1950 年 9 月 25 日，在北京召开的全国工农兵劳模代表大会上，孟泰被毛泽东同志称赞为"钢铁战线的老英雄"。他还多次被评为全国劳模，曾担任中国工会第七、八次全国代表大会执行委员，第一、二、三届全国人民代表大会代表。1967 年 9 月，孟泰因病在北京去世。2019 年，中华人民共和国成立 70 周年，孟泰又被授予"最美奋斗者"称号。

孟泰的一生是艰苦创业、拼搏奋斗的一生。他的高尚品格和优良作风，给鞍钢职工树立了榜样，也为全国工人留下了一笔宝贵的精神财富。他与那个激情燃烧岁月里涌现出的无数英雄模范一道，激励着全体中国人民在全面建设社会主义现代化国家新征程上继续拼搏、不懈奋斗。

三、劳模精神的发展期

20 世纪 80 年代，中国吹响了改革开放的号角。"实现四个现代化"口号被唱响，广大劳动者充满理想、更富激情。一批科技文化教育工作者劳模走进了人们视野，新一代劳模发扬"当代愚公"和"两弹一星"精神，带领广大职工群众，勇攀科学技术高峰，在推动改革、促进发展、维护稳定中再立新功，涌现了一大批以数学家陈景润、"两弹元勋"邓稼先、优秀光学专家蒋筑英、微电子研究专家罗健夫等为代表的科学家劳模，他们将毕生精力献给了祖国的科技事业，通过自己的模范行动和骄人业绩，为我国的经济发展和社会进步作出了不可磨灭的贡献。20 世纪 90 年代，我国经济社会飞速发展，社会变化日新月异，取得了让世人刮目相看的巨大成就。这一时期涌现了以孔繁森、李素丽、徐虎等为代表的一大批先进模范人物，他们以"求真务实，拼搏进取"的精神，引领时代向前进。

从 1980 年开始，劳模表彰大会在召开时间上开始统一，每五年举行一次，一般是在"五一"国际劳动节前召开。这一时期，劳模队伍的结构非常广泛，在经济、科技、教育、文化、卫生、体育等重大项目和工程上均有突出的贡献。不少劳模的先进事迹感动中国、影响世界。劳模精神的内涵也演化为"解放思想、开拓进取，知难而上、勇于创新，艰苦奋斗、求真务实，淡泊名利、无私奉献"。这集中反映了中国工人阶级的优秀品质，是适应时代要求、响应党的号召的充分体现。

面对纷繁复杂的社会现实和多元文化思想的冲击，价值评价呈现出多样化的态势，价值规律逐渐渗透到社会经济的方方面面并发挥作用，这极大地激发了人们的创造力和发展热情。大多数劳模能够正确认识客观现实和自身能力，正确对待理想和目标，并认识到个人价值体现在他能创造多少社会价值。这些劳模能够主动掌握基本生活技能和生存技巧，适应社会新角色；在对多元价值中多种选择的认识方面，拥有积极人生观、价值观的劳模越来越多，各领域涌现出一批批"绝活"行家。

　　总之，改革开放初期的劳模伴随改革开放号角的吹响，用精业、敬业、敢为人先的精神在困难中披荆斩棘；他们起早贪黑，默默奉献；他们创新创造，勇当改革发展的领跑者。他们将自己的汗水挥洒在自己热爱的领域，跻身于政治和社会的舞台中心，通过自己的劳动创造得到越来越多的社会关注。

阅读延伸

蒋筑英：甘做追光路上的"铺路石"

　　电视是 20 世纪人类最伟大的发明之一，如今我国更是世界电视制造和消费大国。然而，20 世纪 70 年代，我国彩色电视复原技术还十分落后，图像颜色严重失真。攻破这一技术难关的正是我国著名的光学专家，中国科学院长春光学精密机械研究所副研究员蒋筑英。

把国家需要作为毕生追求

　　1956 年，蒋筑英考入北京大学物理系。在北大读书期间，他异常刻苦。由于家境困难，蒋筑英靠助学金完成学业，他常说"生育我者父母，教养我者党"。

　　1962 年，蒋筑英大学毕业前夕，母亲写信催他回上海或者杭州工作。蒋筑英最终说服了母亲，选择去当时条件艰苦的长春，成为我国著名光学科学家王大珩的研究生。从此，国家需要成了蒋筑英的毕生追求。

　　20 世纪 60 年代初，国外光学传递函数理论已经开始应用于生产实践，但这个科研领域在我国却还是空白。蒋筑英和他的团队经过 700 多个日夜的努力，克服重重难关，于 1965 年设计并制造出了我国第一台光学传递函数测量装置。当时，蒋筑英仅 27 岁。

　　20 世纪 70 年代初，蒋筑英又在导师指导下，提出了彩色复原质量问题的新方案，并取得成功。此后，蒋筑英在光学传递函数研究方面取得了一个又一个重要成果，解决了国产镜头研制工作中许多关键性技术难题。他编写了《彩色电视变焦距镜头技术标准方法》，设计了我国第一台电子分色机的分色特性及镀膜要求等，对我国电影、电视行业发展作出了突出贡献。

为祖国科技现代化做更多铺路工作

　　"我就是一块铺路石，我要做更多的铺路工作，为祖国的科技现代化，为更多的年轻科技人员攀登高峰创造条件。"蒋筑英生前经常说的这句话，在同事的回忆中总能找到答案。

　　研究所评职称、提工资，蒋筑英都多次主动让给别人；他帮助同事一遍遍地修改论文，发表时却不让署他的名字；他从不封锁资料，即便是一些极不容易得到的资料，他也会慷慨地贡献出来……

　　出国进修时，国外卖得最便宜的鸡骨架是他难得的大餐。可攒下来的钱，他全拿出来，给研究室添打字机、录音机和一些紧缺的光学部件。那时候，电子计算器很珍贵，他却一下子买了 20 台，分给同事们。

　　这个在事业上追光的人，从未追求过个人利益。

信仰照亮追光之路

1981 年，蒋筑英在给父亲的家书中写下："一个人总应该有信仰，人活着不能只为自己过好生活，而要为社会负责。"蒋筑英时刻想着国家、想着事业、想着他人，却很少想着自己。腹痛越来越厉害，爱人多次催促他去医院，他却总是说"等明天吧"。1982 年 6 月 12 日，蒋筑英赴成都验收 X 射线天文望远镜空间模拟装置时，由于工作劳累致使病情恶化，经抢救无效于 6 月 15 日在成都去世，年仅 43 岁。

这位为中国光学事业奋斗了 20 多年的"永动机"停止了，他的精神却始终激励着我们。蒋筑英去世后，被中共吉林省委追认为中国共产党党员，被国务院追授为全国劳动模范，他的事迹与精神更是在一代代青年学子和科研人员中传颂。

四、劳模精神的高涨期

在党的领导下，我国工人阶级和广大劳动群众与祖国同成长、与时代齐奋进，奏响了"咱们工人有力量"的主旋律，各条战线英雄辈出、群星灿烂。进入中国特色社会主义新时代，我国工人阶级和广大劳动群众拼搏奋斗、争创一流、勇攀高峰，用智慧和汗水营造了劳动光荣、知识崇高、人才宝贵、创造伟大的社会风尚，谱写了"中国梦劳动美"的新篇章，涌现出了巨晓林、高凤林、李万君等一大批劳模和先进典型。

习近平总书记指出："长期以来，广大劳模以平凡的劳动创造了不平凡的业绩，铸就了'爱岗敬业、争创一流，艰苦奋斗、勇于创新，淡泊名利、甘于奉献'的劳模精神，丰富了民族精神和时代精神的内涵，是我们极为宝贵的精神财富。"

1. 爱岗敬业、争创一流

爱岗敬业、争创一流，体现的是劳模的本色和追求。爱岗敬业、争创一流，是指以一种尊重恭敬的态度来对待自己的岗位、热爱自己的工作，做到干一行爱一行，通过自身努力去争取完成更优异的业绩，这是对待职业的一种态度，是劳模精神中的基础要素。"爱岗敬业、争创一流"体现了广大劳模恪尽职守、创先争优的职业道德及高度的历史使命感、责任感。

爱岗敬业是中华民族的传统美德，是职业道德的基石，是社会主义职业道德所倡导的首要规范，是社会主义核心价值观的重要内容。爱岗敬业就是要以正确、恭敬、严肃的态度对待自己的职业劳动，努力培养工作幸福感和荣誉感，要勤勤恳恳、兢兢业业、忠于职守、尽职尽责地干工作。爱岗敬业是对劳动者提出的最基本、最起码、最普通的道德要求，是实现职业目标的重要内容，也是事业成功的必要因素。当代劳模无一不是践行爱岗敬业的典范。劳模精神彰显出爱岗敬业的崇高美德，感染和激励着我们，它告诉我们只要爱岗敬业，再平凡的工作都能作出巨大的贡献，实现自我价值，创造出社会价值。

争创一流是当代劳模具有竞争力、战斗力和爆发力的精神源泉。争创一流就是要树立自信心、提振精气神，以"敢为人先、追求卓越"的精神状态高起点谋划、高标准定位、高质量落实、高效率推进，做到谋划上胜人一筹、行动上快人一步、措施上硬人一度。争创一流作为当代劳模精神的灵魂，是一种思想意识，是劳模充分发挥主观能动性创先争优的内生动力；是一种思维方式，是激励劳动者奋勇向前、拼搏进取的保证；还是一种行动目标，是劳模对标"高、精、尖"，实现追求一流功绩的灯塔；也是一种方法手段，是对在中国特色社会主义建设各项事业中表现突出、工作业绩突出的劳动者的肯定和鼓励。

教学讲解

爱岗敬业　争创一流

阅读延伸

许振超："当一个好工人"

他是一位普普通通的工人，只有初中文化，却靠着刻苦钻研技术，干一行、爱一行、精一行，从一名码头工人成长为"学习型、知识型、创新型"的当代产业工人的杰出代表，带领团队先后 8 次刷新集装箱装卸世界纪录，创造享誉全球的"振超效率"。他就是许振超。

1950 年 1 月 8 日，许振超出生在一个贫穷的工人家庭。1968 年，只上了一年半初中的他，成为一名普通工人。1974 年，许振超进入青岛港，与码头结缘。许振超犹记得入行时亲朋好友送给自己的一句话："好好干，当一个好工人！"这成了他几十年来追求、奋斗的目标。

1984 年，青岛港组建集装箱公司，许振超被选为第一批桥吊司机。第一次接触这种高技术含量设备，面对二三百页的手册、密密麻麻的外文，许振超感到了压力。他买了一本英汉词典，挨个查询单词，把单词抄在本子上随身携带，有空就反复背、反复练，很快成了业务骨干。

正当许振超准备大干一番时，却发生了一件让他刻骨铭心的事。1990 年，一台桥吊控制系统出现故障，请外国工程师维修，高达 4.3 万元人民币的维修费让许振超震惊了。当许振超试着向外国专家请教时，人家却耸耸肩，不屑一顾。许振超被深深刺痛了，他发誓："一定要争口气，学会自己修桥吊。"为了攻克这门技术，许振超着魔似的钻研。一块书本大的控制系统模板，一面是密密麻麻上千个电子元件，另一面是弯弯曲曲的印刷电路，为了分辨细如发丝、若隐若现的线路，许振超用玻璃专门制作了一个简易支架，将模板放在玻璃上，下面安上 100 瓦的灯泡，通过强光使模板上隐身的线路显现出来，再一笔一笔绘制成图。许振超前前后后用了整整 4 年时间，一共倒推了不同型号的 12 块电路模板，绘制的电路图纸有两尺多厚。凭着这股劲儿，他逐步掌握了各类桥吊技术参数和设备性能，不仅能排除一般的机械故障，还能修复精密部件。这套模板图纸后来成为桥吊司机的技术手册，成了青岛港集装箱桥吊排障、提效的"利器"。

许振超不仅自己练就了"一钩准""一钩净""无声响操作"等基本功，还带出了"王啸飞燕""显新穿针""刘洋神绳"等一大批工作品牌。他经常语重心长地对大家说：

"咱码头工人要把脊梁挺起来做人，要在岗位上站得住。""许振超大师工作室"获得人社部批准之后，许振超对打造工匠精神更加关注，他带领团队围绕码头安全生产需求，开展科技攻关，推进互联网战略，持续破解安全生产难题。完成了"集装箱岸边智能操作系统"，在世界上率先实现"桥板头无人"，解决了集装箱桥板头作业人机交叉的风险问题。他带领团队打造的"48 小时泊位预报、24 小时确报"服务品牌，每年为船公司节约燃油 1.26 万吨，成为青岛港的又一金字招牌。

许振超说："我靠的就是永不满足的拼劲和学习上不服输的韧劲，只有这样，才能把自己锤炼成'能工巧匠'。"从业几十年，许振超始终践行着执着专注、精益求精、一丝不苟、追求卓越的工匠精神，在平凡的岗位上作出不平凡的业绩。他从未忘记过自己是一名工人，一定要"当一个好工人"，这就是许振超对工匠精神最朴素而深刻的诠释。

2. 艰苦奋斗、勇于创新

艰苦奋斗、勇于创新，体现的是劳模的作风与品质。艰苦奋斗、勇于创新，是指在工作中能够克服艰难困苦，坚持不懈地为达到一定目标而努力，通过思维、知识、技术等的创新，敢为人先、突破常规，创造新的生产条件、方式和成果，这是劳模精神的核心要素。艰苦奋斗、勇于创新体现了广大劳模吃苦耐劳、坚韧不拔的作风和强烈的开拓意识，勤于学习，善于实践，积极掌握知识，努力增强核心技能，主动应对各种挑战。

艰苦奋斗是当代劳模精神的本色。艰苦奋斗是自强不息精神的集中体现，是中华民族精神的重要内容，是中华民族伟大的精神财富。艰苦奋斗是马克思主义的实践品格和价值取向。艰苦奋斗是富有实践意识的奋斗，是人发挥主观能动性改造物质世界的人的社会生活实践活动。艰苦奋斗在实践中成为人的一种价值取向，蕴含着人对某种价值的执着追求。当代劳模凭借艰苦奋斗的价值追求锐意进取、奋发有为，攻破了一个又一个阻碍实现中国特色社会主义现代化建设的难题，取得了一项又一项惊叹世界的成就。他们秉承艰苦奋斗的优良作风，在工作中忘我劳动、开拓创新、奉献集体，表现出崇高的美德和奋发向上的精神风貌。当代劳模精神之所以能够继续发挥其号召力、感召力和影响力，就是因为劳模精神中包含着长期以来具有的、始终如一的艰苦奋斗精神元素，因此艰苦奋斗精神元素已成为当代劳模精神较稳定和永恒的本色。

勇于创新是当代劳模精神的核心。勇于创新是马克思主义最宝贵的理论品格和精神品质，以马克思主义为指导的中国当代劳模精神，也必须紧紧把握勇于创新这一内涵，并使之具有勇于创新的关键内容。马克思主义认为，创新即人的存在方式。创新是人类特有的活动，是作为拥有智慧的高等生物的人的有意识的创造性实践，创新的目的是实现人的自由全面的发展，推动社会变革与发展。党的二十大报告指出："我们从事的是前无古人的伟大事业，守正才能不迷失方向、不犯颠覆性错误，创新才能把握时代、引领时代。"当代劳模充分发挥先锋模范作用，不断钻研科学技术，全面提升勇于创新的本领，锐意进取、勇于创新，不断提高善于创造的能力，为中国特色社会主义现代化建设作出了突出贡献。勇于创新、善于创造已经成为当代劳模精神的关键内容和核心内涵。提倡勇于创新、善于创造的劳模精神是实现中华民族伟大复兴的现实需要。

知识拓展

习近平给中国航发黎明发动机装配厂"李志强班"职工的回信

中国航发黎明发动机装配厂"李志强班"的同志们：

你们好！看到来信，我想起了十年前同大家在车间交流的情景。这些年，中国航空发动机事业有了长足进步，初步探索出一条自主创新发展的新路子，航空发动机研制战线的同志们为此付出了大量心血。

航空发动机是国之重器，是国家科技实力和创新能力的重要体现。希望你们牢记使命责任，坚定航空报国志向，弘扬劳模精神、工匠精神，努力攻克更多关键核心技术，加快航空发动机自主研制步伐，让中国的飞机用上更加强劲的"中国心"，为建设航空强国、实现高水平科技自立自强积极贡献力量。

习近平

2023 年 9 月 1 日

"李志强班"以李志强的名字命名，主要负责航空发动机及燃气轮机总体装配工作。10 年来，"李志强班"依托劳模创新工作室，突破一个个装配难题，并将班组多年总结的创新方法汇编成册——《李志强操作法》，设计开发的"李志强锁片钳""李志强锁刻刀"等几十项专用工具，在公司和行业内推广，在提高装配效率和质量上发挥了重要作用。10 年来，"李志强班"累计实现工艺创新 126 项，自行研制工装工具 312 件，拉动技术、生产骨干开展技术创新项目 32 项，申报发明专利 50 余项，先后解决科研装配技术难题 52 项。

3. 淡泊名利、甘于奉献

淡泊名利、甘于奉献，体现的是劳模的境界与修为。淡泊名利、甘于奉献，是指心甘情愿、默默坚守、全身心地工作，不追求功名和私利，不计得失、不求回报，这是劳模精神的价值要素。淡泊名利、甘于奉献是广大劳模任劳任怨、不计得失的模范行动的体现，反映了工人阶级的价值取向和大公无私、不怕牺牲的高尚情操。

淡泊名利涵养着当代劳模精神。名利反映的是一个人的劳动成果和贡献受到社会公认，并获得相应的物质报酬。淡泊名利是中国传统名利观的集中体现，是中华民族传统美德。名利观是指人们对名利问题的根本看法和基本观点，属于价值观的范畴，也是一种人生观。淡泊名利是无产阶级名利观的重要内容，是中国共产党人的精神追求。无产阶级名利观继承了中华民族传统美德，与社会主义核心价值体系和谐一致，是中国共产党人的价值取向，其核心内容是"全心全意为人民服务"。在新时代，我们仍然必须倡导劳模本来就具有的安贫乐道、甘于寂寞、淡泊自守、不求闻达的豁达态度，学习并继承老一辈劳模体现的谨守本分、淡泊名利的精神境界。

甘于奉献是当代劳模精神的底色。无论是中华人民共和国成立前中共中央对劳动英雄和先进工作者的表彰宣传，还是中华人民共和国成立后党和国家对劳模精神轰轰烈烈的弘扬，都重点强调了劳模尊重劳动、奉献担当的浓厚意识，肯定了劳模顾全大局、默默奉献的可贵品质。从事各个行业的劳模，都在各自的事业中默默奉献，将自己的幸福融入国家和人民的幸福之中。正是如此，劳模和劳模精神才获得了全社会的认同，劳模精神才焕发着光彩和生机，才能凝聚鼓舞人们前进的磅礴力量。时空变幻，劳模精神的内涵在变，但劳模甘于奉献的追求没变。甘于奉献已经成为劳模精神最鲜明的标识，镌刻着劳模为党和人民贡献一切的光荣而不朽的印记。甘于奉献理当成为当代劳模精神内涵中最亮丽的底色。

阅读延伸

屠呦呦：青蒿素是中医药献给世界的礼物

屠呦呦是中国中医科学院终身研究员、国家最高科学技术奖获得者、诺贝尔生理学或医学奖获得者。60 多年来，她从未停止中医药研究实践。

2015 年 10 月 5 日，瑞典卡罗琳医学院宣布将诺贝尔生理学或医学奖授予屠呦呦及另外两名科学家，以表彰他们在寄生虫疾病治疗研究方面取得的成就。

这是中国医学界迄今为止获得的最高奖项，也是中医药成果获得的最高奖项。屠呦呦说："青蒿素是人类征服疟疾进程中的一小步，是中国传统医药献给世界的一份礼物。"

20 世纪 60 年代，在氯喹抗疟失效、人类饱受疟疾之害的情况下，在中医研究院中药研究所任研究实习员的屠呦呦于 1969 年接受了国家疟疾防治项目"523"办公室艰巨的抗疟研究任务。屠呦呦担任中药抗疟组组长，从此与中药抗疟结下了不解之缘。

由于当时的科研设备比较陈旧，科研水平也无法达到国际一流水平，不少人认为这个任务难以完成。只有屠呦呦坚定地说："没有行不行，只有肯不肯坚持。"

整理中医药典籍、走访名老中医，她汇集了 640 余种治疗疟疾的中药单秘验方。在青蒿提取物实验药效不稳定的情况下，东晋葛洪的《肘后备急方》中对青蒿截疟的记载——"青蒿一握，以水二升渍，绞取汁，尽服之。"给了屠呦呦新的灵感。

通过改用低沸点溶剂的提取方法，富集了青蒿的抗疟组分，屠呦呦团队最终于1972 年发现了青蒿素。据世卫组织不完全统计，青蒿素作为一线抗疟药物，在全世界已挽救数百万人生命，每年治疗患者数亿人。

在发现青蒿素后，屠呦呦继续深入研究以青蒿素为核心的抗疟药物，2019 年 6 月，屠呦呦研究团队经过多年攻坚，在青蒿素"抗疟机理研究""抗药性成因""调整治疗手段"等方面取得新突破，提出应对"青蒿素抗药性"难题的切实可行治疗方案，并在"青蒿素治疗红斑狼疮等适应症""传统中医药科研论著走出去"等方面取得新进展，获得世界卫生组织和国内外权威专家的高度认可。

"中国医药学是一个伟大宝库，青蒿素正是从这一宝库中发掘出来的。未来我们要把青蒿素研发做透，把论文变成药，让药治得了病，让青蒿素更好地造福人类。"屠呦呦说。

钟情科学、向医而行。对祖国医药科学的向往与探求，是屠呦呦始终如一的人生选择。

问题讨论

不同时期的劳模精神具有不同的时代特色，请结合时代背景，说一说劳模精神在传承过程中为什么能"既一脉相承又与时俱进"？

> **动漫解说**
> 劳模精神永不过时

第三节 劳模精神的当代价值

劳模精神是基于劳模对自己所从事的职业的敬重与热爱，渗透在他们的工作态度与职业道德中的一种优秀精神品质。劳模精神继承并发展了中华优秀传统文化中的劳动观念，是马克思主义劳动观的生动体现。伟大时代呼唤伟大精神，崇高事业需要榜样引领。劳模精神作为社会主义先进文化的重要组成部分，生动诠释了社会主义核心价值观。当前中国特色社会主义已经进入新时代，在这样的背景下弘扬劳模精神更具深远意义和时代价值。

> **资料链接**
> 劳动模范对大学生劳动教育的价值意蕴

一、劳模精神是弘扬社会主义核心价值观的必然要求

劳模精神集中体现了"富强、民主、文明、和谐；自由、平等、公正、法治；爱国、敬业、诚信、友善"的社会主义核心价值观的内在要求，弘扬劳模精神是用社会主义核心价值观影响人们思想行为的重要内容。社会主义核心价值观注入劳模精神的形成过程之中，成为劳模精神的构成要素。劳模精神成为引领时代的主潮流和价值取向。在劳模精神的引领与影响下，越来越多的人在自觉地向劳模学习，向劳模看齐，以实际行动践行劳模精神。劳模精神已经成为推动培育和践行社会主义核心价值观的孵化器，最大限度地凝聚人民群众共同践行社会主义核心价值观。

劳模精神是社会主义核心价值体系的重要组成部分，是践行社会主义核心价值观的集中体现，是贯穿了社会公德、职业道德、家庭美德、个人品德等方面的精神精华。劳模精神的重要元素和构成因子，如岗位意识、职业精神、进取精神、拼搏精神、创新精神、家国情怀和奉献精神等，是对社会主义核心价值观的生动诠释和现实呈现。劳模精神作为社会主义核心价值观的生动体现，更便于人们理解、接受、模仿，对培育时代新人起到重要推动作用，能够激发广大劳动者干事创业的积极性、主动性和创造性。

二、劳模精神是伟大时代精神的生动诠释

劳模精神是伟大时代精神的生动体现，印证着社会发展的变迁，折射着劳动群体乃至一个时代的人文精神，反映着一个民族在某个时代的人生价值和道德取向，展示着一个时代人的精神的演进与发展，体现着一个民族的思想与情愫、精神符号与力量化身，是时代精神的典型化、人格化和标本化。劳模精神的本质是不变的，但不同时代的劳模精神体现着各个时代的特征。或者说，劳模精神不是单一的、静止的，而是随着人们劳动活动、工作实践的深化和拓展不断丰富发展、与时俱进的。

劳模精神是工人阶级在我国社会主义建设各个历史时期不断凝聚、传承的宝贵精神财富，在不同历史时期一直鼓舞着工人阶级投身于社会主义建设的伟大实践。在发展中国特色社会主义的新时期，劳模精神又被一脉相承地赋予了新的时代内涵。新一代劳模身上更多地体现出善于学习、勇于创新等新的精神风貌，他们涵盖了更广泛的行业领域和各个社会阶层的优秀人物，成为社会楷模、成为人们尊崇的偶像和学习的榜样。在这些劳模身上体现出来的"劳模精神"，代表了新时期中国工人阶级的精神风貌，将继续激励中国工人阶级满腔热情地投身于社会主义现代化建设的伟大实践。

三、劳模精神是树立社会新风的重要途径

当前，人们价值取向的独立性、选择性、多变性、差异性明显增强。弘扬劳模精神就是要在多样化的价值取向中确立社会的主导价值取向，让劳模精神成为受推崇的精神品格；就是要在多层次的价值准则中标明社会的高尚价值准则，让劳模精神成为受尊重的精神高地。

劳模精神包含着热爱劳动、追求知识、渴望成才、努力创造的价值取向。劳模精神继承并发展了中华民族传统的劳动观念，树立并彰显了一种辛勤劳动、诚实劳动、创造性劳动的新理念，营造并弘扬了一种劳动光荣、技能宝贵、创造伟大的时代风尚，生成并传播了一种劳动者至上、劳动者平等、劳动者可敬、劳动最光荣、劳动最崇高、劳动最伟大、劳动最美丽的劳动观。弘扬劳模精神与弘扬社会风尚是统一的。在全社会大力弘扬劳模精神，就要营造有利于弘扬劳模精神的体制机制，用劳模的优秀品质引领社会风尚，充分发挥劳模的骨干和带头作用，进一步形成崇尚劳模、学习劳模、争当劳模、关爱劳模的良好氛围。劳模是这些时代新风的承载者和实践者；时代新风是对以劳模群体为代表的时代先锋的风尚概括，是凝结劳模精神的价值导向。弘扬这种时代新风就要依托劳模精神，弘扬劳模精神本身就是在弘扬这种时代新风。

四、劳模精神是工人阶级先进性的集中体现

劳模精神经过几代中国工人阶级的传承，成为中国工人阶级精神气质的集中体现，在我国社会主义建设的不同历史时期，以劳模为代表的中国工人阶级，一直发挥主力军的作用，创造了卓越的历史功勋。虽然时代变迁，新老更替，但在中国工人阶级身上体现的精神品质却一以贯之，不断升华，积淀成为宝贵的劳模精神。劳模精神来源于、发展于广大

职工，符合他们的思想情感和价值追求，富有强烈的感召力、亲和力和凝聚力，是引领广大职工不断提升自身素质的强大精神力量。

王树军：从维修工到"大国工匠" 打破国外技术垄断

王树军是山东潍柴动力股份有限公司一号工厂首席技师，专门负责"修机器"。但在国内柴油发动机领域，拥有如此平凡职业的他，却有着一串响当当的称号：发动机行业中高精尖设备维修保养的探路人和领军人，装备智能升级、智慧转型的引领者和推动者。

不做"差不多工人"

95秒，就有一台大功率低能耗柴油发动机下线；设计日产80台的加工中心，如今可以生产280台，生产效率是外国同行的4倍。

一号工厂里的"传奇速度"，来自王树军和团队对世界一流数控加工中心的一次次改造升级。但在20年前，这位技校毕业生还只是坐在工位上"等机器坏"的维修工，认为生产发动机只要"差不多就行了"。

1993年，王树军从技校毕业进入老牌国企潍柴发动机厂。当时，改革风潮正盛，习惯计划经济的国有企业被推向市场。由于产品质量粗糙，潍柴效益一路下滑。到了1998年，王树军和1万多名工友半年没拿到工资。这一年，新任厂长谭旭光在质量大会上，当着1000名员工的面，把100多台质量不合格的发动机全部砸烂。"质量是企业的生命，设备是工人的饭碗。"王树军对维修工的看法被彻底颠覆。他下定决心："不做'差不多工人'，只做维修行业的技术大拿。"几年后，为了提高竞争力，潍柴开始筹建拥有大批世界一流数控加工中心的一号工厂。2005年，参与筹建的王树军留在了这个新建工厂里，因为这里"可以学习的新技术最多，维修保养难度最大"。2005年，潍柴从德国和日本引进了世界顶尖数控加工中心和加工单元。在某品牌加工中心调试过程中，废品率竟高达10%。负责调试的"洋权威"无奈请来了"土专家"王树军。经过认真研究排查，王树军提出了解决方案，将废品率拉进了0.1%的范围。随后，王树军建议成立"中外联合设备调试小组"，输得心服口服的外国专家答应了。这标志着中国维修人员打开了国外高精尖设备维修的禁区。以王树军为组长的中方调试小组，联合调试仅用了4个月就解决技术难题72项，积累近3万字的技术资料。

一号工厂的"首席技师"

在一号工厂，人人都知道首席技师王树军"胆子大"。他经手的机器每台都价值上千万元，一旦损坏，将给企业造成巨大损失。王树军也常常后怕。但他知道，设备有缺陷，给企业造成的损失会更大。随着设备服役时间增加，某加工中心的光栅尺频发故障。光栅尺相当于加工中心的"神经系统"，15台加工中心有45支光栅尺，故障率竟高达47%。邀请设备生产商维修价格贵、周期长，严重影响生产。"会不会是设计缺陷导致光栅尺损坏？"王树军的设想受到大家质疑：世界上最先进的设备怎么会有设计缺陷？王树军决心解决这个"顽疾"。王树军找到领导说了想法，领导立即拍板："放手去干，出了事我兜着。"这份信任给王树军吃了"定心丸"。整整一周，他满脑子都是设备原理图，做梦都在翻资料、画图纸。在对照资料查找问题时，他每次都需要钻到加工中心工作台狭小的底部。有时为了查找一个问题，他在里面一趴就是两个小时。功夫不负苦心人，王树军终于找出问题根源，之后他设计了一套全新的气密保护气路，成功取代原设计，使设备故障率由原来的47%降到1%以下，年创造经济效益780万元，更填补了国内空白，成为中国工人挑战进口设备行业难题的经典案例。

在数控设备维修领域，王树军一路"过关斩将"，屡屡打破国外精密设备的维修垄断。2012年，独创"垂直投影逆向复原法"和"机械传动微调感触法"，成功为千分之一精度的进口加工中心排除故障；2016年，主持完成气缸盖两气门生产线向四气门生产线换型的改造，改进设备15台套、改进工装20套，节省成本1000余万元。

拥抱智能制造大时代

进入智能制造时代，机修工除了维修，还能做什么？王树军的答案是：推动装备智能化升级。

潍柴新一代高端产品进入四气门整体式气缸盖时代，加工难度也是革命性的。"跨工序智能机器人协同系统"成为他的又一次大胆尝试：以闲置机器人为运载核心、增设地轨实现七轴运载，同时辅以光感识别系统，使加工效率提升37.5%。

王树军的履历上有着一长串令人惊叹的成绩。但他说，要感谢身边的工友们。2013年至今，他和团队改造潍柴WP10、H1高端系列柴油机生产线，升级半精加工设备为精加工设备52台、制造改制工装216台套，优化刀具刀夹79套，缩短市场投放周期整整一年，每年创造直接经济效益1.44亿元。以王树军名字命名的劳模创新工作室成立以来，取得的创新成果已达144项，改造、制造柔性设备线5条、自动化设备109台套，以职工命名的创新项目65项，实施重大创新项目230多项，累计创造经济效益2.62亿元。为了让更多年轻人成为高精尖技术工人，王树军将自己总结的经验和方法倾囊相授，每年授课240课时，学员个个成为装备管理的骨干。其中，两个徒弟分别获得全国机器人大赛、自动化大赛二等奖。

五、劳模精神是培育时代新人的发展基础

党的二十大报告指出，广大青年要坚定不移听党话、跟党走，怀抱梦想又脚踏实地，敢想敢为又善作善成，立志做有理想、敢担当、能吃苦、肯奋斗的新时代好青年，让青春在全面建设社会主义现代化国家的火热实践中绽放绚丽之花。这启示着青年一代要做有理想信念、有过硬本领和有责任担当的时代新人。劳模是"干出新时代"的排头兵，是践行"实干兴邦"的楷模。激励广大劳动群众争做新时代的奋斗者，就是要让实干担当在新时代蔚然成风，让改革创新在新时代焕发活力，让精益求精在新时代落地生根。

劳模精神有助于培养青年学生热爱劳动的深厚情怀。青年学生是国家和民族发展的希望，他们的积极劳动不仅决定自身发展的前途，而且影响我国社会主义现代化的进程，所以，习近平总书记对培养青年学生热爱劳动的深厚情怀寄予深深的厚望，他指出："要通过各种措施和方式，教育引导广大青少年牢固树立热爱劳动的思想、牢固养成热爱劳动的习惯，为祖国发展培养一代又一代勤于劳动、善于劳动的高素质劳动者。"但从实际中我

们会发现，现在的部分青年学生劳动观念淡薄，劳动习惯缺乏，劳动价值观存在严重偏差。要改变这种错误的生活习惯和思想意识，培养其热爱劳动的深厚情怀，就要大力弘扬劳模精神，推动劳模精神进社会、进家庭、进校园。

弘扬劳模精神有助于培养青年学生勤劳实干的担当精神。中国特色社会主义进入新时代，青年学生必须敢于担当、勇于担当。青年学生要树立高远志向，历练敢于担当、不懈奋斗的精神，具有勇于奋斗的精神状态、乐观向上的人生态度，做到刚健有为、自强不息。我国正处于实现中华民族伟大复兴目标的重要历史时期，青年学生是实现这一目标的生力军，他们的责任意识和担当精神直接影响这一目标的实现。在青年学生中弘扬劳模精神就是要教育他们向劳模学习，学习劳模爱岗敬业、艰苦奋斗、淡泊名利、甘于奉献的精神，学习劳模将自己的人生价值置于国家发展的伟大宏图中的爱国主义精神，培养他们的勤劳实干精神，让他们在自己的辛勤劳动中担起时代赋予的重任。

阅读延伸

曾俊钦：22岁的他，以技能改变命运

从大山走进深处进人民大会堂

广汽本田的一线工匠曾俊钦，生长于潮州的大山深处，11月24日，他第一次走进人民大会堂，作为"全国劳动模范"上台领奖。纵观全场，22岁的获奖者都属罕见。他谦虚表示："我只是很幸运，赶上了这个最美的时代。这个荣誉是对一线劳动者和技术工人的最高肯定，激励我们在未来作出新的更大的贡献。"2018年，曾俊钦以"技术技能型人才"被广汽本田纳入其中，分配到焊装三科车身Ⅰ系从事生产现场的一线工作。他扎根生产现场，对待各领域急需解决的问题，都秉持"岗位可能平凡，人生不能平淡"的理念，虚心向师傅请教，全力以赴助推公司达成生产目标，提升工作质量，降低耗材成本。在他的感染和带动下，所在班组也涌现出了更多钣金及业务能手。"他非常能吃苦，能钻研、不放弃，同时脑子还非常活跃，是非常优秀的年轻人代表。"他所在的焊装三科科长陈国晓认为，曾俊钦自身底子出色，加上团队互助友爱，能使他在短时间内飞速成长。

他在技能竞赛中露峥嵘

迎来高光时刻之前，曾俊钦在中学阶段有过一段低潮期。彼时，家里经济条件不好，父母希望他能认真学习，考取理想的高中和大学，最终摆脱茶叶种植、采摘的传统生活。因为成绩不如人意，喜欢打游戏，无法专心于文化课，他和父母闹过很多不愉快。初中毕业后，经过父亲的朋友推荐，他来到了广州市交通运输职业学校，就读于汽车车身修复专业，但对前途感到迷茫。好在他从小痴迷于车，还曾买了一辆电动自行车进行反复拆装，所以每到上实训课的时候，一动起手来，"就像换了一个人"，并展现出了出众的天赋和领悟力。老师刘健烽常年负责培训学生冲击技能竞赛，在课上挑人时，很自然地把这个"好苗子"招入队伍。然而，还在职中二年级的曾俊钦心有旁骛，没能在比赛中走很远。很快，他就去揭阳某家汽车4S店实习了，做着和大多数同学一样的工作。令众人惊诧的是，大概4个月以后，他毅然抛下稳定的饭碗，回校找到刘健烽老

师，明确提出"要比赛拿大奖"。结束实习的他精神气质变化明显，从师弟变成了师兄，身上的责任感更重了。在老师的悉心栽培下，他带着大家严格训练，每天近20小时的勤学苦练已是常态。进行焊接技术训练时，车间温度很高，他的衣服被汗水浸湿，即使穿着防护服，身上也都是被焊花烫的伤疤。在2018年的比赛季，曾俊钦收获累累硕果：广东省职业院校技能大赛（中职组）车身修复项目竞赛冠军，第45届世界技能大赛车身修理项目广州市选拔赛、广东省选拔赛第一名，全国职业院校技能大赛汽车维修类项目竞赛车身修复项目全国一等奖，并以第七名的身份晋级第45届世界技能大赛车身修理项目国家集训队。入职后，他参加广东省职业技能大赛汽车维修工（汽车钣金维修）职业技能竞赛，以绝对优势将冠军收入囊中，并被译为"广东省技术能手"。在"五羊杯"全国首届机动车检修工（车身修理）职业技能竞赛中，他勇夺冠军，获得"全国技术能手"荣誉称号。

他坚信，技能可以报国

对于苦日子，曾俊钦笑着说，能找到心中热爱并坚持下来，自己相当幸福，"看着我焊的构件一个比一个好，焊缝精度越来越高，外观越来越漂亮，越来越像艺术品，我心里满满都是成就感。"面对荣誉和诱惑，他十分清醒，"技能可以报国，所以我要坚定做好这个事情，其他的先不用想。"如今，他的手机卸载了游戏，没有短视频应用软件，全身心扑在技艺改进和技术攻关上。在尊重劳动精神、崇尚工匠精神的今天，只要你技术精湛，就一定可以实现人生的价值。由于竞赛成绩出色，刘健烽顺利留校任教，更由于经历相似，在他眼里，曾俊钦将"技能改变命运"体现得淋漓尽致，"其实中职学生不太擅长读书，大多数父母都不支持孩子报读我们专业，认为学习环境不太好，未来的工作前景仿佛一眼望到头，但这些都是误解，职业教育同样出人才，他就是我们身边最鲜活的例子"。毫无疑问，曾俊钦是技能竞赛的获益者，学校和公司都希望他积极分享竞赛经验，大力发扬、传承劳模的示范效应，号召更多年轻人加入中职学校，尽早确定职业目标，探寻人生的多种可能性，循着曾俊钦的足迹，成为进步的榜样。

问题讨论

劳模精神对青年学生成长成才有何意义？

第四节　践行劳模精神

当前，中国特色社会主义进入了新时代，这是我国发展新的历史方位。新时代是一个呼唤实干、呼唤劳模的时代，特别需要我们认真学习、大力弘扬劳模精神。青年学生是社会主义事业的建设者和接班人，要牢固树立爱业、敬业、乐业、勤业的职业理念，立足岗位、踏实工作，加强学习、提升水平，坚持不懈、开拓创新，不断学习劳模精神，在实际工作中践行劳模精神。践行劳模精神就是要以劳模为榜样，学习他们"爱岗敬业、争创一流，艰苦奋斗、勇于创新，淡泊名利、甘于奉献"的精神。

动漫解说
弘扬劳模精神

一、学习劳模爱岗敬业的工作态度

爱岗敬业是劳模精神的基础。爱岗和敬业互为前提，相互支持，相辅相成。爱岗是敬业的基石，敬业是爱岗的升华。爱岗敬业指的是忠于职守的职业精神，是职业道德的基础。爱岗就是热爱自己的工作岗位，热爱本职工作；敬业就是用一种恭敬严肃的态度对待自己的工作。爱岗敬业是劳模精神的基础，一份职业，一个工作岗位，是一个人赖以生存和发展的基础。同时，一个工作岗位的存在，往往也是人类社会存在和发展的需要。所以，爱岗敬业不仅是个人生存和发展的需要，也是社会存在和发展的需要。

1. 热爱本职岗位

提倡爱岗敬业就是要做到热爱本职岗位，努力做到干一行、爱一行。人类社会劳动分工形成了职业，随着社会的不断发展，劳动分工越来越细，职业越来越多，岗位设置也越来越具体化。工作岗位没有高低贵贱之分，只有贡献大小之别。一个人只有立足岗位、了解岗位、热爱岗位才能不断进步，才能在为社会和国家作出贡献的同时，实现自己的人生价值。爱岗敬业就是要在平凡的岗位上严格要求自己，时时事事不忘创先争优；保持热情的工作态度和严谨的工作作风；认真树立职业理想，强化自己的职业责任；认真学习与职业有关的理论知识，提高职业技能，不断完善自我、提高自我，时刻保持努力学习的劲头，在工作中学习，在实践中学习，将学习作为一种良好的生活习惯。

2. 培育敬业精神

提倡爱岗敬业就要努力培育敬业精神。敬业就是用一种严肃的态度对待自己的工作，勤勤恳恳、兢兢业业、忠于职守、尽职尽责。中国古代思想家就提倡敬业精神，孔子将敬业称为"执事敬"，朱熹将敬业解释为"专心致志，以事其业"。因为有了对岗位和职业的热爱和崇敬，劳模才会用心珍惜自己的岗位，认真规划自己的职业。爱岗敬业让劳模对工作岗位充满热情，对职业产生敬畏感。培育敬业精神要求青年学生要扎扎实实地掌握好专业基本功，达到专业水平，力求干一行、爱一行，干一行、钻一行，努力成为行家里手；要有强烈的事业心，根据自己的主客观条件，确立经过努力可以达成的目标；要有强烈的进取意识，为自己设定较高的工作目标，勇于迎接挑战，渴望有出色的工作成绩，争取更大更好的发展。

3. 积累专业技能

提倡爱岗敬业就要努力积累专业技能。爱岗敬业，必须有与岗位相适应的能力，只有有了能力才能出色地完成任务。如果只有爱岗敬业的良好意愿，却没有爱岗敬业所需要的素质和能力，爱岗敬业就无法落到实处。能力需要在工作实践中展现、检验、锻炼和提升，而爱岗敬业的精神力量可以转化为一种能力，从而调动自身其他能力的发挥，让工作效率得到极大的提高。这就要求青年学生专心致志地学习专业知识，娴熟地掌握技能、技艺、技术，努力积累专业技能，提高自己的业务水平。

阅读延伸

管延安：从"大国工匠"到"全国劳模"

管延安，现任中交一航局二公司总技师，他1995年参加工作，先后参与了世界三大救生艇企业之一的青岛北海船厂，国内最大集装箱中转港青岛前湾港，以及当今世界最长的跨海大桥——港珠澳大桥等工程的建设。参与港珠澳大桥建设期间，负责沉管二次舾装、管内电气管线、压载水系统等设备的拆装维护及船机设备的维修保养等工作。

多年来，管延安先后荣获"全国职工职业道德建设标兵个人""全国最美职工""全国五一劳动奖章""全国技术能手""中国质量工匠""齐鲁大工匠""全国劳模"等荣誉称号。

参与港珠澳大桥建设：超级工程建设者的坚守和奉献

从业25年来，管延安参与了公司无数大型项目的技术攻关，其中最让他印象深刻的，还是备受瞩目的港珠澳大桥。

港珠澳大桥是建设群体共同的杰作，沉管安装是港珠澳大桥建设中最具挑战、最为关键和风险最大的工序。大桥海底隧道由33条巨型沉管连接而成，每条标准沉管长度为180米，水平面积堪比10个篮球场之大。超级沉管在30多米的海底实现厘米级精准对接，在业内人士看来，难度系数丝毫不亚于"神九"与"天宫一号"的对接。

2013年，管延安和工友们带着人民和企业的嘱托，光荣地投身到"超级工程"——港珠澳大桥建设中，主要负责8万吨沉管的安装工作。作为岛隧工程4000多名建设者之一，经历千余次技术攻关，数万公里的交通里程，他们创造了世界最长外海沉管隧道在深海"滴水不漏"的奇迹。

管延安说："从第1节沉管到最后的第33节沉管，从第1颗螺丝到最后的第60万颗螺丝，在每一件设备、每一颗螺丝安装完后，我都坚持做到反复检查三至五遍才放心。只有这样，我才感觉对得起自己的岗位，对得起自己的良心，对得起港珠澳大桥这座超级工程！"

后港珠澳时代的奋进：重整行装再出发

2020年3月23日，中央电视台《新闻联播》对深中通道项目和我国自主研发的世界首艘自航式沉管运输安装一体船完成轻载试验进行报道，而这艘被命名为"一航津安1"的一体船，以及与之配套的整平、供料船——"一航津平2"和"一航津供1"的研发与监造，管延安的创新工作室均深度介入，特别是3名年轻骨干作为研发和监造主力，更是全程参与了国之重器的打造。

后港珠澳时代，管延安和他的团队立即投身到了大连湾海底隧道新的"超级工程"的建设，特别是参与到"老战友"——"津平1""津安2""津安3"三艘港珠澳功勋船舶的适应性改造。

从珠海到大连，"这里冬天温度低，船舶运行困难重重。"严寒的气候束缚住了船舶在大连湾海底隧道施工中的脚步。管延安和其团队当务之急便是对三位"老战友"进行改造升级。在冬天来临前，迅速制定并实施每一艘船舶的"保暖计划"。

管延安始终坚信"困难是用来克服的"。在大连湾海底隧道，安装压载水泵及管系依旧是舾装施工的关键工序。而管节里作业空间极其狭小，大型作业工具根本无法进入，面对长达180米的曲折管系，管延安和其团队将港珠澳大桥"零缝隙"的理念延伸到大连湾。

后港珠澳大桥时代，管延安将以坚守专注的工匠精神、发扬拼搏的奋斗精神、追求忘我的奉献精神和保持归零再出发的姿态，追求新目标，迎接新挑战，攀登新高峰。

二、学习劳模争创一流的奋斗决心

争创一流是劳模精神的灵魂。争创一流是一种积极奋发的精神风貌，是一种凝心聚力的追求目标，可以内化为每个人的工作动力源泉。劳模精神作为一种先进的精神文化理念，成就的是一流的业绩和水平。各行各业的劳模都是争创一流的标兵和典型。我们要学习劳模，创造一流的工艺、一流的质量、一流的管理、一流的服务，推动我国社会生产力水平实现整体飞跃。

1. 要立高标准

争创一流就要立高标准。劳模能够创造一流业绩的主要原因在于他们总是树立并坚持精益求精的标准，总能站在行业、国家、世界潮流的最前沿。一个企业、一个行业、一个国家的竞争力主要取决于一流的技术标准。争创一流的劳模精神体现了劳模对精益求精的标准永不停歇的追求。争创一流是事业发展的上游目标、内在动力，是提高工作水平的基本前提和条件。争创一流就是在高起点上继续求高，在新起点上继续求新。争创一流从表面上看是行动的飞跃，从根本上讲是思维的飞跃。

2. 要追求最优

争创一流就要追求最优。"取法乎上，仅得其中；取法乎中，仅得其下。"劳模之所以能争创一流，是因为他们具有一流的行动力。追求最优，需要坚持，成功需要量变到质变的积淀；追求最优，需要创造性思维，保持积极思考的习惯，保持自身思维的独立性与前瞻性；追求最优，需要充满激情，积极主动地工作、学习和生活；追求最优，需要好方法，包括做人的方法、工作的方法和思考的方法。把追求最优作为对自己的一种要求，那么人生一定会与众不同。

3. 要有进取心

争创一流就要有进取心。进是一种前进的动力，人只有不断地学习、进步，才能不断地提升自己的能力，在工作中顽强拼搏、争创一流；取是指获取，但在获取之前需要付出，有付出才有收获。进取心就是不满足于现状，坚持不懈地追求新目标的心理状态。我们要把"下一个成功"当作自己努力的目标，永远保持一颗进取之心。没有争先创优的意识，难有一流的成就。劳模面对各种困难，甚至是失败时，总会从积极的角度去思考，朝着可能成功的方向去努力，最终取得傲人的业绩。

从农民工成长为国家技能大师 巨晓林：做懂行的技术工人

他衣着普通，总是笑着说自己是农民工；他个头不高，却被工友们称为"小巨人"；他只有高中文凭，却研发和革新工艺工法143项，记下了近300万字的施工笔记。他就是中国中铁电气化局集团第一工程有限公司接触网高级技师巨晓林。工作32年来，巨晓林从一名普通农民工成长为知识型工人、国家级技能大师、中华技能大奖获得者，获得全国劳动模范荣誉称号。

1987年3月，巨晓林走出陕西省宝鸡市岐山县的一个村庄，成为北同蒲铁路施工工地的一名工人。面对集电力、电机、钣金等多个专业技术为一体的铁路接触网改造工作，只有高中文凭的巨晓林"抓了瞎"。

"困难像弹簧，你弱它就强，只要勤学苦练，掌握知识和技能，农民工也能有所作为。"巨晓林说。白天，巨晓林跟着师傅学，听到陌生的词语立马掏出本子记下来；晚上，巨晓林放下饭碗就追着师傅问，还自掏腰包买来《机械制图》《电力铁道供电》等专业书籍，边看边学。

除了爱学习，巨晓林还爱琢磨。"当一个好工人，既要苦干实干，也要巧干会干。"巨晓林说。在迁曹铁路施工过程中，巨晓林发明了"正线任意取点平移法"，帮助工人们提前定位接触网杆的位置，加快了施工进度；在京沪高铁施工过程中，巨晓林发明了"支柱标高测量法""悬式绝缘子巧绑扎法"等10项工法，提高了施工精度。技术革新搞多了，工友们遇到难题就找巨晓林寻求帮助，还送了他一个外号——"小巨人"。

2016年，巨晓林被推选为中华全国总工会副主席（兼职），有了新身份，巨晓林觉得肩头的担子更重了。他说："我会积极反映农民工的合理诉求，也会给他们讲解国家的法律政策，充分发挥工会的桥梁纽带作用，全心全意为工人群体做好服务。"

从农民工到中华全国总工会副主席，巨晓林说："不管身份如何变化，只要踏实认真做好本职工作，有猛劲去钻研，就能有所作为并赢得大家的尊重。"

三、学习劳模艰苦奋斗的思想意识

艰苦奋斗是劳模精神的本质。近年来，高级技工、科研精兵评选劳模的比重不断增加，知识型、创新型劳动者不断涌现，这离不开艰苦奋斗、苦干实干。艰苦奋斗是指为实现伟大的或既定的目标而勇于克服艰难困苦，顽强奋斗、百折不挠、自强不息、居安思危、戒奢以俭的精神和行动。艰苦奋斗精神的内在核心是不怕困难、自强不息，不屈服于艰难困苦，不懈怠于富足安逸，不满足于已有的成绩，不避讳于自己与他人的差距，始终奋发向上、谦虚谨慎，保持一种不断进取的精神状态。

艰苦奋斗的内涵和表现有两个层面。一是物质层面。物质层面的艰苦奋斗要求人们的消费水平要节制在合理的限度内，与社会的生产力水平相适应。它提倡的是勤俭节约，珍惜劳动创造的物质财富，自觉克服贪图安逸、追求享受的思想。二是精神层面。精神层面的艰苦奋斗是指不畏艰难困苦、锐意进取、坚韧不拔、奋发有为的精神状态和为人民利益乐于奉献的行为品质。这种精神状态与行为品质的本质是一种积极进取、奋发有为的世界观、人生观和价值观。

1. 增强不怕困难的意识

提倡艰苦奋斗，就要在思想意识上树立正确的价值取向和立场观点，增强不怕困难的意识，坚定克服困难的信心，培育在艰苦环境中敢于奋起、有所作为的品格。

2. 保持昂扬的朝气

提倡艰苦奋斗，就要在精神意志上始终保持昂扬的朝气、奋进的锐气和浩然的正气，"咬定青山不放松""任尔东西南北风"，矢志不渝、志存高远、百折不挠。

3. 树立勤劳肯干的作风

提倡艰苦奋斗，就要在学习和工作中始终勤奋刻苦、努力创新、厉行节约，吃苦在前，享乐在后。只有勤劳肯干、勤学苦练，才能提高自己的工作技能，不断实现自我突破。

4. 保持平和的心态

提倡艰苦奋斗，就要在生活态度上保持心态平和，耐得住清贫、禁得住寂寞、抵得住诱惑、把得住大节，自重、自省、自警、自励，自觉摆脱低级趣味，抵制腐化堕落的生活方式。

教学讲解
践行艰苦奋斗精神

阅读延伸

黄大发：绝壁凿"天渠"壮志凌山河

他带领村民，历时 30 余年，在悬崖绝壁上开凿出一条主渠长 7200 米、支渠长 2200 米的"生命渠"；他用实干兑现誓言，为改善山区群众用水条件、实现脱贫致富作出突出贡献；他一心为民、埋头苦干、百折不挠……

他是"七一勋章"获得者黄大发，贵州省遵义市播州区平正仡佬族乡原草王坝村党支部书记，被誉为"当代愚公"。

埋头苦干：30 多年只为这条渠

【为修水渠百折不挠】

20 世纪 60 年代，草王坝人在政府的支持和黄大发的带领下，第一次大规模修渠，却因技术等原因，耗时 10 多年也没修成。

不少人打起了退堂鼓，但黄大发不肯服输。1989 年，年过半百的他到附近的水利站，一边帮工一边学习。3 年多时间里，只有小学文化的他从基础学起，下苦功夫，硬是掌握了许多水利知识。

1990 年腊月，天寒地冻。为了修渠资金，黄大发赶了两天山路。等找到原遵义县水利局领导时，黄大发已满身是泥，一双旧解放鞋磨破了，露出冻得发紫的脚趾。"草王坝大旱，地里颗粒无收，我要带领群众修渠引水。"黄大发从破烂不堪的挎包中掏出立项申请报告。

当时，遵义县一年的水利资金不过20万元。据初步测算，从水源地取水到草王坝要经过大小9处悬崖、10多处峻岭，水渠需要从离地几百米高的大土湾岩、擦耳岩和灰洞岩的悬崖峭壁上，打出半幅隧道，需要五六万个工时。草王坝才一两百个劳力，怎么完成这么大的工程量？

黄大发撂下一句话："一年修不成，修两年；两年修不成，修三年。哪怕我用命去换，也要干成！"

【"大发渠"全线贯通】

1992年春，引水工程终于开工，57岁的黄大发带领200多名乡亲，浩浩荡荡奔赴工地。有一次炸山出现哑炮，黄大发准备前去查看，有人突然大喊"要炸了"。情急之下，他用随身的背篼罩住自己，碎石块霎时满天飞。万幸的是，碎石只击破了背篼，擦破了他的手臂。

1993年，工程进行到异常险峻的擦耳岩，垂直300多米高，放炮非常危险。黄大发第一个站出来，带几名党员上到山顶，把绳子拴在大树上，再系到腰上，顺着石壁慢慢往下探，寻找放炸药的合适位置。

"共产党员怕牺牲能行吗？先烈们拿身体去堵枪眼，我们做事就要有这种精神。"黄大发说。

1994年，水渠的主渠贯通。清澈的渠水第一次流进草王坝，村里的孩子跟着水流跑，村民们捧着渠水大口地喝："真甜啊，真甜……"从没见过黄大发流泪的村民发现，老支书躲在一个角落里，哭了。

1995年，一条跨三重大山、10余个村民组，总长9400米的水渠全线贯通，草王坝彻底告别了"滴水贵如油"的历史。村民以黄大发的名字命名这条渠，叫它"大发渠"。

凝心聚力：带领村民走上致富路

【实现"三件事"诺言】

"大发渠"通水后，黄大发马不停蹄地带领村民"坡改梯"。村民徐国树记得，自家"坡改梯"后有了4亩梯田，全部种上了水稻。1996年，亩产达到1000多斤。和徐国树一样，草王坝的村民从此吃饭不愁。

接下来，是修路、通电。黄大发每天带领100多名村民上工，大家齐心协力，4公里的通村公路很快铺通。1996年，村里通电工程启动。黄大发带头拿出100元，村民凑钱1万元。一圈上百斤重的电线，村民挽在肩头往前拉……草王坝村，终于亮起了电灯。

黄大发又商量着修学校。没有老师怎么办？黄大发要求村里几个上过中学的年轻人回来当代课老师，其中就包括他在外打工的小儿子黄彬权。拗不过父亲的黄彬权回村里教书，一干就是十几年。迄今，草王坝走出30多个青年学生。

昔日的草王坝，如今已更名为团结村。近年来，在黄大发的精神感召下，团结村"两委"班子带领村民发展起中药材、有机稻米、有机高粱、精品水果，养起了肉牛、生态猪和蜜蜂，解决就业1100多人，人均年收入突破万元大关。2019年底，团结村顺利脱贫出列，全村建档立卡贫困人口清零。

在团结村，民宿、露营、农旅基地等旅游项目陆续入驻。2022 年 12 月通车的仁遵高速在团结村设了下道口。此后，从遵义城区到团结村只需半小时车程，团结村的致富路将越走越宽。

【共产党员就是要干一辈子】

1959 年初冬，黄大发在入党志愿书上郑重写道：我要求入党是为人民全心全意服务到底，帮群众当好勤务员，不怕牺牲，不怕困难，不怕流血……

"共产党员就是要干一辈子，不干半辈子。"有着 62 年党龄，当了 46 年村干部、38 年村支书的黄大发说。

如今，早已退休的他每天佩戴着闪亮的党员徽章，仍在为村里的事忙前忙后。"思想齐不齐，想想大发渠"，已成为团结村干部群众团结奋进的精神动力。

2018 年，团结村建成"大发渠党性教育陈列馆"，黄大发的老屋成为党员政治生活馆。来自全国各地的党员干部到这里聆听黄大发讲党课。同时，他也被邀请为各地领导干部讲党课。

"愚公移山就是为人民服务，让我再活一次，我还做'愚公'。"黄大发说。

四、学习劳模勇于创新的精神风貌

勇于创新是劳模精神的内生动力。创造不平凡的业绩，勇于创新是关键。创新是民族进步的灵魂，是事业发展的不竭动力。一个全民创新的国家会更有力量，一个全员创新的企业会更有生机，一个自我创新的岗位也会更有作为。劳模的创新成果能造福于人类、有益于民族的进步和国家的富强。不断创新的技术引领着科技未来的发展，不断创新的思想强化着创新意识，劳模是敢想、敢干、敢于创新探索、敢于突破常规、敢于第一个吃螃蟹的人。而创新意识、创新思维、创新勇气及创新责任，是劳模精神的内生动力。劳模勇于创新的精神是各行各业创新精神的总结，也是对青年学生的要求，更是值得永远传承的精神财富。

1. 充实知识储备，蓄积创新能量

青年学生创新主要靠知识。创新不仅需要专业知识，而且需要管理、财务、法律、市场、人文等方面的知识，创新要求青年学生具有对这些知识的获取、处理、加工和整合能力。青年学生可以通过对专业课和公共选修课的学习、修读第二学位、参加培训和社会实践等方式扩大自己的知识面。

2. 掌握创新技巧，发挥创新潜能

没有好的方法和技巧是很难达到预期目的的，方法和技巧是创新的途径和工具，青年学生要通过学习与创新实践活动掌握类比、联想、设问、列举、组合、激励等创新创造技法，激发自己的创新潜能。

3. 强化实践锻炼，提升实践能力

科技竞赛是提高青年学生实践能力的一个重要载体，青年学生可以通过参加适合自己的科技竞赛来提升自身的实践能力。积极参加各级青年学生创新创业训练计划项目，通过项目申报、中期检查、结题来体验科学研究的全过程，既是对知识的探究，也是对知识、方法和技能的应用。

知识拓展

奔月路上的追梦人

"今人不见古时月，今月曾经照古人。"摘星揽月，是中华民族不懈奋斗的追求。从嫦娥一号到嫦娥五号，近20年的探索，38万公里的追寻，上千家单位、几万名科技工作者用心血和智慧实现了探月征程上的一次次突破、一步步跨越，凝结出了"追逐梦想、勇于探索、协同攻坚、合作共赢"的探月精神。在探月精神的引领下，中国航天人踏梦而行，步伐坚定，为实现建设航天强国的梦想奋勇前进。

"绕"月，这是中国航天人叩问苍穹的关键一步。

"嫦娥之父"叶培建的父亲是一名老战士。高中毕业时，叶培建本想选外交专业，而参加过抗美援朝战争的父亲对他说，抗美援朝时，我们的部队吃过美国飞机的苦头，国家工业非常落后，希望他能够学理工科报效祖国。在父亲的影响下，叶培建考取了浙江大学无线电系，此后于1980年赴瑞士留学并获得博士学位。留学时，有同学劝他，国外的科研条件好，不要回了。但叶培建有着坚定的认知：爱自己的国家是不讲条件的。甫一学成，叶培建就回国了，他说："我回来要建设，要为国家出点儿力，我从来没有思想斗争过。"2004年，我国探月工程批准立项，叶培建担任嫦娥一号卫星总设计师兼总指挥，带领平均年龄不到30岁的研究团队，面对技术封锁，从零开始，自主研发我国第一颗绕月人造卫星。他曾回忆道："当时方方面面都不足，缺乏元器件、没有任何地面的试验条件……甚至连怎么飞到月亮上都不知道。"面对这些数不胜数的难题，叶培建和他的团队从不退缩。在近4年的时间里，嫦娥一号研制团队攻克了多项核心技术难题。2007年10月24日，嫦娥一号在万众瞩目中发射升空，并于2009年3月1日受控撞月，圆满完成"绕"月任务。作为探月先锋，嫦娥一号送来的礼物没有让人失望。曾经，我国中小学教材中涉及月球、月表的插图，都基于美国探月拍摄的图像。自嫦娥一号获取了我国首幅月面图像和120米分辨率全月球立体影像图、高程图、月表元素含量分布图等重要图像资料后，我国中小学教材很快换上了嫦娥一号拍摄的图像。每每想到这里，国家航天局原局长、中国探月工程首任总指挥栾恩杰院士总是忍不住感叹："终于可以用咱们自己的图了！虽然我们晚，但终归是有了。"

"落"月，这是中国航天人攻坚克难、砥砺前行的一步。

孙泽洲是一名标准的"航二代"，从小在航空大院里长大。父母对工作一丝不苟的态度影响着他。1992年，孙泽洲从南京航空航天大学电子工程专业毕业后，进入航天科技集团五院工作。2008年，年仅38岁的孙泽洲被任命为嫦娥三号探测器系统总设计师，他也成为当时航天系统最年轻的总设计师。"嫦娥三号任务要求决定了总体优化设计难，推进系统研制难，着陆器的制导、导航与控制难，着陆缓冲分系统研制难，热控分系统研制难，巡视器移动难，巡视器自主导航控制与遥操作难……"孙泽洲口中的这一连串"难"，体现的正是探月工程的复杂程度之高、技术跨度之大。设计过程中，孙泽洲带领团队进行了上千次桌面联试、上万次数学仿真，最终突破了关键核心技术，实现了中国首次对地外天体的直接探测。2016年，中国火星探测任务和嫦娥四号探测器任务分别正式立项，孙泽洲被任命为两大探测器的"双料"总设计师，一面飞"月球"，一面奔"火星"。孙泽洲说道："2013年，嫦娥三号成功着陆月球，对于我们来说是'月球已近、火星尚远'。2021年'天问一号'成功着陆火星，则是'火星已近、梦想尚远'。未来，我们将继续向浩瀚宇宙进发，为高水平科技自立自强和航天强国建设贡献更大的力量。"

带"回"月球样品，这是中国航天人披荆斩棘、奋勇争先的一步。

2019年12月27日，长征五号遥三火箭发射成功。在指挥大厅，电视台的镜头无意中扫到孙振莲的画面，这个"笑着笑着就哭了"的"小姐姐"在全网刷屏。2004年，孙振莲考入北京理工大学机械与车辆工程学院，学的是地面武器机动工程专业。硕士即将毕业时，航天集团到学校宣讲，一句"我们已经错过了大海，不能再错过太空"，听得她心潮澎湃，就这样，她找到了实现梦想的途径。2012年，她加入了长征五号运载火箭地面发射系统型号队伍。2016年11月3日，长征五号首飞成功。"那天我带着刚出生42天的孩子来到了海南发射场，面朝大海、仰望星空，我们准备接过长征火箭家族的接力棒。"她回忆说。2017年7月2日，长征五号遥二火箭发射失利。孙振莲回忆道："那天晚上我们从测试大厅回来直接就去了会议室，食堂给我们准备了加班餐，但300多个人都吃不下去饭。"中国航天的发展不仅仅是从胜利走向胜利，更多的是从挫折中奋起。在航天人夜以继日地奋战了908天后，长征五号火箭不仅复飞成功，而且在2020年11月24日顺利将嫦娥五号送入预定轨道。而后，嫦娥五号实现了中国首次月球无人采样，带回1731克月壤。"探索永无止境，我们必须牢记航天报国的初心和使命，将自主和创新作为发展的第一动力，加快推进航天强国建设。"孙振莲说。

伟大事业成于实干。中国航天人一步一个脚印，一棒接着一棒，在探月精神中汲取奋进力量，不断攀登科技高峰，向更深更远的太空迈进。

五、学习劳模淡泊名利的高尚节操

淡泊名利是劳模精神的特质。淡泊名利是中华民族的传统美德，是做人的崇高境界。淡泊名利不是力不能及的无奈，也不是心满意足的自赏，更非碌碌无为的哀叹，而是以超脱世俗、豁达客观的态度看待一切。淡泊名利是指劳模在平凡岗位上做出不平凡业绩时，视事业重如山，看名利淡如水，把个人利益统一于党和人民的利益之中，强调个人利益服从党和人民的利益。很多劳模几十年如一日，在艰苦面前"甘之如饴"，在得失面前"安之若素"，在名利面前"淡之若水"，为国家和社会作出重大贡献，实现了自己的人生理想和价值追求，成为广大劳动群众学习的先进典范。

淡泊名利，就要努力做到清白做事，干净做人；办事公正，清正廉洁；一心为公，尽职尽责。青年学生要树立正确的名利观，以平和之心对"名"，以知足之心对"利"，自觉坚持洁心、洁身、洁行，以廉为荣、以俭立身，耐得住艰苦、守得住清贫、抗得住诱惑，始终具有拒腐防变的能力。

1. 做到宁静致远

宁静致远和淡泊名利是相辅相成的。诸葛亮在《诫子书》中说："非淡泊无以明志，非宁静无以致远。"淡就是不重视；泊，就是停止。但是"淡泊"和"宁静"不是不争，而是通过"明志"树立远大的志向，将责任心、进取心融入工作的"争"当中，当时机成熟时即可"致远"。许多劳模不屑于追求个人名利，而是把所有的努力和才能都投入自己喜欢的事业中。一方面，他们可以享受内心宁静的幸福感；另一方面，他们可以享受通过努力获得的成就感。劳模的一切喜怒哀乐都深藏在劳动过程之中，将得失放在身后。他们在工作时没有"灯光"照耀的舞台，甚至承受着舞台幕后的孤独与寂寞，用一份功成不必在我、奋斗当以身先的奉献情怀，深深地影响着每个人。

2. 维护国家利益

淡泊名利是与维护国家利益相一致的。如何对待名利，反映了一个人的人生追求。而在追求的过程中，有两种截然不同的态度：一种是把满足个人利益作为出发点，强调个人利益至上，不惜采取一切手段追逐个人名利；另一种是把个人利益统一于党和人民的利益之中，强调个人利益服从党和人民的利益。毫无疑问，劳模选择了后者。对青年人而言，我们要扣好人生第一粒扣子，就要树立正确的价值取向，走捷径、图虚名终究靠不住，唯有脚踏实地、经受历练方能成就自我。"名利淡如水，事业重如山。"在新时代，我们要积极弘扬淡泊名利的精神，做到计利国家、无私忘我，不争名、不图利、不揽功，甘为人梯，甘做无名英雄，在祖国最需要的地方艰苦奋斗、建功立业，在平凡的岗位上苦干实干、创造实绩，不断自我净化、自我完善、自我革新、自我提高。

阅读延伸

张蔚榛：淡泊名利，躬身奉献

在网络上检索有关张蔚榛院士的报道，零星可数。

2012年7月14日19时45分，我国著名水利学家、教育家，国际知名的地下水及农田排水专家，中国工程院院士，武汉大学水利水电学院教授、博士生导师张蔚榛，因病医治无效辞世，享年89岁。

"你如果问我熟悉的学术上的问题，我可以详细地和你讨论。但如果要说我自己，我还真觉得没什么好说的。"在一次接受采访时，张蔚榛这样说。

就连他的遗愿，也是"丧事从简，不设灵堂，不摆花圈"。

江城怀中一泓水，润泽华夏千万人。张蔚榛，悄悄地走了，正如他悄悄地来……

"图书馆专业"毕业

张蔚榛一心扑在科研工作上，这种品性，在他年轻的时候就有了。

1951年8月，他和同事许志方同时被选派到苏联留学攻读科学技术副博士（本科毕业后攻读，苏联的副博士相当于英美的博士），一个学排水，一个学灌溉。他俩由同一位导师带着，关系自然熟络起来。

苏联对研究生要求极高，基础课程学完了，才能做毕业论文，而且必须有自己的观点、自己的研究成果。

"张蔚榛有专门的学习计划，每年暑假都要出去，考察、实验、做研究。就这样，他在苏联一共待了4年。"许志方回忆道。

做论文期间要看大量参考书，泡图书馆是张蔚榛的常态。他一般早晨到图书馆，中午就在里面的小吃部吃点面包、香肠，喝点咖啡或牛奶。休息一下，然后继续读书，直至图书馆闭馆。

张蔚榛每天都这样，"以至于留苏回来别人问他是什么专业毕业的，他就说图书馆专业。"许志方笑着说。

也只有许志方，才能体会这一玩笑背后的真实表达。那确实是一段艰苦的学习之旅。

回国后，张蔚榛被分配到武汉水利学院（后改名武汉水利电力学院，现武汉大学工学部）农田水利系工作，并将读书时养成的格物致知精神，带到了以后的工作中。

"我还会走这条路"

"如果再让我重新选择，我还会走这条路。"与地下水打了一辈子交道的张蔚榛，好几次表达过对农田水利行业的热爱。

1997年，学校接到张蔚榛当选中国工程院院士通知的时候，这位74岁高龄的科学家正奔波在新疆、甘肃等地的农村和牧区，与国外专家组检查评估水利工程项目。

的确，科学研究没有平坦的大道，只有不忘初心、一路攀登的人，才能到达光辉顶点。

20世纪70年代，我国北方连续干旱，地表水缺乏。当时人们对地下水资源的特性缺乏正确认识，认为深层地下水水质好，含水层出水量大，某些地方甚至鼓励开采。

然而，由于深层水大量开采，造成承压水位大幅度下降，形成了大面积的承压水位降落漏斗。

"深层水基本上是死水一潭，补给也非常有限，地下水开采应以浅层水为主！"张蔚榛的这一观点得到了国家有关部门的重视，对后来华北及类似地区的地下水资源合理开发利用，发挥了重要作用。

张蔚榛投入很大精力的又一项重要研究工作，是黄淮海平原的盐碱地改良。

他多次去山东、河南、河北等地，了解黄淮海平原重点试验区水盐动态的试验情况。一位村民动情地说："他是第一位到我们这儿来的大学教授。"

1976年河北唐山大地震发生时，张蔚榛正在衡水带学生进行抽水试验。他有很多亲属都在唐山，但为了不影响研究工作，直到试验结束他才赶回家中。当回去后得知哥哥已经遇难时，他心里内疚不已。

昔日寸草不生的盐碱地试验区，经过张蔚榛的艰苦努力，终于稻粱飘香。

把成就归功于集体

学生兼同事的雷声隆这样评价张蔚榛的成就，"他在我们教研室以及我国农田水利学界，脚踏水文地质和农田水利两个学科"。

再后来，张蔚榛又研究土壤水。自20世纪80年代后半期开始，他常被世界银行聘请为专家，并多次参加了世界银行的贷款项目评价，主要针对西北、华北地区的干旱半干旱地区的土壤水展开工作。

虽然多次获得重大奖项，但张蔚榛常说，搞农田水利这一行，光有理论不行，而且这些也不是一个人能完成的，是集体劳动的成果。

"现在有一种很不好的风气，评奖也好，评先也好，获奖的多是项目负责人。但是我认为，长期在野外搞实践的中青年学者，更应该得到奖励。"张蔚榛直言。

他淡泊名利的修为，可见一斑。

从事农田水利研究60多年，张蔚榛发表了118篇学术论文，获奖无数。而为许多人所不知的是，他所获得的奖项，多为同事或单位帮助他申请的。

甚至，他曾多次婉拒申报院士，每次的申报表格都是学院领导委派他的学生帮忙填写的。当选院士，同样是别人替他准备的材料。

"总体来讲，张蔚榛老师比较低调。"跟他共事几十年的李恩羊老师这样说。

六、学习劳模甘于奉献的行为品质

甘于奉献是劳模精神的底色。奉献是劳模身上的一种纯洁高尚的精神追求。劳模在平凡的岗位上辛勤耕耘、倾情付出，以卓越的劳动创造诠释了人生的真谛，展现出无私奉献精神最美的一面。奉献精神是指为了维护社会集体利益或他人利益，个人能够自觉让渡、舍弃自身利益的一种高尚品格。奉献的内涵很丰富，包括不怕困难、勇挑重担的精神，见义勇为、助人为乐的无偿服务，不计报酬、不为私利的精神，勤勤恳恳、忘我工作的精神。

回望劳动人民不平凡的奋斗历程，千千万万劳模不畏险阻、不怕牺牲，挥洒辛劳和汗水，燃烧青春和才智，奉献生命和热血，谱写了辉煌灿烂的前进篇章。时至今日，奉献的内涵没有改变，奉献的意义更为凸显，经济社会发展的各个方面都需要不计得失的真诚付出，都呼唤赤诚奉献的精神追求。

1. 有思想动力准备

劳模之所以具有伟大的奉献精神，是因为甘于奉献的强烈思想动力驱使他们做好本职工作，只要有需要，即使明知前方是困难和危险，他们也会挺身而出。奉献无大小之分，只要真诚奉献，都是难能可贵的。有一分热度，发一分光亮，只要树立了正确的世界观、人生观和价值观，坚持全心全意为人民服务，矢志奋斗、甘于奉献，就定能在全社会传递更多正能量。

2. 有知识能力准备

知识就是力量。有知识才能有奉献精神。在新知识不断涌现、新情况层出不穷的今天，要培养自己甘于奉献的精神，必须加强学习，做到终身学习、天天学习，工作学习化，学习工作化，提高知识储备的总量和质量，并善于用理性思考架起学习与应用的桥梁，边学边用，学用结合，使自己的思想水平和知识水平适应时代的需要，并通过主观与客观的相互转化不断提高自身能力。

3. 有劳动付出准备

奉献精神不是劳模与生俱来的，它离不开劳模经年累月的自我提升。从科学理论武装，到核心价值观教育引导，从传统美德滋养，到斗争实践磨砺，都是砥砺奉献精神的重要途径。奉献就是给予，就是付出，就是牺牲。在今后的学习和工作中，青年学生要学习和弘扬奉献精神，把个人追求与国家发展、社会进步紧密联结在一起，拓展生命的维度，把淡泊名利、甘于奉献转化为自己的信念动力并融入自觉行动中，争做不务空名的行动者和兢兢业业的奉献者，描绘无愧于时代的人生精彩画卷。

阅读延伸

高凤林：愿意贡献、善于贡献，这就是"匠心"

"像火箭一样燃烧自己，靠的是匠心，成的是工匠。"2022年9月2日，中华全国总工会副主席（兼）、大国工匠高凤林在首届大国工匠论坛现场访谈中表示，打造人才高地，也要打造奉献高地，才能实现高质量发展。

高凤林是中国航天科技集团有限公司第一研究院211厂航天特种熔融焊接工、首席技能专家。从事航天特种熔融焊接工作40多年，高凤林为90多发火箭焊接过发动机，攻克了200多项航天焊接难题。

2006年，由16个国家和地区参与的反物质探测器项目，因为低温超导磁铁的制造陷入了困境。就在所有人一筹莫展时，诺贝尔奖获得者丁肇中教授找到了高凤林，请他助一臂之力。经过现场调研后，高凤林创新设计方案，顺利通过评审，制造难题迎刃而解。

高凤林在国际上打出了"中国焊将"之名。声名远扬后，有外企开出八倍于其工资的高薪，承诺解决住房问题"挖"高凤林跳槽。他毫不犹豫地拒绝了。"我的国家，因为我的努力而强大，这才是我的骄傲。"高凤林说，中国载人航天工程在起步晚、基础弱、技术门槛高的情况下启动，仅用20多年就敲开了建设空间站大门，这是一个奇迹，造就奇迹的正是无数航天领域工匠的奉献精神。

"一个国家、一个地区的发展，不仅需要高技能人才的技能，还需要他们愿意贡献、善于贡献，这就是'匠心'。"高凤林认为，推动产业工人队伍建设改革走实、走深、走心，为工匠量身定制晋升及薪酬、奖励政策，才能引领全社会尊重劳动、热爱劳动、崇尚劳动的氛围。

◈ 实践演练 ◈

制作"我心中的劳模"手抄报

人民创造历史，劳动开创未来。劳动模范是民族的精英、人民的楷模，是共和国的功臣，广大劳模以平凡的劳动创造了不平凡的业绩，铸就了历史荣光、凝聚了奋进力量。他们用自己勤劳的双手和不懈的奋斗绘就了精彩人生、创造了民族伟业；他们的精神激励着一代又一代劳动者与祖国同成长、与时代齐奋进。

请以5-8人为一组，通过制作手抄报的方式，讲述某位劳模的光辉事迹和精神品质，弘扬劳模事迹，传承劳模精神。

劳动最光荣、劳动最崇高、劳动最伟大、劳动最美丽。全社会都应该尊重劳动模范、弘扬劳模精神，让诚实劳动、勤勉工作蔚然成风。

◀ **章节习题** ▶

1. 劳模精神的发展经历了几个时期？
2. 当代劳模精神的丰富内涵是什么？
3. 如何弘扬和践行劳模精神？

◀ **以劳育美** ▶

动漫解说
秋浦歌十七首·其十四

李白的《秋浦歌十七首·其十四》，虽然只有短短的四句诗，却能把工人们在寒冷的冬天，月光如洗的夜晚，唱着山歌，喊着劳动号子，辛勤劳动的场面，惟妙惟肖地展现给读者。这既是一首诗，也是一幅画。读完李白的这首诗，闭上眼睛，脑海中就会浮现出诗中的劳动场面。

第三章　工匠精神

思维导图

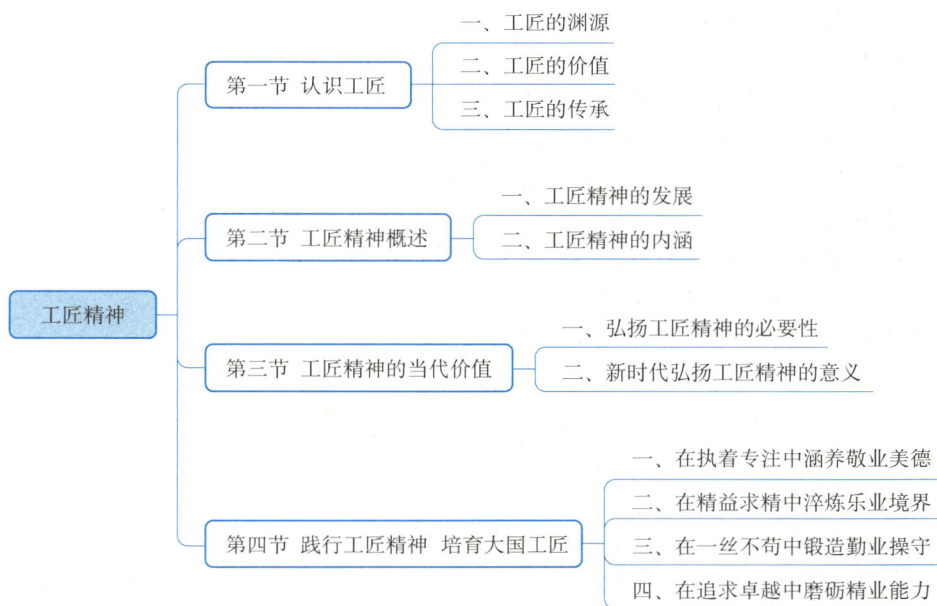

工匠精神

- 第一节　认识工匠
  - 一、工匠的渊源
  - 二、工匠的价值
  - 三、工匠的传承
- 第二节　工匠精神概述
  - 一、工匠精神的发展
  - 二、工匠精神的内涵
- 第三节　工匠精神的当代价值
  - 一、弘扬工匠精神的必要性
  - 二、新时代弘扬工匠精神的意义
- 第四节　践行工匠精神　培育大国工匠
  - 一、在执着专注中涵养敬业美德
  - 二、在精益求精中淬炼乐业境界
  - 三、在一丝不苟中锻造勤业操守
  - 四、在追求卓越中磨砺精业能力

导读导学

工匠精神作为中国共产党人在长期奋斗中形成的伟大精神，已被纳入中国共产党人精神谱系。

2020年11月，习近平总书记在全国劳动模范和先进工作者表彰大会上精辟概括了工匠精神的内涵：执着专注、精益求精、一丝不苟、追求卓越。我们取得的伟大成就，离不开大国工匠的倾情奉献。劳动者脚踏实地地把每件平凡的事做好，共同培育形成的工匠精神，是我们宝贵的精神财富。弘扬工匠精神不是一句口号，而是要投入实际行动。践行工匠精神，不但要培养浓厚的兴趣，还要有强烈的事业心、责任感，因为只有那些有事业心、责任感的人，才能几十年如一日钻研某一种技艺技能，造就精品。践行工匠精神，更要把自己的事业追求与国家、社会、行业的需要结合起来，只有热爱本职、精研本职，才能在平凡岗位上不断追求卓越、创造出彩人生。

学习目标

【知识目标】

1. 了解工匠精神及工匠精神的历史演进。
2. 掌握工匠精神的内涵。
3. 理解工匠精神的时代特色和当代价值。
4. 掌握践行工匠精神的途径方法。

【能力目标】

1. 能够结合新时代青年学生自身专业特长培育和传承工匠精神。
2. 能够学习工匠精神的内涵，弘扬工匠精神。
3. 能够做到干一行、爱一行、钻一行、精一行。

【素质目标】

1. 学习大国工匠的精神品质，体悟工匠精神的深刻内涵。
2. 培养一丝不苟的学习态度和精益求精的职业精神。
3. 培养创新意识，树立敢于突破陈规的信心。

第一节　认识工匠

习近平总书记强调，技术工人队伍是支撑中国制造、中国创造的重要力量。我国工人阶级和广大劳动群众要大力弘扬劳模精神、劳动精神、工匠精神，适应当今世界科技革命和产业变革的需要，勤学苦练、深入钻研，勇于创新、敢为人先，不断提高技术技能水平，为推动我国实现高质量发展、实施制造强国战略、全面建设社会主义现代化国家贡献智慧和力量。

一、工匠的渊源

在我国，"工匠"一词最早指的是手工业者。工匠中的"匠"字，是会意字，《说文解字》中解释道："匠，木工也。从匚从斤。斤，所以作器也。"

工匠就是有某方面熟练技能、技艺高超的手艺人，现代被称为大师傅、技术员。他们专注于某一领域，针对这一领域的产品研发或加工过程全身心投入，精益求精、一丝不苟地完成整个工序的每一个环节，他们往往追求更高的技术或艺术境界。他们勤劳、敬业、稳重、干练、遵守规矩、一丝不苟；他们不断雕琢自己的产品，不断改善自己的工艺，享受产品在手中升华的过程；他们用工作获得金钱，但他们不为金钱而工作；他们耐得住寂寞，将毕生精力奉献给一门手艺、一项事业、一种信仰；他们执着、坚守、进取，不断追求极致与完美。

在我国悠久的历史长河里，鲁班、欧冶子、蔡伦、毕昇、李春、黄道婆等著名的工匠，没有炫目的头衔、显赫的家财，但都以杰出的智慧、精湛的技艺、非凡的创造为后世留下了丰富的物质遗产和宝贵的精神财富。

2012年，北京大学考古文博学院的吴小红教授、张弛教授等人发表了一篇关于"中国仙人洞遗址两万年陶器"的文章。这篇历经四年研究而成的文章，用缜密的科学逻辑和先进的技术手段，证实了我国江西省万年县仙人洞新石器时代古人类生活洞穴遗址中出土的陶器，距今大约为两万年。这个结论，将世界最早出现陶器的时间向前推进了一万年左右。该项研究成果也因此入选2012年"世界十大考古发现"。

仙人洞遗址经过中美两国专家的多次发掘，出土了大量陶器、石器、骨器、蚌器等手工制品和动物骨骼。其中，陶器的出现引起了学术界的高度关注。因为陶器被公认为是人类文明发展的重要标志，它揭开了人类利用自然的新篇章。

经测定，仙人洞遗址出土的陶器，主要成分是黏土、沙砾和打碎的贝壳。古人在制作时，先做出坯体，雕出纹饰，阴干，再用篝火进行烧制。用篝火烧制陶器，可以让陶器坯体的水分和其他挥发性成分轻易分离；黏土中较粗糙的沙砾、贝壳可以在冷却时限制陶器坯体的内部收缩，尽量降低陶器破裂的可能性。

马克思说，制造工具，将人和动物彻底地区分开来。但古人类最早制造的工具大多为对天然物的利用或简单加工，如木棒、竹片、石斧等。这些工具，绝大多数古人经过简单学习就可以制造。但陶器就不同了，因为这种器物是人类第一次利用天然物，按照自己的意志创造出来的一种发生质变的东西，是只有少数人经过专门研究和学习才能掌握的技艺。

因此，仙人洞遗址陶器的制造者，就是我们迄今为止发现的、人类发展史上的第一批工匠，我们可以把他们叫作"陶工"。虽然他们的名字无从知晓，但他们留下的技艺被后人传承、发展。直到工业极其发达的今天，陶器依旧是我们的日常用品，大到酱缸、酒坛，小到碗碟、茶壶，而且其制造原理也和当初基本一致。

距今2000多年的秦朝陶制兵马俑，被誉为"世界第八大奇迹"，其不但数量惊人，更重要的是，不论士兵还是将军，每个人物的造型都各有特色，栩栩如生，犹如秦人穿越时空来到现代，其设计和制作工艺已经到达了令人叹为观止的地步。考古专家从这些陶俑身上发现了80多个陶工的名字，可以肯定，这是一群秦国最优秀的陶工，也是迄今为止我们能够知道姓名的最早的工匠。他们用精湛的技艺和唯美的塑造，创造性地完成了这项繁复、浩大的工程。他们肯定没有想到，他们的劳动成果在2000多年后能够成为杰出的世界文化遗产，让人景仰，并激励人类社会向着更加文明的时代迈进。

沿着秦代陶工的足迹，我们将时间再往前推 2000 多年，在距离中国西安约 7000 公里的古埃及尼罗河畔，一座座金字塔正拔地而起，用凝固的语言书写着这个时代的石匠、铜匠等一大批工匠和各类劳动者的智慧和创造。

在古埃及工匠用铜制造凿刀的同一时代，我国古代的工匠们已经将铜器制造技艺推向了人类利用金属进行生产、生活活动的青铜时代的巅峰。

青铜器是一种世界性文明的象征，大型铜刀是早期青铜器的代表，中国的青铜器大约出现在 4000～5000 年前。中国工匠在青铜时代的中后期制造的青铜器，不但品类繁多、工艺复杂、造型独特、意蕴丰厚，而且极其精美，在世界青铜器史上有着崇高的声誉和无与伦比的艺术价值。

陕西省宝鸡市是中国的青铜器之乡，这里出土了毛公鼎、散氏盘等数万件青铜器。由于青铜器完全由手工制造，所以没有任何两件是一模一样的，每一件都是独一无二、举世无双的。

在目前已经出土的青铜器中，有一件"四羊方尊"，被誉为"中国最美青铜器"。它高58.3 厘米，重 34.5 千克，是我国十大传世国宝之一。在商代青铜方尊中，四羊方尊实现了技术与艺术无与伦比的完美结合，是臻于极致的青铜典范。

随着铁器时代的到来，青铜时代慢慢落下帷幕。但铜匠作为一种职业并没有就此消失。以铜盆、铜炉为代表的日常生活器具，依然靠铜匠逐个浇铸。现在，这样的铜匠基本看不见了，但青铜时代铜匠留下的"尚巧""求精"的精神理念和职业作风，却一直流传至今，对经济社会的发展起到了重要的推动作用。

二、工匠的价值

古今中外，工匠都是一个庞大的社会群体，他们辛勤劳作，为国家、社会和人民提供各种生产、生活所必需的产品；他们钻研技艺、不断革新，有效促进了社会生产力和产品质量的持续提升；他们创造价值、积淀文化、凝聚精神，推动着人类社会的文明之旅不断前行。他们中的精英分子，甚至能够以自己的智慧和成果，在自己辛勤劳作的领域引领变革，造福时代、福泽未来。

大约在公元前 250 年至公元前 227 年，李冰受命治理岷江水患。从此，他偕自己的儿子历经数载，沿岷江实地考察，反复研究，在那个根本不知"水利学"为何物的时代，提出了治理水患必须遵循的"深淘滩，低作堰"六字真经和"遇湾截角，逢正抽心"八字真言。直到今天，这个"真经"和"真言"依然是当代水利工程设计建造的准则。在修筑都江堰的过程中，李冰父子日夜守在工地，随时研究解决工程中出现的各种问题，发明了用竹笼装满鹅卵石沉江堵水的技术，以此战胜湍急的江水，筑成了分水大堤；运用了燃烧木材炙烤坚硬崖壁的技术，劈开玉垒山，凿成宝瓶口……李冰还做石人立于水中，作为观测水位的标尺；做石犀埋在内江中，作为岁修时淘挖泥沙、疏浚河道的深度标准……

都江堰的修建，以不破坏自然资源、充分利用自然资源为人类服务为前提，变害为利，使人、地、水三者高度和谐统一，是世界公认的一项伟大的"生态工程"。都江堰的修成，不仅解决了岷江泛滥成灾的问题，而且从内江下来的水还可以灌溉十几个县，灌溉面积达 300 多万亩。从此，成都平原成为"沃野千里"的富庶之地。

公元 105 年，蔡伦将一种新型的纸张献给汉和帝。在这之前，人们都是把字写在或刻在竹片上，再编成册，叫作竹简；或者将字写在特制的丝绸上，叫作帛书。丝绸很贵，而竹简又太笨重。蔡伦带领工匠们用树皮、麻头，以及破布、渔网造出了纸张，改造了造纸术。在此基础上诞生的宣纸，经后代工匠的不断改良，现在不但依然广泛应用，而且成为"纸中之王、千年寿纸"的名贵品种。

北宋庆历年间，毕昇发明了胶泥活字印刷技术。他在胶泥片上刻字，一字一印，用火烧硬后，成为活字。印刷时，使用活字排版，一字多用，重复使用。在这之前，印刷都是采用整版雕刻，费时费力，一字刻错，整版报废。活字印刷是一个质的飞跃，对后世印刷术乃至世界文明的进步有着巨大而深远的影响，其技术一直沿用到 20 世纪 80 年代，直到被激光照排技术替代。

公元 1295 年，年已五十的黄道婆返回家乡松江府乌泥泾镇（今上海市徐汇区华泾镇）。20 岁的时候，出身贫寒的她，因不堪忍受公婆、丈夫的虐待，只身流落崖州（今海南省三亚市辖区），以道观为家，劳动、生活在黎族姐妹中，并师从黎族人，学会运用制棉工具和织崖州被的方法。30 年后，她把在崖州学得的棉纺织技术带回家乡，并经过改良，创造出一套先进的棉纺工具和纺织技术。在她的传授和推广下，一时"乌泥泾被不胫而走，广传于大江南北"，松江地区的棉纺织业呈现出空前盛况，获得"衣被天下"的美称。黄道婆的纺织技艺不仅惠泽故里、造福一方，还极大地推动了我国元代棉纺织业的发展，她被后世尊为布业的始祖。

一部人类文明发展史表明，无论是仙人洞遗址的原始陶器，还是当代最为尖端的航天工程，都需要通过工匠的双手才能实现。一旦离开了工匠敬业专注、严谨求实、一丝不苟的创造性劳动，人类的一切奇思妙想都将只是空中楼阁，这就是工匠的价值所在。

阅读延伸

一代祖师鲁班：靠"智造"流芳千古

鲁班，相传姓公输，名般，因为他是鲁国人，"般"与"班"同音，所以后人称他为鲁班。鲁班一生有很多创造发明，当时的人们很钦佩他，称他为"巧人"，后世土木工匠尊称他为"祖师"。

关于鲁班，广为流传的故事就是"鲁班造锯"了。故事里说，有一次，鲁班接到了一个任务，需要砍伐大量的木材，但是用斧头砍的效率不高，眼看着就要完不成任务了，鲁班心里很着急。有一天，在去山里伐木材的时候，鲁班不小心被野草的叶子割破了手指，他很好奇，什么样野草的叶子这么锋利，能够轻而易举地割破他的手指呢？于是，他便仔细地观察叶子，发现这野草叶子的边缘，不是平的，而是凸起了很多三角形的小齿，这个野草叶子上，还恰好有只蝗虫，这蝗虫的牙齿，也是很多的三角形的小齿，很快就把这叶子分解磨碎吃掉了。鲁班受此启发，就发明了高效的锯木工具——锯子。

在春秋战国时期，能工巧匠可谓群星闪烁，鲁班是我国家喻户晓的一位木工巨匠，是这个时期的工匠代表和制造成就的象征。鲁班凭什么能够成为木工制造的"一代祖师"呢？鲁班给后人留下的财富绝不仅仅是他的产品和发明，更重要的是他的工匠精神。

鲁班年轻时为打牢基本功，进行了长期的艰苦磨炼。他在生产劳动一线不畏辛劳、专心致志，对劳动产品和生产过程追求极致，鲁班身上体现的工匠精神为其成为一代祖师奠定了思想底蕴。

鲁班能成为一代祖师，很重要的原因是他绝不满足于重复生产流程，而是注意观察，善于积累和发现，勇于尝试和追求，在精雕细琢追求极致品质中亦追求极致效率，由此而引发生产工具的革新，又因创新而升华，形成更高层次的生产形式和技艺水平。这就是他能够发明创造出许多辉煌成果的不竭源泉。

三、工匠的传承

炎黄二帝，并称中华民族人文初祖，他们也可称为中华技术发明之祖。在德国奔驰集团的汽车展览馆里，供有4000多年前的夏朝"车正"奚仲的塑像，他当年发明了马车，因此被视为世界车祖；庄子给后人留下"运斤成风""鬼斧神工""庖丁解牛"等成语，这些成语其实是对中国工匠的生动描述；墨子是从工匠阶层诞生的机械专家、军事防御专家、社会活动家、思想家、科学家；鲁班是著名的发明家，除了锯子，木匠所用的墨斗、刨子、钻子、凿子、曲尺等相传都是他发明的，而且鲁班成了木匠业的保护神，如今中国建筑行业的最高奖项"鲁班奖"，就是对他最好的纪念。

中国是四大文明古国中唯一文明没有被中断的国家。我国最早的手工艺专著《考工记》，问世于春秋战国时期，书中有关弓矢的记载，开了人类认知空气动力学的先河。《墨经》一书中一共有8条几何光学知识的记载，这比古希腊数学家欧几里得的光学记载要早百余年。李诫的《营造法式》，出版于1103年，是北宋颁布的一部关于建筑设计、施工的规范书，是我国古代最完整的建筑技术书籍，也是当时世界一流的建筑学著作。宋应星的《天工开物》，初刊于1637年，是世界上第一部关于农业和手工业生产的综合性著作。我国最早的药学经典，是成书于东汉时期的《神农本草经》，后来又有南朝梁代陶弘景所著的《神农本草经集注》、唐朝苏敬的《新修本草》。明代李时珍的《本草纲目》，堪称中国第一部集大成药典性著作。

伟大精神的诞生，必然要以伟大实践作为现实土壤。在中国共产党领导的血与火的革命中、如火如荼的建设中、意气风发的改革中，涌现出了一大批辛勤付出、无私奉献甚至不畏牺牲的工匠，促使伟大工匠精神应运而生。

新民主主义革命时期，在大大小小的革命根据地上，成长起一大批优秀工匠，他们为赢得革命胜利发挥了重要作用。陕甘宁边区农具厂化铁工人赵占魁，在高达上千摄氏度的熔炉前穿着湿棉袄代替石棉防护服，终日汗流浃背，从不叫苦叫累，钻研技术改进工艺，提高产品质量；被誉为中国"保尔·柯察金"的兵工专家吴运铎，在生产和研制武器弹药时多次负伤，仍以顽强毅力战胜伤残，战斗在生产第一线，用简陋的设备研制成功枪榴弹，为提高部队火力作出了贡献。

中华人民共和国成立后，各行各业涌现出一批批能工巧匠，推动了社会主义建设事业的蓬勃发展。北京永定机械厂钳工倪志福，经过反复钻研改进，发明出适应钢、铸铁、黄铜、薄板等多种材质的"倪志福钻头"，在国内外切削界引起重大反响；山东省青岛国棉六厂细纱挡车工郝建秀，凭着一股不服输的倔脾气，独创出一套多纺纱、多织布的高产、优质、低耗的"细纱工作法"（也被称为"郝建秀工作法"），成为全国纺织系统的一大创举……

在改革开放后，各行各业的劳动者大力发扬工匠精神，将专业专注、精益求精的理念和要求融入技术、产品、质量、服务的每一个环节，创造了无数"中国制造"的奇迹。从事高铁研制生产的铁路工人，从事特高压、智能电网研究运行的电力工人，风餐露宿、跋山涉水的青藏铁路建设者……他们都是工匠精神的忠实传承者和践行者，用自己的发明创造和艰苦劳动为国家、人民作出了巨大贡献。

进入中国特色社会主义新时代，工匠精神的时代价值更加凸显。"汉字激光照排系统之父"王选，"世界第一吊"主设计师孙丽，港珠澳大桥岛隧工程项目总工程师林鸣，被称为矿山"华佗"的煤矿维修电工李杰，在国际上打响中国品牌的水泥生产技术专家郭玉全，拥有以自己名字命名的焊接方法的首席女焊工王中美，练就一手"绝活"的数控机床试车工麻建军，圆梦"大飞机"的上海飞机制造有限公司 C919 事业部总装车间全体职工……他们都是平凡岗位上的劳动者，用点点滴滴的实际行动诠释着工匠精神，用奋斗与追求树立起一面面光辉的旗帜。

✎ 知识拓展

大国工匠年度人物

"大国工匠年度人物"发布活动由中华全国总工会和中央广播电视总台联合举办，于 2018 年 6 月启动。自下而上经过推荐、初选、评委会评选等环节，每年选出 10 位"大国工匠年度人物"。

评选活动："大国工匠年度人物"发布活动自 2018 年 6 月启动以来，各级工会层层组织推荐选拔，职工群众广泛参与，发布活动组委会办公室经过认真审核材料、广泛征求意见、反复对比遴选，从推荐人选中初选出 50 位"大国工匠年度人物"候选人。由30 位相关领域知名专家、著名劳动模范代表、资深媒体人士组成的专家评委会，经过严格评审，从候选人中评选出 10 位"大国工匠年度人物"。

组委会还在人民网、中工网及各级工会微博、微信发起为 50 位"大国工匠年度人物"候选人点赞活动。各地工会和全国职工积极参与，通过为大国工匠年度人物候选人点赞，有力地弘扬劳模精神、劳动精神、工匠精神，掀起了学习大国工匠、争当工匠人才的热潮。

入选人物：

2018 年

中国航天科技集团有限公司第一研究院首席技能专家　高凤林

中车长春轨道客车股份有限公司首席焊工　李万君

中国电子科技集团公司第五十四研究所高级技师　夏立

国网山东省电力公司检修公司带电作业工　王进
安徽省地质矿产勘查局 313 地质队高级工程师　朱恒银
中国广核集团核燃料操作师　乔素凯
中国工程物理研究院机械制造工艺研究所高级技师　陈行行
潍柴动力股份有限公司首席技师　王树军
中国石油集团西部钻探公司高级技师　谭文波
敦煌研究院修复师　李云鹤

2019 年

中国电子科技集团有限公司第十四研究所班组长　胡胜
天津航天长征火箭制造有限公司总装车间特级技师　崔蕴
中国一重集团有限公司锻铸钢事业部水压机锻造厂锻造班长　刘伯鸣
中信重工机械股份有限公司班长　杨金安
中国科学院深海科学与工程研究所工人　周皓
大连船舶重工集团有限公司军品总装二部钳工班长　戴振涛
一汽铸造有限公司产品技术部模具制造车间班长　李凯军
福建腾晖工艺有限公司高级工艺美术师　郑春辉
中国人民解放军第五七一三工厂工人　孙红梅
浙江省海港集团、宁波舟山港集团宁波北仑第三集装箱码头有限公司桥吊班大班长
竺士杰

2021 年

湖南华菱湘潭钢铁有限公司焊接顾问　艾爱国
中国航天科技集团九院 7107 厂数控铣工　刘湘宾
中交一航局第三工程有限公司工程测量工　陈兆海
中国兵器淮海工业集团有限公司十四分厂工具钳工　周建民
中国航发黎明工装制造厂数控车工　洪家光
北京金隅天坛家具股份有限公司龙顺成公司工艺总监　刘更生
内蒙古第一机械集团有限公司焊工　卢仁峰
中国航天科技集团有限公司四院 7416 厂班组长　徐立平
无线电通信设计师　张路明
大庆油田有限责任公司第二采油厂第六作业区 48 队采油工　刘丽

2022 年

航空工业哈尔滨飞机工业集团有限责任公司数控铣工　秦世俊
广西汽车集团有限公司钳工　郑志明
天津港集团第一港埠有限公司港口内燃装卸机械司机　成卫东
中国中铁隧道局集团盾构操作工　母永奇
中国航天科技集团有限公司第六研究院西安航天发动机有限公司数控车工　何小虎
中国水利水电第四工程局有限公司机电安装分局桥式起重机司机　田得梅
国网山东省电力公司超高压公司电气试验工　冯新岩
中国商飞上海飞机制造有限公司飞机装配工　周琦炜

徐工集团徐州重型机械有限公司数控车工　孟维
四川广汉三星堆博物馆文物修复师　郭汉中
2023 年
汉王科技股份有限公司高级工程师　彭菲
哈电集团汽轮机厂公司数控铣工、特级技师　董礼涛
上海城投污水处理有限公司白龙港污水处理厂高级技师　杨戎雷
中国铁建重工集团股份有限公司正高级工程师　张帅坤
东方电气集团东方电机有限公司水轮机装配特级技师　崔兴国
荆州文物保护中心研究馆员　吴顺清
国家气象中心（中央气象台）首席预报员　许映龙
南方电网云南昆明供电局变电修试所继电保护工特级技师　李辉
特变电工股份有限公司新疆变压器厂工艺技术员、特级技师　张国云
金川集团铜贵有限公司贵金属冶炼工、特级技师　潘从明

问题讨论

观看纪录片《我在故宫修文物》，感悟工匠精神，并谈一谈自己的体会与收获。

第二节　工匠精神概述

工匠精神作为一种精神体系有其自身发展的过程。当今世界的竞争说到底是人才竞争、教育竞争，要想在激烈的国际竞争中赢得优势，就必然要更加重视人才的自主培养，更加重视科学精神、创新能力、批判性思维的培养培育，努力造就一批具有世界影响力的顶尖科技人才，培养更多高素质技术技能人才、能工巧匠、大国工匠。

一、工匠精神的发展

自 2016 年"工匠精神"被首次写入政府工作报告以来，这个带有传统文化色彩又被赋予时代价值的词汇，就不断地在政府文件中出现。工匠精神从行业话语转向政策话语的进程，实质上折射的是近年来中国经济发展方式的转变、经济结构的优化和增长动力的转换。"社会主义是干出来的，新时代也是干出来的"。在新的历史方位，中国经济高质量发展呼唤工匠精神，人民对美好生活的向往呼唤工匠精神。

在工匠精神的内涵中，匠心即根本，坚守即关键。条条战线都活跃着劳动者的身影，都流淌着劳动者的汗水，所有创造物质财富和精神财富的劳动者，都是值得尊重的人。只有大力宣传学习先进模范的事迹，才能让"劳动最光荣、劳动最崇高、劳动最伟大、劳动最美丽"深入人心、蔚然成风。在中华民族漫长的历史进程中，一代又一代工匠孜孜不倦地追求"道技合一"，他们把对技艺的追求、对作品的虔敬、对人情的体察、对自然的敬畏以匠心之巧思倾注于制作过程，创造出了绚烂辉煌的中国古代科技文明。

中国不仅不缺工匠精神，还是世界工匠精神的发源地之一。

今天，我们从各类史料记载中可以窥见古代工匠们一道道坚韧的剪影。从仙人洞遗址陶器的制造者开始，我国就出现了有史可载的工匠精神。相传舜"陶河滨，河滨器皆不苦窳"，记录了舜早年在河滨制陶时，追求精工细作，并以此带动周围的人们制作陶器，杜绝粗制滥造的事迹。后来到夏朝的"奚仲"、商朝的"傅说"、战国的"庆"，工匠开始大量出现在史书之中，其演变历史也随着中国古代政治、文化、商业、科技等领域的发展而不断推进，由此形成了中国独特、悠久的工匠文化和工匠精神。

✎ 知识拓展

大力弘扬工匠精神

2023 年 10 月，习近平总书记在江西景德镇考察调研时，同非遗传承人亲切交流，不时赞赏他们的手上功夫和工匠精神，鼓励他们秉持艺术至上，专心致志传承创新。在同中华全国总工会新一届领导班子成员集体谈话时，习近平总书记指出："要大力弘扬劳模精神、劳动精神、工匠精神，发挥好劳模工匠示范引领作用，激励广大职工在辛勤劳动、诚实劳动、创造性劳动中成就梦想。"工匠精神源于"工"这一古老的职业。《周礼·冬官考工记》记载："知者创物，巧者述之，守之世，谓之工。""工"的职责就是造物，精湛的技艺是工匠的立足之本。庖丁解牛、鬼斧神工、炉火纯青等成语，都是对工匠技艺的形象表达。

工匠精神体现着马克思主义劳动观。马克思指出："整个所谓世界历史不外是人通过人的劳动而诞生的过程，是自然界对人来说的生成过程。"在我国社会主义现代化建设进程中，中国共产党人丰富和发展了马克思主义劳动观。党的十九大报告提出："建设知识型、技能型、创新型劳动者大军，弘扬劳模精神和工匠精神，营造劳动光荣的社会风尚和精益求精的敬业风气。"党的二十大报告提出："坚持尊重劳动、尊重知识、尊重人才、尊重创造。"习近平总书记在全国劳动模范和先进工作者表彰大会上指出："在长期实践中，我们培育形成了爱岗敬业、争创一流、艰苦奋斗、勇于创新、淡泊名利、甘于奉献的劳模精神，崇尚劳动、热爱劳动、辛勤劳动、诚实劳动的劳动精神，执着专注、精益求精、一丝不苟、追求卓越的工匠精神。"劳模精神、劳动精神、工匠精神是以爱国主义为核心的民族精神和以改革创新为核心的时代精神的生动体现，是中国共产党人精神谱系的重要组成部分，是鼓舞全党全国各族人民风雨无阻、勇敢前进的强大精神动力。

高铁动车、航天飞船等成就的背后，都离不开执着专注、精益求精、一丝不苟、追求卓越的工匠精神。工匠精神体现着劳动者独具匠心、精雕细琢、尽善尽美的追求和坚守，蕴含着严谨、执着、敬业、创新等可贵品质。16 岁开始学砌墙的邹彬，勇夺第四十三届世界技能大赛砌筑项目优胜奖，实现了我国砌筑项目奖牌零的突破。"海岛"电工赵儒新，三十多年如一日，为服务 12 座小岛上 237 户居民的生活需要全天候"待命"。对个人而言，掌握一技之长，淬炼精湛技艺，能够在平凡岗位上建功立业，实现人生出彩。在全社会大力弘扬工匠精神，培育精益求精、新益求新的工匠品格，则是推动我国实现高质量发展、实施制造强国战略、全面建设社会主义现代化国家的必然要求。

大力弘扬工匠精神，要围绕重大战略需求，瞄准产业链、创新链代际跃升，完善高技能人才培养体系，建设宏大的知识型、技能型、创新型劳动者大军。健全高技能人才评价激励制度，加大对优秀技能人才、大国工匠的表彰奖励力度，提高他们的职业荣誉感和获得感，激发弘扬工匠精神的内驱力。在全社会讲好工匠故事、褒扬工匠情怀、涵养工匠文化，进一步营造劳动光荣的社会风尚和精益求精的敬业风气，激励各行各业技能人才创造活力竞相迸发、聪明才智充分涌流。

匠心聚，百业兴。秉持工匠精神，人人创新创优，撸起袖子加油干、驰而不息向前进，就一定能把强国建设、民族复兴的宏伟蓝图一步步变为现实。

二、工匠精神的内涵

教学讲解
弘扬工匠精神，培育大国工匠

2020年11月24日，习近平总书记在全国劳动模范和先进工作者表彰大会上指出，在长期实践中，我们培育形成了"执着专注、精益求精、一丝不苟、追求卓越的工匠精神"，要"大力弘扬劳模精神、劳动精神、工匠精神"。

（一）执着专注——工匠精神的基础

执着专注是指对某一种技能专心致志、慎终如始、坚持不懈，这是对工匠精神思想层面的要求。工匠以工艺专长造物，在专业的不断精进与突破中演绎着"能人所不能"的精湛技艺。实际上，得心应手的技能、巧夺天工的技术和出神入化的技艺正来源于专注。工匠始于学徒、技工，应学会干实事、细事、小事，一旦选择了某个行当，就应沉潜下来，不能心猿意马。工匠要在一个领域精雕细琢、精耕细作，必须不忘初心、坚守理想，坐得了冷板凳，耐得住寂寞。

执着专注是对事业来自灵魂深处的珍视与坚持，是实现个人发展和人生价值的定力所在，也是各行各业厚积薄发、实现持久发展的重要保障。无论做什么样的工作，做任何事情，只要能够坚持自己的理想和志向，对事业保持几十年如一日的热情和坚持，不怕吃苦，甘于坐冷板凳，就一定能够完成既定的目标、取得优秀的成绩，甚至实现难以企及的目标。

当今世界正经历百年未有之大变局，我国发展的内外部环境日趋复杂，诸多困难和挑战难以避免。在这样的环境下，实现全面建设社会主义现代化强国的目标，必须大力弘扬执着专注的工匠精神，以优秀工匠的事迹激励我们，持久专注于工作，保持干事创业的定力和韧性。每个人对工作和事业执着坚持形成的强大合力，必将托举起各行各业的持续发展，最终汇聚为推动实现高质量发展的磅礴力量。

执着专注、保持干事创业的定力和韧性，离不开坚定的信仰信念信心的支撑。只要我们坚定对马克思主义的信仰，对中国特色社会主义的信念，对实现中华民族伟大复兴中国梦的信心，把个人理想融入实现中华民族伟大复兴中国梦之中，就能够保持干事创业的定力和韧性，俯下身去，耐下心来，心无旁骛，艰苦奋斗，持续为推动高质量发展、实现中华民族伟大复兴贡献力量。

阅读延伸

吴大观：永不停歇的"中国心"

吴大观是我国著名航空发动机专家，毕生致力于航空发动机科研、设计技术、试验设备建设等工作，创造了多个中国"第一"：组建第一个航空发动机研究所，主持研制第一型喷气发动机，创建第一个航空发动机试验基地、第一个产业基地，建立第一支航空发动机设计研制队伍，组织编制我国第一部航空发动机标准规范……这些开创性的工作，不仅为当时的科研工作开辟了道路，也为后来的"昆仑""太行"等发动机的成功奠定了基础，是当之无愧的"中国航空发动机之父"。

仿制 VS 自主？六十载风雨换来的答案

"仿制仅是过渡的手段，唯有通过引进、消化、吸收进行仿制，然后结合自己的预先研究、技术储备和经验积累进行改进、改型，才有可能走上开发先进产品的道路。"从事航空事业六十年，失败的教训和成功的经验凝聚成振兴航空事业的智慧：如果没有自己的科研基础，将会永远跟在别人后面亦步亦趋地爬行。

1958 年 5 月，我国第一台喷发-1A 发动机试制成功，并通过了 20 小时的试机运行，这台发动机被安装在"歼教-1"型飞机上并试飞成功。喷发-1A 的研制成功向世界证明了中国人是可以造飞机和发动机的。1959 年 9 月，吴大观设计并试制的红旗 2 号喷气发动机成功试机运行，为中华人民共和国成立 10 周年献上了一份厚礼。1969 年，涡喷 7 甲发动机试制成功，1971 年，我国第一型涡轮风扇发动机——涡扇 5 发动机试制成功。1978 年，我国第一型大推力涡轮风扇发动机——涡扇 6 发动机试制成功。

一个个成功的背后，是以吴大观为代表的航空先驱辛勤且沉痛的付出。然而，这些发动机在当时都没有实现定型并装备部队，由于各种原因，最终纷纷下马。其中具有里程碑意义的涡扇 6 发动机，历经 4 次上马，3 次下马，5 次转移研制地点，最终因周期过长错过了装备部队的最佳时期。

1980 年，从英国引进的"斯贝"发动机（国产涡扇 9 发动机，后更名为"秦岭"）试制成功，并装载于歼轰 7（飞豹）上。此后主张引进国外成熟发动机的声音越来越大，只有少数人坚持自主研制。

"中国必须探索出一条自主研制飞机发动机的道路，否则我们在技术上将永远受制于人。我们要制造有'中国心'的发动机！"1985 年，在吴大观与其他八位专家的竭力争取下，久拖不决的"太行"发动机（涡扇 10）成功立项，直到 2005 年，"太行"发动机终于研制成功，从此我国第三代发动机诞生。我国航空事业步入发展的快车道。

"经过不断地探索和尝试，现在我国航空发动机研制已经形成了'生产一代、研制一代、预研一代、探索一代'的良好发展格局。"吴大观终于为我国航空事业的发展蹚出了一条科学之路。

"给予"的人生才有意义

刷着半截白灰半截油漆的老墙，吊着一根老式日光灯管的天花板，一张可以折叠的简陋饭桌，磨破了皮的旧沙发，一排用当年从沈阳搬家过来的包装箱打成的衣柜，厨房里的搪瓷碗更有如出土文物一般……走进吴大观的家，像是穿越到 20 世纪 80 年代，唯一有现代气息的摆件是一台电脑，那是他 80 岁时为了方便查阅资料买的。

然而从 1963 年至 2009 年，吴大观共交纳特殊党费 21.1 万元；救灾、济贫、助学捐款共计 9.3 万元，总计 30.4 万元，约占其总工资收入的三分之一。

一批批大国工匠，坚守报国初心，在平凡的岗位上成就不平凡的事业，这些都是执着专注工匠精神的生动诠释，也是令人钦佩的魅力所在。

（二）精益求精——工匠精神的核心

精益求精是指工匠在既有技术水平的基础上，仍然坚持严格要求、更高要求的精神品质，是对技艺、产品、质量的一种极致完美的追求，这是操守层面的要求。一件产品已经很不错了，但仍然不满足，还要做得更好。在工匠眼里，精益求精，就是没有最好，只有更好；对技术标准的高要求、对产品品质的高追求，只有进行时，没有完成时，要时刻保持不断精进。精益求精也体现出工匠对每件产品、每道工序都凝神聚力、追求极致的职业品质，就是已经做得很好了，还要求做得更好，"即使做一颗螺丝钉也要做到最好"。

精益求精就是追求质量无止境、服务无止境、努力无止境，以追求完美的工作态度，肯下苦功夫，讲求慢工出细活，不断推出更高质量的产品和服务。学习精益求精的工匠精神，就是要干一行、钻一行，重细节、追求完美，通过高标准的工作模式和严谨科学的工作方法，致力于生产质量过硬、口碑出色的产品。

我国实现高质量发展，意味着各行各业都要把生产高精尖产品和提供精细化服务作为重要的价值追求。要实现这样的目标，必须秉持追求完美的工作态度，弘扬精益求精的工匠精神，生产出质量过硬的产品，提供口碑出色的服务，不断提高国内产品和服务的国际竞争力。

基业长青的企业无一不是靠着精益求精才获得成功的。中铁二局二公司隧道爆破高级技师彭祥华在软若豆腐的岩层间精准爆破，误差远小于规定的最小误差；沪东中华造船集团有限公司焊工张冬伟手工焊接缝长 14 千米、厚 0.7 毫米的内胆，先修"心境"而后达"技境"。古人说"熟能生巧"，正是因为不断精益求精，才能不断自我超越。

雄厚的专业技术技能是实现精益求精的基础，这意味着劳动者素质的提高是各行各业精益求精不断进步的前提。习近平总书记在祝贺我国技能选手在第 45 届世界技能大赛上取得佳绩时强调，劳动者素质对一个国家、一个民族的发展至关重要。技术工人队伍是支撑中国制造、中国创造的重要基础，对推动经济高质量发展具有重要作用。要健全技能人才培养、使用、评价、激励制度，大力发展技工教育，大规模开展职业技能培训，加快培养大批高素质劳动者和技术技能人才。要在全社会弘扬精益求精的工匠精神，激励广大青年走技能成才、技能报国之路。践行精益求精的工匠精神，各行各业的劳动者都应致力于自我提升，以严谨认真、追求完美的态度，不断提高自身专业能力，努力为推动高质量发展贡献自身力量。

阅读延伸

"七一勋章"获得者、大国工匠艾爱国：当工人就要当一个好工人

一位71岁的老人，终日奋战在高温火花中，只为给我国焊接事业贡献力量。说到他的坚持不懈，他的亲人会心疼无奈；谈起他的无私培养，他的徒弟们会红了眼眶；了解他的淡泊名利，人们都不由被他的平凡而伟大深深折服。

1985年，艾爱国入党，秉持"做事情要做到极致、做工人要做到最好"的信念，他在焊工岗位奉献50多年，多次参与我国重大项目焊接技术攻关，攻克数百个焊接技术难关。作为我国焊接领域"领军人"，他倾心传艺，在全国培养焊接技术人才600多名。

"钢铁裁缝"几十年练就"钢铁"本领

1969年，19岁的艾爱国扛着行李从湖南的罗霄山脉来到湘江边的湘潭钢铁厂，由知青变为焊工。作为钢铁厂的焊工，艾爱国自称"钢铁裁缝"。几十年如一日的理论钻研与实践操作，练就了他"钢铁"般的硬本领。湘钢人都知道，艾爱国没有什么业余爱好。每天下班回家，上了楼就不再下楼，一头钻进焊接理论书籍中，常常研读到深夜。在同事看来，艾爱国在焊接过程中分毫不差，这个人简直是"特殊材料做的"。

艾爱国最擅长焊紫铜，这是让很多焊工都望而却步的领域。为焊接一个地方要把整个铜件加热到七八百摄氏度，人很难接靠近。

"焊紫铜的时候头发紧贴头皮、皮肤绷紧，手会不自觉地颤抖。不知道自己能坚持到第几秒，手也会因为高温出现一片片的红色水疱，可以说，对心理和生理都是一种煎熬。"全国五一劳动奖章获得者、艾爱国的徒弟欧勇说，"面对这样的身体极限，人的本能是逃避，而师父是勇于面对。"

"当工人就要当一个好工人"

艾爱国在湘钢工作了一辈子，最高职务就是焊接班的班长。他的老同事、退休职工李宁记得，20世纪80年代，领导想从职务上提拔他，但艾爱国婉言谢绝领导好意，说："我还是安心从事自己的岗位吧。"

艾爱国的女儿在广东生活，前几年想接退休的老父亲过去享清福，却因此和艾爱国争吵起来。"你如果想让我多活几年，就让我继续工作，工作对我来说才是休息。"艾爱国说。

如今他已71岁，却仍然战斗在湘钢生产科研第一线。早上七点半前上班，下午六点半后下班，艾爱国的作息如时钟一般规律。他一个人生活，早饭和中饭在厂里吃，晚饭就自己做清粥、面条。

在湘钢，一线生产工人都是开着小轿车上下班，可艾爱国还是几十年不变地骑着他那辆旧自行车。同事们劝他："你都那么出名了，也该买辆汽车享受享受。"他总摇摇头说："骑自行车挺好，省事。"

干到老学到老，永葆工人本色

有记者发现艾爱国在人民大会堂领受"七一勋章"时穿的还是工作皮鞋，惊讶地问他原因。

"天天都穿工作皮鞋，脚已经习惯了，其他鞋一穿就打脚。"艾爱国乐呵呵地说。领奖当天的西服也是好多年前买的，一直舍不得穿。因为缺一条西裤，他就带着西服去商店挨个配颜色，舍不得买一套新的。

"一定要保持工人本色，当工人就要当一个好工人。"艾爱国说。

50多年来，艾爱国以"拼命三郎"的劲头引领着我国焊接事业不断发展。"我对自己的技术要求是达到极致。只有做到极致，才能发挥党员的先锋模范作用。"

（三）一丝不苟——工匠精神的特质

一丝不苟是指做事严格认真、坚韧不拔，这是作风层面的要求。"天下大事，必作于细""差之毫厘，谬以千里"，都道出了一丝不苟精神态度的重要性。工匠必须具有严谨的态度，必不能造伪器。每项具体技术的研究开发与应用扩散往往都具有严格的规程和标准，来不得半点马虎、将就，走捷径、搞变通是行不通的。就像拧螺丝这种简单技术，拧几圈、回几圈及施加多大扭矩都要严格遵守规定，否则就可能造成严重误差。"炮制虽繁必不敢省人工，品味虽贵必不敢减物力。"不轻视任何一处细微，不放过任何一个细节，一丝不苟、倾注匠心，才能创造出巧夺天工的精品。

一丝不苟是对工作作风的重要评价标准。作为社会主义事业的建设者，每一个人对工作都不能有丝毫懈怠。步入高质量发展阶段，我国发展前景整体向好，但也面临不少困难和挑战。只有各行各业的工作者一丝不苟开展工作，才能把干事创业的风险降到最低，效益做到最大，推动社会主义现代化事业扎实走好每一步，为建设质量强国奠定坚实基础。

做到一丝不苟，应树立高度的责任意识。"大国工匠"能在自己的本职岗位上把一件事反复做、用心做，把反复做的事做到极致精准，做到"零误差""零次品"，离不开对事业的尊重、对工作的负责。只有把责任看得重于泰山，才能在工作中完成好每一项任务，尽全力做好每一个细节。做到一丝不苟，工作中必须按照规则、标准和制度办事，并能够主动根据标准制定好长短期目标和阶段性规划，有条不紊地付诸实施，让一丝不苟融入血液，形成习惯。

一丝不苟不是刻板固守，其重点是发现问题和解决问题。我们要善于在工作中发现问题，挖掘问题的根源，并积极提出解决问题的好办法，尽全力做到"无偏差"，才能创造出经得起实践，经得起人民、历史检验的实绩。

阅读延伸

徐立平："雕刻"火药，大国工匠为国铸剑

徐立平，男，汉族，中共党员，1968年10月生，江苏溧阳人，中国航天科技集团有限公司第四研究院7416厂班组长。30多年来，徐立平立足航天固体发动机整形岗

位，不惧危险，执着坚守，勇于担当，练就一身绝技绝招，为火箭上天、导弹发射、神舟遨游"精雕细刻"，是雕刻火药、为国铸剑的大国工匠。他光荣当选第十三届全国人大代表，荣获"时代楷模"、最美航天人、全国技术能手等荣誉称号，获全国五一劳动奖章、中华技能大奖。

0.2 毫米，不到两张 A4 纸的厚度，这是徐立平的"雕刻"精度；下刀的力度完全由自己感知和判断，稍有不慎就可能导致灾难，这是徐立平的工作环境……

1989 年，工作还不到 3 年的徐立平，为找出正在研制的某重点型号发动机的故障原因，与专家一道从发动机中仔细探寻。在狭窄空间里，人在成吨的炸药堆里小心作业，每次只能铲出四五克药。为确保安全，规定每人在里面最多干上 10 分钟就必须出来。但为了让队友们能多休息一会儿，徐立平每次都坚持多挖五六分钟。历经 2 个多月的艰难挖药，故障成功排除。

凭着过人的胆识和刻苦练习，徐立平练就了一手"精雕细刻"的绝活。0.5 毫米是固体发动机药面允许的最大误差，而徐立平整形的误差控制在不超过 0.2 毫米。30 多年来，徐立平整形的产品始终保持着 100%合格率和安全事故为零的纪录。他还依托"徐立平大师技能工作室"帮助青年职工成长，所在班组被命名为"徐立平班组"，其中多人成长为国家级技师和技能技艺骨干。

（四）追求卓越——工匠精神的灵魂

追求卓越是指永不自满、永不停滞，追求极致完美的态度和行为，这是品质层面的要求。古往今来，热衷于创新和发明的工匠一直是世界科技进步的重要推动力量。在数字经济时代，技术的更新换代加快，技术生命周期呈现出新旧共性技术演绎创造性破坏的特征。因此，弘扬工匠精神就要追求卓越、敢于创新，永不满足于现有水平，永不停滞于当前状态，而要向更高、更好、更精的方向努力。

追求卓越是在工作中总是寻求"更上一层楼"的过程。要实现"更上一层楼"，意味着在一丝不苟、脚踏实地工作的同时不甘于平庸，而是目标远大，希望通过努力实现登峰造极的结果；意味着勇于尝试、敢于挑战，致力于通过不断革新、不断突破，追求更加精益求精的目标。追求卓越，关键在于不断创新，通过创新获得新的技艺、生产更好的产品。习近平总书记指出："创新是一个民族进步的灵魂，是一个国家兴旺发达的不竭动力，也是中华民族最深沉的民族禀赋。"大力倡导追求卓越的工匠精神，就是要广泛培养各行业劳动者的创新意识，最大限度地激发人民群众的创新才能，在各领域不断取得技术突破和整体提升。

改革开放以来，不断创新、追求卓越已成为全面建成社会主义现代化强国、实现中华民族伟大复兴中国梦的关键推动力。实现高质量发展，更需要面向世界、面向未来，坚定追求卓越的目标取向，倡导勇于探索的创新精神，全方位培养创新意识，激发广大人民群众的创新才能，为"中国智造"打下坚实的基础。

阅读延伸

"连钢创新团队"：让中国"智慧码头"领跑世界

2020年12月17日，山东港口集团青岛港全自动化集装箱码头在货轮装卸作业中，桥吊单机作业效率达到每小时47.6自然箱，第6次刷新了自动化码头装卸的世界纪录。

"智慧码头"的建设铸造者，是山东港口集团青岛港全自动化集装箱码头团队——"连钢创新团队"。从2013年组建以来，"连钢创新团队"仅用3年半时间就完成了国外码头8至10年的研发建设任务，建成了我国拥有自主知识产权的全自动化码头、5G智慧码头，还创出了多个全球"首创"技术，向世界提供了智慧港口建设运营的"中国经验""中国方案"。

"三无"起步，开启自动化码头建设探索之路

"连钢创新团队"是以张连钢为带头人，老中青搭配的知识型、技能型、复合型创新团队。7年时间里，他们在无经验、无资料、无外援的"三无"境地中，走出了一条充满荆棘的自主创新之路。

自动化码头起源于欧洲，为了学习借鉴国外自动化码头的智能建设经验，项目团队只能去国外考察取经。但没想到的是，国外同行"连捂带盖"，不但不提供任何数据和技术规范，甚至连近距离观看都不允许。学习考察虽没学到什么"真经"，却激发了整个团队的斗志。"建设全自动化码头，我们中国人不仅要做到，而且还要比外国人做得更好！"顶住重重压力，青岛港与上海振华强强联手，打造中国的全自动化码头。

自主创新，核心技术中国创造

从被西方技术封锁四处碰壁，到下定决心自主创新；从被外国专家质疑中国人能否自己建成自动化码头，到全球领先、亚洲首个、拥有自主知识产权的全自动化码头横空出世，"连钢创新团队"的成员付出了无数心血。

在自动化码头领域，四家欧美工业巨头形成了行业联盟和技术垄断，世界上所有的自动化码头，都是这"四大巨头"联合提供技术，并且必须捆绑销售。但是，在青岛港自动化码头，这一切都被颠覆了。

核心技术是买不来的，山东港口集团青岛港自动化码头的中国"心"，是中国人自己拼命干出来的。截至目前，团队已受理和授权专利124项，取得软件著作权14项，发表论文70余篇，构建了国内首个"自动化集装箱码头标准体系"。

不断超越　实现从"跟跑"到"领跑"

因为核心技术掌握在自己手中，就不受制于人。自主创新，敢为人先，在这座码头上，他们创造一连串"全球首创"：全球首次研制成功轨道吊防风"一键锚定"装置；全球首创了自动导引车循环充电技术；全球首创非等长后伸距双小车桥吊……破解了十几项世界性技术难题，先后荣获中国港口协会有史以来第一个科技进步特等奖、全球港口创新奖等国内外科技创新奖23项，"连钢创新团队"也被中国港口协会授予唯一一个"创新团队奖"。

2018年11月，成功实现在5G网络下岸桥自动抓取和运输集装箱及高清视频数据回传的全场景应用。2019年1月，基于5G技术的集装箱船舶自动装卸，在青岛港自动化码头完成了工业性试验。2019年11月28日，青岛港自动化码头二期开业，一台全新的轨道吊闪亮登场。其与传统的轨道吊最大的不同是使用氢燃料电池组作为动力，用5G技术进行通信，"氢+5G"的技术引领，开创了自动化码头一个崭新的时代，再次以中国"智"造、中国创造的全自动化码头科技向全球港航业奉献了"中国方案"。

一次次的加速，青岛港自动化码头超越全球同类码头单机平均效率50%，成为世界单机作业效率纪录的"粉碎机"，将"中国速度"提升到一个新高度。如今，这个世界上最先进、亚洲首个真正意义上的全自动化集装箱码头，在自动化码头建设运营领域实现了从跟跑欧美到领跑世界的嬗变。

问题讨论

你熟知的大国工匠有哪些？在他们身上体现出哪些宝贵品质？

第三节　工匠精神的当代价值

党的十八大以来，习近平总书记关于弘扬工匠精神的一系列重要论述，为进一步深化对工匠精神的认识提供了根本遵循。当前，我国正处在从工业大国向工业强国转变的关键时期，培育和弘扬执着专注、精益求精、一丝不苟、追求卓越的工匠精神，对建设制造强国具有重要意义。

教学讲解
工匠精神的时代价值

一、弘扬工匠精神的必要性

（一）工匠精神是衡量社会文明进步的重要尺度

实现中华民族伟大复兴的中国梦，物质财富要极大丰富，精神财富也要极大丰富，只有物质文明建设和精神文明建设都搞好，国家物质力量和精神力量都增强，全国各族人民的物质生活和精神生活都改善，中国特色社会主义事业才能顺利向前推进。也就是说，物质文明与精神文明是推动社会文明进步的"两个轮子"，是实现中华民族伟大复兴中国梦的"一双翅膀"，二者缺一不可。事实上，工匠精神的发展程度与社会的物质文明、精神文明的进步程度都直接相关。从物质文明的角度来看，工匠精神在物质文明的创造过程中可以发挥强大的精神动力及智力支持作用。从精神文明的角度来看，工匠精神作为一种职业精神，本质上是同社会主义核心价值观，特别是同其中的敬业、诚信要求高度契合的。

（二）工匠精神是中国制造业前行的重要精神源泉

资料链接
培育工匠精神　赋能产业发展

制造业是国民经济的主体，是立国之本、兴国之器、强国之基。自中华人民共和国成立，尤其是实行改革开放以来，我国制造业持续快速发展，建成了门类齐全、独立完整的产业体系，有力地推动了工业化和现代化进程，显著增强了综合国力，支撑了世界大国地位。

在中国从制造大国迈向制造强国的进程中，工匠精神被赋予了新的时代内涵。它不是工匠大师特有的殊荣，每个坚守工作岗位，兢兢业业的劳动者都是对工匠精神的生动诠释。

阅读延伸

陈行行：精雕细琢　铸就无悔青春

陈行行，2018 年"大国工匠年度人物"，1989 年生，中国工程物理研究院机械制造工艺研究所加工中心特聘高级技师，先后荣获全国五一劳动奖章、全国技术能手、四川工匠等称号，在第六届全国数控技能大赛中，获加工中心（四轴）职工组第一名。

国防军工，代表着一个国家制造业的最高水平。身处其中的每一位工匠，都要无数次向技艺极限冲击。

一路前行

2006 年至 2011 年，陈行行曾在山东技师学院机械工程系学习，并在某食品设备有限公司从事机加工艺与数控程序编制、调试及新产品开发等工作。这期间，他凭着刻苦钻研、踏实勤奋的工作态度，取得了相当不错的成绩：第四届全国数控技能大赛职工组加工中心（四轴）第四名、山东省富民兴鲁劳动奖章、山东省技术能手。

2011 年，陈行行无意中与中国工程物理研究院结缘，这是中国唯一的核武器研究生产基地，他决心在一个新的更大的平台上为实现强国梦、强军梦而努力，最终他选择了投身国防事业。研究所为陈行行提供了良好的工作条件，他操作的设备是国内一流的高精尖数控设备，干的活是生产高精尖的国防尖端产品。对他而言，责任更大，要求更高。面对压力，他更有着一股子不认输、不服软的冲劲儿。

同时，核武器科技事业的优秀文化也在一点一滴地熏陶着陈行行，"铸国防基石，做民族脊梁""国家至上、事业第一""严肃认真、周到细致、稳妥可靠、慎之又慎、万无一失""铸神工、创一流"……这些文化理念让他从内心深处认识到所投身事业的崇高神圣，认识到自己所从事的工作极为重要。他为自己写下了这样的人生信条："投身国防，扎根岗位，技能成就人生，学习创造未来。"

行出必果

对于操作着价值数百万、性能精良数控加工设备的新一代技能人员来说，其能力和贡献，已经不再单纯是传统意义上的吃苦耐劳、加班加点，也不仅仅是技艺水平的高低，更多的是能否在产品加工中，综合运用多领域的专业技术知识，融会贯通，充分发挥设备的技术优势，挖掘设备的性能潜能，通过创新性的工作提升生产力，优质高效完成任务。

陈行行正是这样一位多能一专的技术技能复合型人才。在数控加工中心的操作中，他精通多轴联动加工技术、高速高精度加工技术和参数化自动编程技术等，尤其擅长薄壁类、弱刚性类零件的加工工艺与技术窍门。在多项重要型号产品的急难险重任务中，他凭借扎实、深厚、全面的专业功底和敢于创新的精神，以技术革新推动技术进步，攻坚克难，啃下了一个又一个"硬骨头"。

国家重大专项分子泵项目核心零部件动叶轮不仅加工精度要求高，而且加工过程中的程序调试异常烦琐，费时费力，容易因加工振动导致零件表面出现质量问题。陈行行与技术人员一起从问题、难点入手，通过优化铣削方式、加工刀具和工装夹具，编制合理的加工程序和发掘设备智能辅助专家系统的两个高级功能，攻克了加工振动导致的质量难题，同时消除了叶片边缘毛刺现象，不仅节省了工序，而且较大幅度地提高了加工质量，加工效率提高了 3.5 倍。

在某型号定型产品重要零件的批量加工中，陈行行通过对加工刀具、切削方式和加工程序及装夹方式进行优化，使加工效率提高了 1 倍，有效解决了因刚性差导致的加工变形问题，节省了钳工研磨工序，产品合格率高于 98%。

创新，已经融入陈行行的血液里。作为研究所唯一的特聘技师，他不仅管理着 3 个高技能人才工作站，还兼任了某壳体高效加工和加工中心两个高技能人才工作站的领办人。作为高技能人才工作站的领办人，陈行行和他的团队有信心把工作站建设成数控加工创新成果的孵化器。

陈行行一直在用心做好多重角色：一线生产工人、参赛选手、师傅或者培训老师、攻关团队领办人等。他觉得这是一种充实和完美。展望未来，陈行行认为，整个社会都在飞速前进，新知识、新技术日新月异，自己一定要不断学习，终身学习，在数控加工领域永葆创造力和竞争力。因为，志高方能行远。

（三）工匠精神是企业发展的重要资本

在现代市场经济视域下，作为知识资本形态的品牌形象也是一种可经营的企业资本，是一种潜在的、无形的、动态的能够带来价值增值的价值，是传统的会计体系反映不了的无形资本。塑造良好的品牌形象，有效开发、经营品牌资本是企业参与市场竞争、占领市场制高点的重要手段。事实上，工匠精神在企业品牌形象塑造和品牌资本创造过程中具有十分重要的作用。工匠精神是企业品牌内涵的重要体现，也是企业品牌知名度、美誉度及顾客忠诚度培育的有效途径，更是企业品牌资产价值增值的重要来源。例如，中华老字号"全聚德"烤鸭能够驰名中外，正是得益于其"食不厌精，脍不厌细"的工匠精神。

（四）工匠精神是个人成长成才的道德指引

习近平总书记在主持召开知识分子、劳动模范、青年代表座谈会时指出："无论从事什么劳动，都要干一行、爱一行、钻一行。在工厂车间，就要弘扬'工匠精神'，精心打磨每一个零部件，生产优质的产品。在田间地头，就要精心耕作，努力赢得丰收。在商场店铺，就要笑迎天下客，童叟无欺，提供优质的服务。只要踏实劳动、勤勉劳动，在平凡岗位上也能干出不平凡的业绩。"

个体的成长成才离不开具体现实的社会实践活动，工匠精神是社会物质生产实践活动的成果，对个体能力和品质的提升具有一定的指导作用。事实上，企业员工所具有的高尚职业操守、强烈的工匠精神与拥有较高的专业知识和技能一样，是其自身立足职场的重要条件和在未来职业生涯中脱颖而出的制胜法宝。

如今，工匠精神的时代内涵早已超越了工匠群体，延伸到更广泛的行业和群体。第一代核潜艇总设计师黄旭华，在没有计算机的情况下，和团队一起为我国第一代核潜艇画了4.5万张设计图纸，为了在艇内合理布置数以万计的设备、仪表、附件，不断调整、修改、完善，让艇内100多公里长的电缆、管道各就其位，这是一种工匠精神；语文特级教师于漪，每晚学习到深夜，备课时把讲课要说的每句话都写下来，然后像改作文一样修改，之后再背下来、口语化，最终成为"人民教育家"，这也是一种工匠精神……

阅读延伸

2021年"大国工匠年度人物"陈兆海：给大国工程当"眼睛"

27年前，陈兆海走上了"夏天一身汗、冬天两头寒"的工程测量岗位。

27年后，水利工程测量工具从测深杆、测深锤升级到回声测深仪，从单波束发展到多波束，从点状、线状测深发展到带状测深，他还在这个岗位上。

27年来，陈兆海只干了一件事："测量点和线"，只是数量需要以"上百万个"来计算。

回顾职业生涯，全国劳动模范、中交一航局三公司工程首席技能专家陈兆海十分感慨：测量就像是工程的"眼睛"，越是投入其中，越会觉得那些点和线已经融进了自己的生命。一个个大国工程的精准落成，让他丈量出的上百万个数据有了特别的意义。

3到5厘米，这是陈兆海眼中无数个不能超过偏差的数据。30万吨级矿石码头、首座航母船坞、大连跨海大桥、大连湾海底隧道……人们眼中震撼人心的奇迹，在他眼中是无数个点线交织。

0.5秒，这是陈兆海所使用全站仪的精度。船上、桥上、隧道里，他习惯闭上左眼、用右眼观测数据，多年来成了"大小眼"。每一个工程项目，他都是带着仪器第一个进现场做开工前施工放样，等到工程全部竣工验收合格了，最后离开。

2004年，陈兆海参建的大连港30万吨级矿石码头工程进入大干阶段，当年还没有使用GPS技术，只能用"打水砣"的方式来检验基床平整度，为了在一个月仅有两次的大潮中安装更多沉箱，他常常一连几天吃住在海上，最长一次在沉箱上待了26个小时。

受水流、水深及尺深形变等因素影响，测深读数时间必须在配重触及海底的两三秒内完成，最佳读数时间不足 1 秒，常人根本来不及反应。不服输的陈兆海一练就是几个月，把所有空闲时间全部拿来练眼力和反应速度，硬是把一整套快速读数方法练成了肌肉记忆，靠人工测量将沉箱水下基床标高精度控制在 10 厘米以内。

陈兆海为水下基础施工提供的准确数据，保证了沉箱安装的高效推进。该工程最终荣获中国土木工程詹天佑奖。

2018 年初，大连湾海底隧道项目启动，海底地质十分复杂，多礁石溶洞。作为我国在严寒海域建设的首条沉管隧道，要求超差精度为 5 厘米，而首次水下扫测数据与现有基床整平验收数据比对相差 10 厘米。

"当时使用的是二维单波束测深系统，一条小鱼吐出的泡泡都会影响测深结果"。陈兆海前往设备生产厂家调研，到港珠澳大桥项目和深中通道项目现场学习。多方奔走后，引进了一套可以三维扫测的多波束设备。

有了"金刚钻"，陈兆海和工友信心倍增。此时，新问题出现了。海底隧道施工环境远不如陆上安稳，风浪颠簸是常态，极大影响了多波束设备的精准度。

"仪器不能自控水平，我们可以帮它'长'出手脚。"受折叠伞启发，陈兆海提出为多波束系统的五个分部仪器定做连接架的想法。

多次改进后，终于研发出一款可拼接、适合任何船型的拆卸式连接器，让仪器长出了抓住船舷和站稳海底的"手脚"。

二、新时代弘扬工匠精神的意义

动漫解说
大力弘扬工匠精神

党的二十大报告提出："加快建设国家战略人才力量，努力培养造就更多大师、战略科学家、一流科技领军人才和创新团队、青年科技人才、卓越工程师、大国工匠、高技能人才。"

当前，我国正处于从"中国制造"向"中国智造"、从"中国速度"向"中国质量"、从"中国产品"向"中国品牌"转变的关键时期，呼唤着更多具有执着专注、精益求精、一丝不苟、追求卓越精神的工匠，能够"吃透"技术的大国工匠，一起推动高质量发展，共同谱写中国式现代化新篇章。大力弘扬工匠精神，不仅有利于建设创新型国家，也是建设质量强国和文化强国的需要。

（一）工匠精神是新时代建设创新型国家的需要

建设创新型国家是党和国家的重大战略方针，也是我国全面建成社会主义现代化强国的重要指标。加快建设创新型国家，不仅需要强化基础研究、加强应用基础研究、加强国家创新体系建设、深化科技体制改革、倡导创新文化，还要培养造就一大批具有国际水平的战略科技人才、科技领军人才、青年科技人才和高水平创新团队，需要一大批实践技能突出、具有娴熟技术、善于解决实际问题的高技能人才。而我国高技能人才缺乏的现状，直接影响了制造业的快速发展。

人才是创新实践的主体和主导者，具有工匠精神的劳动者是新时代建设创新型国家的生力军。在工业化时代，立足当下社会和经济环境，劳动者需要在传统生产工艺的基础上不断创造新工艺、新技术，以提升生产效率和产品质量。创新是工匠精神的题中应有之义，它寓于普通劳动者挥洒汗水、默默奉献的劳动过程中。新时代大力弘扬工匠精神是培育富有创新精神、充满活力的劳动者队伍，稳步提升我国高技能人才的整体素质，创造经济发展的持续动力，加快建设创新型国家的重要举措。

（二）工匠精神是新时代建设质量强国的需要

资料链接
以新时代工匠精神塑强新质生产力

质量体现着人类的劳动创造和智慧结晶，体现着人们对美好生活的向往。中华民族历来重视质量。千百年前，精美的丝绸、精致的瓷器等中国优质产品走向世界，促进了中外文明交流互鉴。今天，中国不断提高产品和服务质量，努力为世界提供更加优良的中国产品、中国服务。改革开放以来，我国制造业持续快速发展，建成了门类齐全、独立完整的产业体系，有力推动了工业化和现代化进程。

然而，与世界先进水平相比，我国制造业仍然大而不强，在自主创新能力、资源利用效率、产业结构水平、信息化程度、质量效益等方面差距明显，转型升级和跨越发展的任务紧迫而艰巨。这就需要作为无形人力资本和生产力的工匠精神，发挥提升产品质量的作用，在各个层面支撑质量强国战略的实施。工匠精神能够激励工人为提高产品设计、生产、销售和售后服务质量，实现高效率的生产流程和高性能产品而不懈努力，从而有利于最终形成品牌效应。弘扬工匠精神，是推进制造业质量升级、技术升级、产业升级，实现新时代从速度到效益、从旧动力到新动力的更迭转换，显著增强我国经济质量优势的积极举措。

（三）工匠精神是新时代建设文化强国的需要

当今时代，文化越来越成为综合国力竞争的重要因素，培育和弘扬工匠精神，是社会主义核心价值观的生动体现，是新时代建设文化强国的重要举措。

工匠精神不仅体现了个体对产品精益求精、追求完美的精神理念，更表现出了中华优秀传统文化的魅力。从国家层面看，工匠精神是国家富强文明的重要推进因素和精神保障。经济全球化推动了世界各国的竞争，作为国民基础的制造业成了竞争的焦点，产品的质量成为制造业竞争的关键点。当今中国制造业面临着严峻的挑战，在这种情况下，以精益求精的工匠精神为驱动力，以产品质量为目标，不仅能够提高中国制造业的国际竞争力，为中国式现代化建设提供物质基础，推动国家实现繁荣富强，而且能够传递正能量，让人们认识到认真严谨、精益求精的重要性，促使国家文明水平的提升。从社会层面看，工匠精神规范了企业竞争的秩序，推动了市场经济公平公正秩序的建设。工匠精神将企业之间的竞争转移到产品品质的竞争，减少了唯利是图、投机取巧等恶性竞争，实现了企业竞争的良性循环。在收获高品质产品的同时，进一步完善了市场经济公平公正的市场秩序，推动着社会公正公平等价值观的培育和践行。从个人层面看，工匠精神是爱国敬业诚信友善的重要体现。在每种职业和每个岗位，工匠精神都要求以认真严谨专注的态度，生产、改进和完善产品，提升产品的品质。

工匠精神蕴含的职业理念和价值取向与社会主义核心价值观倡导的敬业诚信等理念高度契合。一方面，工匠精神可以增强广大劳动者的文化自信，激发他们的劳动热情，引导他们学习新知识、钻研新技术，甘于奉献，把个人价值的实现融汇到辛勤的劳动之中；另一方面，工匠精神是对劳模精神、劳动精神的体现和升华，是我党有关劳动理念的重要发展。对于劳动者来说，工匠精神所体现出的深厚文化意蕴和价值是一笔宝贵的财富，广大劳动者以工匠精神为指引，加强和改进本职工作，创造更多接地气、有温度的工匠题材，对于讲好工匠故事，营造热爱劳动、崇尚技能、鼓励创新的社会氛围有重要的推进作用，对于积极培育和践行社会主义核心价值观，形成爱岗敬业、无私奉献的文化氛围，树立劳动光荣、奉献伟大的精神风尚，具有重要意义。

✎ 知识拓展

以工匠精神为中国式现代化强基赋能

在全社会传承和弘扬工匠精神，营造尊重工匠、崇尚劳动的社会风尚，培育精益求精、新益求新的工匠品格，是扎实推进中国式现代化的迫切需要。

工匠精神是以高质量发展推进中国式现代化的重要支撑。党的二十大强调，实现高质量发展，是中国式现代化的本质要求，是全面建设社会主义现代化国家的首要任务。推动高质量发展，要求我们发扬工匠精神，坚持追求完美的工作态度，把生产高精尖产品和精细化服务作为重要的价值追求。数字经济的发展、人工智能的开发利用涉及技术的突破、算法的创新和大数据的应用，而且是不断迭代的过程，更加迫切需要一大批掌握智能化、网络化技能的数字工匠作为人才支撑。实现高水平科技自立自强，在前沿科技和产业变革领域，加快培育和孵化未来产业，形成新质生产力，更离不开一大批大国工匠和创新人才殚精竭虑的谋划、持之以恒的钻研、孜孜不倦的探索。因此，工匠精神是以高质量发展推进中国式现代化的原动力。

工匠精神是实现全体人民共同富裕现代化目标的重要条件。实现共同富裕是伴随着中国式现代化进程的一项艰巨而长期的任务，也是全体中国人民共建共享、共创共富的过程。共同富裕的前提是富裕。"富裕"是要"做大做好蛋糕"，不断积累财富；"共同"是要"切好分好蛋糕"，共享发展成果。共同富裕的本质是物的全面丰富和人的全面发展的有机统一。我们既要不断创造物质财富，满足衣食住行高品质生活需求；又要不断丰富精神世界，促进人的全面发展。马克思基于现代工业的基础是革命的科学判断，提出了人的全面发展的要求，认为人的知识技能和敬业精神缺失是相对贫困的重要原因。因此，着力培育和弘扬"干一行、爱一行、专一行、精一行"的工匠精神，既是创造物质财富的重要条件，也是实现人的全面发展的必然要求。

工匠精神是在中国式现代化中建设中华民族现代文明的重要内涵。中国式现代化是推动物质文明、政治文明、精神文明、社会文明、生态文明协调发展的现代化，是基于历史和文化积淀的文明创造。传统工匠精神由器物、建筑、纺织品、工艺等物态文化所体现，包含着"尚巧达善"的追求、"知行合一"的理念、"德艺兼修"的境界，是中华优秀传统文化的重要组成部分。我们必须以守正创新的正气和锐气，坚定文化自信，赓续历史文脉，推动工匠文化、工匠精神作为重要内涵的中华优秀传统文化创造性转化、创新性发展，在推进中国式现代化进程中谱写中华民族现代文明新华章，不断丰富和发展人类文明新形态。

在新的征程上推进中国式现代化，我们比以往任何时候都更加呼唤工匠精神。

以执着专注的敬业精神勤奋劳动，以精益求精的价值追求练好内功，以一丝不苟的工作作风塑造品牌，以追求卓越的创新实践建功立业。在强国建设、民族复兴的新征程中建功立业、贡献力量，使推进中国式现代化的奋斗进程成为滋养工匠精神的最佳沃土，成为亿万劳动者匠心圆梦的精彩舞台。

❓ 问题讨论

弘扬工匠精神，对青年学生成长成才有哪些作用？

第四节 践行工匠精神 培育大国工匠

青年学生学习和弘扬工匠精神的主要目的，就是通过践行工匠精神，成为更好的自己，最终成为专业领域内或行业内的工匠人才。每个劳动者都应该践行工匠精神，练就自己的绝技、绝活儿。践行工匠精神不是一件容易的事情，需要从热爱、专注、精益、进取、勤奋、严谨、责任、创新等几个方面着手，在日常学习工作中注重工匠精神的培养和养成。

一、在执着专注中涵养敬业美德

（一）热爱

兴趣是最好的老师，工匠精神的践行必须建立在兴趣浓厚的基础之上。做任何事，如果无法投入情怀和梦想，没有热爱之情，那么即使看起来再有意思的事情，做久了也会让人感到枯燥和乏味。分析大国工匠及其工作可以发现，在他们的工作过程中，除了精湛的技艺和专注的神情，还有发自内心的快乐和享受。大国工匠之所以能够在工作中保持一种一以贯之的积极状态，是因为他们能够将自己的情怀和梦想注入工作中。

一个人只有将工匠精神所蕴含的情怀注入工作中，才能够享受工作过程中的快乐与愉悦；一个人也只有用梦想指引自己的职业道路，才能够始终走在正途，向着一名优秀工匠的目标坚定前行。

（二）专注

从古至今，凡在自己工作领域有所突破的劳动者，都需要数十年废寝忘食地研究和追求。例如，瓦特改良蒸汽机、居里夫人研究放射性物质等，无不是经历了几十年的艰辛努力，才取得了具有划时代意义的技术革命成果。

专于其心，一心一意，一次只做一件事，这意味着集中精力，注重目标唯一，不轻易因其他诱惑而动摇。若经常改变目标或四面出击，则往往不会有好的结果。

阅读延伸

青年大国工匠——技能报国 青春绽彩

1997年出生的杨山巍，曾参加第四十四届世界技能大赛，获得车身修理项目的首枚金牌；今年35岁的张亮，从一名普通电焊工成长为中国石油行业的技能专家；1987年出生的杨永修，平均一年要带领团队试制500辆新车型的核心零部件；85后的龙斌，至今参与研发的掘进机已超过100台……越来越多青年加入新时代技能人才队伍，不断提高技术技能水平，在平凡岗位上绽放青春光彩。

"心心在一艺，其艺必工；心心在一职，其职必举"。大国工匠的起点往往只是复杂生产体系中的某一个环节，但即使岗位平凡也能追求卓越、创造不凡。备战世界技能大赛，杨山巍经历了400多个昼夜的"魔鬼训练"，为练习底盘钻孔磨损了300多个钻头，消耗了近千块打磨片；张亮用沙袋绑住手臂来练习手握焊接的稳定性，经他手的焊口合格率一直保持在99%以上……摒弃浮躁、久久为功，手上的老茧、身上的烫痕、长年累月苦练出来的本领，见证了奋斗的青春，增添着前行的底气。

今天，我们比历史上任何时期都更需要一支拥有现代科技知识、精湛技艺技能和较强创新能力的高素质技能队伍。新时代的技能人才，不应仅是传统技艺的传承者，还要成为攻关新兴技术、破解工艺难题的行业专家。杨永修和团队以锲而不舍的劲头进行技术攻关，终于结束了多缸发动机核心部件需由国外加工的历史；从打破国外垄断，到破解世界级难题，龙斌把挺进技术"无人区"视为青年工程师的担当，让国产掘进机技术领跑全球……以勤学长知识、以苦练精技术、以创新求突破，年轻的大国工匠们把青春奋斗融入党和国家事业中，在时代洪流中勇立潮头，绽放光彩。

伟大梦想需要追梦人，伟大事业需要生力军。青年人精力充沛、思维活跃、接受能力强，在长本事、长才干的大好时机，像海绵吸水一样汲取知识，积累逐梦远航的动力，才能不断提高与时代发展和事业要求相适应的素质和能力。持续学习技能、不断精进技术，成为知识型、技能型、创新型劳动者，青年工匠们必将在工作岗位上更好地建功立业、展示才华，在推动经济发展质量变革、效率变革、动力变革中勇担重任、能担重任、不负重任。

我国经济社会发展需要大量专业技术人才、大批大国工匠。目前，我国技能劳动者超过2亿人，占就业人口总量不到三成，技能人才总量仍然不足。更多青年加入技术工人队伍，各展其才、各尽其能，走技能成才、技能报国之路，将为建设制造强国、推动经济社会高质量发展注入强大动力。

二、在精益求精中淬炼乐业境界

（一）精益

"知之者不如好之者；好之者不如乐之者"。敬业是一种美德，乐业是一种境界。精益求精是工匠精神的核心，小到一颗螺丝钉，大到国产飞机的研制，不仅需要工匠开拓创新、执着专注，更需要工匠精益求精、追求极致。艺无止境，广大劳动者要先乐其业，以工作为乐，以付出为乐，以奉献为乐，时刻保持对工作的热情、激情，以饱满的精神状态投入火热的生产实践，在日复一日的坚持中熟能生巧，在精益求精中练就炉火纯青之技。

一个人之所以能够成为工匠，源于其对产品品质的不懈追求。认真是素质、是准则，品质是过程、是追求，正因为他们对每件产品、每道工序都做到了凝神聚力、精益求精、追求极致，才能实现产品品质从99%到99.99%的提升，才能在平凡的工作中锤炼自己的才干，施展自己的抱负，实现自己的价值。作为新时代的劳动者，要在火热的劳动中，脚踏实地把每件平凡的事做好，共同弘扬和践行工匠精神，为实现中国式现代化建设贡献应有之力。

（二）进取

进取就是努力上进，不甘于现状，立志有所作为。精益求精是工匠共同具有的思想特质和从业准则，他们要求要做就做到最好，这就需要工匠时刻保持积极进取的工作态度，以严谨纯粹的专业眼光审视自己的工作，酝酿最完善的工艺流程，不允许有任何疏漏，杜绝任何投机取巧的行为，在每个细节上都精雕细琢，在精、细、实上下足功夫，追求极致，臻于至善。

术业有专攻，在自己的领域里不断进取，就会心无旁骛、专心致志，尽善尽美；就会脚踏实地、埋头苦干，于困难挫折中体味奋斗乐趣；就会以付出为乐，以奉献为荣，就会把自己的小我融入祖国、人民的大我之中，与时代同步伐，与人民共命运，实现人生跨越，升华人生境界。

阅读延伸

宋彪：从"圆梦者"到"造梦者"

2017年10月，阿联酋阿布扎比。在第44届世界技能大赛颁奖典礼上，一名穿着黄色上衣和白色长裤、手举五星红旗的19岁小伙子，从世界技能组织主席西蒙·巴特利手中接过大赛唯一最高奖"阿尔伯特·维达尔奖"，面向观众激动地连声呼喊"中国！中国！中国！"

世界技能大赛有着"技能奥林匹克"之称，首次参赛的宋彪一鸣惊人，拿下工业机械装调项目金牌。以大赛最高分从 68 个成员国家和地区的 1200 多名选手中脱颖而出，登上"世界技能的巅峰"，勇夺"金牌中的金牌"——"阿尔伯特·维达尔奖"，成为首位获得该荣誉的中国选手。

"那一瞬间，我感觉所有的付出得到了回报。"宋彪回忆说。

宋彪来自安徽蚌埠农村，平日腼腆少言。中考时，因没能考上理想的高中，当时很失意。在父亲的鼓励下，他从挫折中站了起来。

"没拿好笔杆子，就拿好工具吧，我要重新定义属于自己的'成功'。"抱着这样的想法，宋彪来到江苏省常州技师学院，成为机械工程系模具制造专业的一名学生。

在校期间，宋彪连续获得学院特等奖学金，并在江苏省第一届技能节中崭露头角，获得参加世界技能大赛的入场券，并在此后的省级、全国选拔赛中一路晋级。

宋彪的教练杭明峰说，一年多的备赛时间里，他每天布置的训练量在 8 到 10 小时，而宋彪还给自己加 2 个小时，夏天更是耐住 40 摄氏度的高温在车间坚持训练。

在阿布扎比的决赛分 4 天进行，选手需要在 20 个小时的比赛时间里制作并调试一台脚踏式净水器。前 3 天，宋彪完成得很顺利，但第 4 天遭遇了意想不到的挑战。"裁判走过来说，前一天的计时出了问题，中国选手少计了半小时。"宋彪说，"当时整个计划都被打乱了，大家都开始操作了，我们只能在休息室里等。"

宋彪暗暗告诉自己，要静下心重新计划，保证完成进度，虽然比别的选手晚半小时开始，但凭借扎实的基本功和高超的装配技能，他还是率先完成了比赛。但是，在试机环节，又一个意外发生了。

宋彪在净水机上踩了近 15 分钟，机器还是没有出水。他说："如果无法出水，就意味着 12 分功能分要全部扣掉，当时都感觉没希望了。"

后来，裁判检查发现，问题出在主办方提供的一个部件上。"换了部件以后，我又去踩了几分钟，水就流出来了，当时我想，自己用 4 天的时间做出来一台净水器，而且净化出来的水看起来很干净，就尝了尝，觉得水真的很甜，有自己的汗水在里面。"宋彪说。

赛后，宋彪和团队其他人激动地抱在了一起，他感慨地说："原来人生还有这样一种方式，拥有精湛的技能，一样可以让生命熠熠生辉。"

2017 年 11 月，人社部奖励宋彪 30 万元，授予他"全国技术能手"称号，晋升高级技师职业资格。2018 年 1 月，江苏省政府为宋彪记个人一等功，破格授予"江苏大工匠"称号并奖励 80 万元。江苏省人社厅还认定宋彪副高级专业技术职称、晋升高级技师职业资格。

宋彪学成后回校任教。他表示，要从"圆梦者"成为"造梦者"，将自己的技能经验传授给更多的有志青年。

三、在一丝不苟中锻造勤业操守

（一）勤奋

"业精于勤，荒于嬉；行成于思，毁于随。"伟大的成功与辛勤的付出总是成正比的，有一分付出就会有一分收获。工匠精神的践行需要夜以继日地勤奋努力，很多工匠几十年如一日地坚守一种技艺技能，就是为了做出精品中的精品。勤奋，更多的不是体现一个人的学识、水平和能力，而是体现一个人的品格，体现一个人的价值观和思想境界。所有伟大的或者成功的人物，一定具有超乎常人的勤奋努力，一个不勤奋努力的人，即使是天才也绝对成就不了事业。

（二）严谨

工作要本着一丝不苟的态度，这是一种优秀的工作态度，更是一种工作方法和工作哲学。一个人从平凡到优秀，再到成为众人口中的成功者、优秀工匠，其实只有一个秘诀，那就是做事严谨、一丝不苟。要想实现"制造强国"的梦想，就必须摒弃和消除"凑合"的观念，将严谨纳入工作习惯中，让自己从普通的手艺人向优秀的工匠行列迈进。要消除"凑合"的工作态度，首先必须让自己对工作保持敬畏之心。从现实来说，可能并非每个人都能成为"大国工匠"，但是即便是一名普通的劳动者，也应对自己的工作、自己的岗位职责保持敬畏之心，把工作当成自己一生最重要的事业，把坚守岗位职责当作自己必须肩负的使命。只有拥有了敬畏之心，一个人才能真正地在工作中拒绝"凑合"，尽力把每份工作做到最好、做到极致，进而向成为一名真正工匠的目标进发。

✏ 知识拓展

中华全国总工会印发《大国工匠人才培育工程实施办法（试行）》

中华全国总工会 2024 年 1 月印发《大国工匠人才培育工程实施办法（试行）》（以下简称《办法》），计划每年培育 200 名左右大国工匠，示范引导各地、各行业每年积极支持培养 1000 名左右省部级工匠、5000 名左右市级工匠，形成大国工匠带头引领，工匠人才不断涌现，广大职工积极走技能成才、技能报国之路的良好局面。推动深化产业工人队伍建设改革，建设国家战略人才力量，为推进中国式现代化、推动高质量发展提供重要人才支撑。

《办法》对培育对象条件进行了明确规定。培育对象要具备政治素质过硬，有 5 年以上一线生产现场工作经历，长期践行精益求精、执着专注、一丝不苟、追求卓越的工匠精神，具有突出技术技能素质等基本条件。此外，培育对象应在大国工匠能力标准上有突出潜能，即在引领力、实践力、创新力、攻关力、传承力等"工匠五力"上显现明显发展潜力。

《办法》提出了大国工匠的培育措施。培育期一般为两年。培育期满，由中华全国总工会向完成培育任务并评价合格的入选对象颁发大国工匠证书。培育期内，推荐单位制定实施本单位的大国工匠培养方案，定期报备培育情况。通过举办劳模工匠创新培训营、大国工匠高级研修班、境外培训计划、工匠学院等培训项目，支持培育对象参加国内外相关培训、研修。

《办法》提出将给予大国工匠支持保障。中华全国总工会设立大国工匠激励保障专项资金，支持工匠开展项目攻关、技能传承等工作。如创建以其领衔、命名的创新工作室，支持若干在国家重大战略、重大工程、重大项目、重点产业中担当重任的培育对象开展创新攻关项目等。培育期满获得大国工匠证书后，工会比照全国劳动模范标准为人选落实待遇，并加强对大国工匠的推荐使用。

此外，《办法》还明确了大国工匠遴选程序，包括部署、推荐、评审、公示、公布等。同时，在组织实施方面提出组织领导、形成合力、加大投入、服务管理、强化宣传的具体要求。

四、在追求卓越中磨砺精业能力

（一）责任

每个人在这个世界上都有自己的使命。在革命时代，老一辈无产阶级革命家的使命是带领当时深处水深火热的中国人民走出囚笼，推翻压在身上的"三座大山"，真正翻身做主人。在如今的和平年代，我们需要做的是为国家的繁荣富强而奋斗，为实现中华民族伟大复兴而拼搏。大到为国家，小到为单位，我们都应有一份责任扛在肩头，时时刻刻叮嘱自己，这是我应该做的，而且应做到最好，需要为之奋斗，为之担当。"大国工匠"中的每位优秀工匠都秉承着工匠精神，将自己几年、十几年、几十年甚至毕生的心血都倾注于自己的事业，同时也将把自己掌握的手艺传承下去视为自己的责任。他们不仅将工作做到了极致，更重要的是用自己的实际行动传承这份责任。

（二）创新

创新是引领发展的第一动力，在工作中，创造性是一个人应具有的基本素质，而在寻常中创造出不寻常，是优秀工匠应具有的品质。在追求成为优秀工匠的道路上，我们要培养革新创造的精神，细心观察，努力创新。我们要懂得动脑筋，懂得在遇到问题的时候寻找解决问题的方法，尝试性地使用新方法解决问题，而不是循规蹈矩、故步自封。世间万物每时每刻都处在变化之中，如果只按照原先的规律和方法处理问题，那么无论谁都难以逃脱失败的命运。

动漫解说
培养大国工匠，助力高质量发展

工匠精神，薪火相传，于坚守中引领创新。从奉献焊工岗位50多年的艾爱国到捧起"阿尔伯特·维达尔奖"的青年匠人宋彪，我们看到植根于中华优秀传统文化之中的工匠精神不只有"惟手熟尔"，还有创新不止。在新征程上，我们不仅要培养出更多具备复合知识结构和创新意识的高技能人才，更要以工匠精神去教育激励年轻人坚定走技能成才、技能报国之路。面对严峻复杂的国际形势和中华民族伟大复兴的历史使命，广大劳动者将秉持心有大我、至诚报国的理念，将个人理想与国家命运紧紧联系在一起，紧盯关键"卡脖子"领域，以科学严谨的态度，以破釜沉舟的决心，以敢为天下先的勇气，以创新驱动发展占据技术制高点，不断提升我国发展的独立性、自主性、安全性，努力为实现高水平科技自立自强，推动构建新发展格局、实现高质量发展作出应有贡献。

问题讨论

作为新时代青年学生，你认为应该通过哪些方式弘扬并践行工匠精神？

◀ **实践演练** ▶

"匠心筑梦，强国有我"主题演讲

中国梦是民族梦，也是每个中国人的梦。这个梦，需要千百万劳动者用匠心实现，用匠心铸就。本活动旨在通过"匠心筑梦"主题演讲，让同学们尽情抒发对工匠之魂的敬佩、对工匠之道的体悟、对工匠之梦的畅想。

活动要求：4～5人一组，分小组进行，每组5～7分钟，内容结合身边案例，紧扣主题。

在此次演讲中，同学们要建立起属于自己也属于国家和民族的工匠初心，构建起未来坚持这个初心的职业之道，用"目标—信心—行动"来实现初心，让自己的青春在为祖国和人民利益的不懈奋斗中熠熠生辉。

◀ **章节习题** ▶

1. 工匠精神的科学内涵是什么？
2. 工匠精神的当代价值体现在哪些方面？
3. 新时代青年学生应该如何践行工匠精神？

◀ **以劳育美** ▶

动漫解说
咱们工人有力量

劳动创造了历史，劳动者最光荣。1947年，作曲家马可从延安来到东北。东北大工业波澜壮阔的发展场面，工人阶级豪情满怀的革命激情和斗志，深深地感染了他，激发了他的创作灵感。于是他自己作词、作曲，写下了这首赞美工人的歌曲《咱们工人有力量》。这首歌曲是中国工人阶级的精神写照，代代相传，历久弥新。时至今日，听起来仍旧让人斗志昂扬、信心倍增。

增智篇

第四章　劳动文化

思维导图

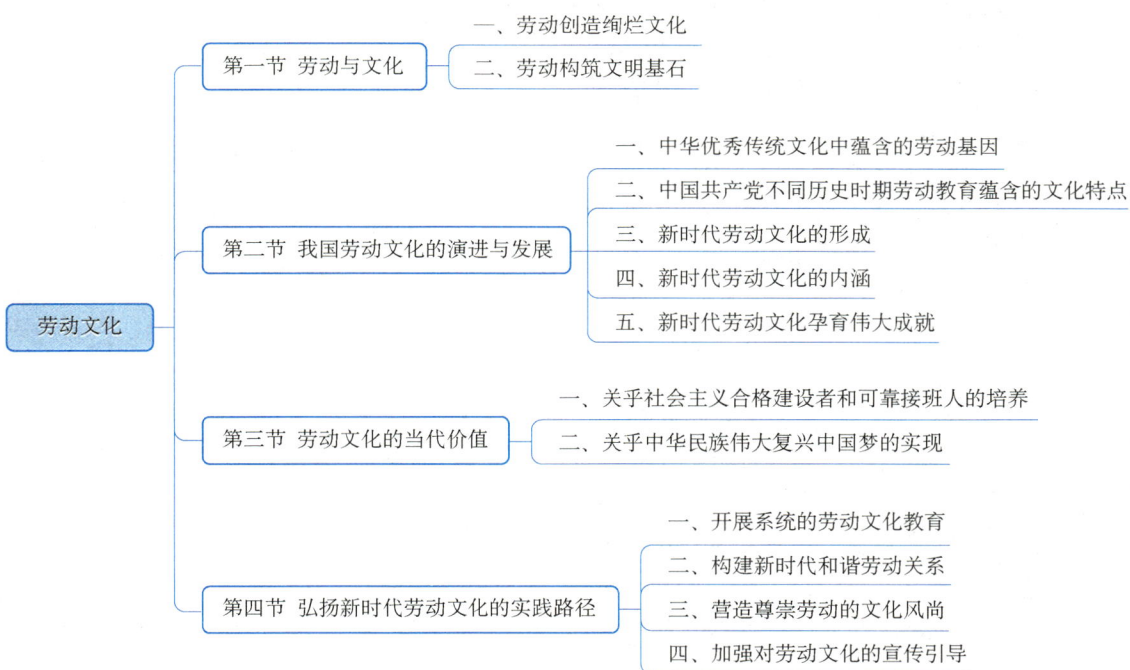

劳动文化

- 第一节 劳动与文化
  - 一、劳动创造绚烂文化
  - 二、劳动构筑文明基石

- 第二节 我国劳动文化的演进与发展
  - 一、中华优秀传统文化中蕴含的劳动基因
  - 二、中国共产党不同历史时期劳动教育蕴含的文化特点
  - 三、新时代劳动文化的形成
  - 四、新时代劳动文化的内涵
  - 五、新时代劳动文化孕育伟大成就

- 第三节 劳动文化的当代价值
  - 一、关乎社会主义合格建设者和可靠接班人的培养
  - 二、关乎中华民族伟大复兴中国梦的实现

- 第四节 弘扬新时代劳动文化的实践路径
  - 一、开展系统的劳动文化教育
  - 二、构建新时代和谐劳动关系
  - 三、营造尊崇劳动的文化风尚
  - 四、加强对劳动文化的宣传引导

导读导学

　　劳动是人类文明的基石。人类文明的每一次演进和跨越都离不开劳动的助推，劳动可以大力激发人类的潜能、唤醒蕴藏在人体中的无限本能，在投入脑力、体力、物力的前提下，人类创造了丰富多彩、灿若星河的世界文明。

　　一部人类文明的发展史，就是一部关于劳动的纪念史和讴歌史。自从有了人类，就有了对劳动的认识，并在发展中产生了关于劳动的文化形态。正确理解劳动与文化的关系，深刻认识新时代劳动文化的内涵、当代价值及实践路径，不仅是青年学生崇德修身的思想根基，也是铸就文化自信的坚实底蕴，更是青年学生作为中华民族伟大复兴主力军、生力军来推动历史进步发展的现实需要。

学习目标

【知识目标】

1. 理解劳动与文化之间的关系。
2. 了解新时代劳动文化的形成与科学内涵。
3. 明晰劳动文化的当代价值。

【能力目标】

1. 具备从优秀传统文化中挖掘劳动价值和意义的能力。
2. 能够从社会现象中感知中国共产党治国理政中崇尚劳动的价值观。
3. 能够初步具备在意识形态领域抵御错误思潮的能力。

【素质目标】

1. 青年学生能够树立正确的劳动观，崇尚劳动、尊重劳动。
2. 引导青年学生旗帜鲜明地反对一切不劳而获、贪图享乐、崇尚暴富的错误思想。
3. 增强青年学生报效国家和奉献社会的意识。

第一节　劳动与文化

　　劳动是人类所特有的一种有意识有目的的社会实践活动，是人类社会最首要和最基本的社会实践活动。作为人类发展的物质性力量，正如恩格斯在《劳动在从猿到人转变过程中的作用》中所阐述的那样，劳动"是整个人类生活的第一个基本条件"，不仅创造了人本身，甚至"整个所谓世界历史不外是人通过人的劳动而诞生的过程"。这表明劳动是人的生存条件和存在方式，也是人类社会存在和发展的必要基础，离开劳动，人类社会将无以为继。

　　"文化"一词起源于人类劳动实践中的耕种、生产、手工、技艺等。"文化"长期被视作人类在社会实践活动中附加在物质载体上的精神体系，是对社会实践活动的价值表达。从广义上来说，文化是指人类创造的一切物质产品和精神产品的总和，狭义的文化专指语言、文学、艺术及一切意识形态在内的精神产品。在人类社会的发展历程中，"劳动"和

"文化"均不可或缺,他们相互依赖、相互作用,共同发展。20世纪杰出的现代综合进化论大师杜布赞斯基曾经提出:"人类的进化有两个组成部分,生物学的或有机体的,文化的或超机体的。这些组成部分既非互相排斥,也非互相对立,而是互相联系和互相依赖的。"换句话说,人类的进化史是生物学和文化相互作用的过程。

一、劳动创造绚烂文化

劳动是实现人从自然性走向文化性的必经之路,是人和社会文化启蒙、文化演进的根本来源。面对自然,古代人类往往通过制造和使用工具获取原始生产资料,创造生存所需要的生产和生活资料。《贺新郎·读史》中的"人猿相揖别。只几个石头磨过",大家可以思考,人类磨石头的目的是什么?显而易见,是为了制造工具。打磨过的石料变成了斧子、柴刀、锤子、箭头等,人类才可以拿着它们伐木、狩猎、缝纫、切割,甚至修建房屋、开辟山林、守护家园。

恩格斯认为,人类社会区别于猿群的特征是劳动。他曾经明确指出,劳动是从制造工具开始的。可见工具是劳动的基本要素,是真正人类劳动的标志,也是文化的物质承载和显性特征。所以,把猿变成人的,不是一道闪电,更不是天上的神明,而是劳动,劳动创造人。

劳动在创造人的同时也逐渐形成了人与人之间的关系。原始的劳动分工与协作,使人与人之间的相互依赖、相互扶持成为日用而不觉的那种自然、朴素的情感生活状态。随着劳动的不断进步发展,劳动分工与协作不断增强与细化,各种劳动关系逐步明确,男性与女性之间、人与人之间、群体与群体之间包含利益关系在内的各种关系日渐清晰,对责任、权利、自由、分配等内容的认知与道德逐步得到确认。因此,劳动形成人与人的关系之时,还为人类社会的形成提供必要的前提条件。远古先民的交往方式也在逐渐丰富的劳动创造和劳动关系之中诞生了符号、图腾、图形等,进而逐步演化为文字系统及语言。

恩格斯指出:"人们首先必须吃、喝、穿、住,就是说首先必须劳动,然后才能争取统治,从事政治、宗教和哲学等。"也就是说,物质生产是精神生产存在的必要前提,文化在精神生产的范畴内,因此劳动是文化生产的前提。相应的,文化的形成也会反映出劳动的民族性、阶级性、时代性等特点。

基于生存需要的劳动实践中产生了主要以语言、文字、符号为媒介的信仰、价值、精神、道德、概念、习俗等,构成了本民族文化心理结构。在中华民族绵延万年、生生不息的历史长河中便有了崇尚劳动、天人合一、天下大同等思想,于是乎铸造了独特的文化内核。人在劳动中逐渐形成了对节奏、韵律、对称、重叠、反复、互补等自然节律和秩序的掌握和运用,发生了人的感性、理性等心理机制与外在事物的同构,形成了对客观事物的主观认知和重构,于是便有了独特的审美情趣。

✎ **知识拓展**

中国古代的"劳动节"

"农历二月二"

据史料记载，我国最早的劳动节可追溯至"三皇五帝"时期，在每年农历二月二。这一天，上古祖神伏羲会率领各部落联盟首领"御驾亲耕"，以身作则，亲自下地劳动。司马迁在《史记》中也记载，西周时期武王姬发在每年的这一日也会率文武百官亲自躬耕，并将这天定为"春龙节"。到了唐朝，"二月二"被正式定为"耕事节"，又称"劳农节"，从此有了"合法"的节日身份。这一天延续了上古时期的习俗，皇帝依然会率领百官至田间劳作。为了烘托节日到来的欢喜气氛，农民们在下地播种时，还会在农具上绑上喜庆的红绸，以示庆贺一年四季的岁月流转。

"清明和谷雨"

古时候的人们还将清明和谷雨这两个适合播种的节气当成劳动节日的象征。有谚语云："清明谷雨两相连，浸种耕田莫迟延。"在这两个适宜播种的时节，全国各地的劳动人民都纷纷播种了起来。在我国的少数民族——侗族地区，就有着"清明下旱种，谷雨撒迟秧"的生产习俗。而山东荣成的渔民节也是起源于谷雨，渔民在谷雨这天向海神娘娘敬酒，以求平安。由此可见，无论是农民还是渔民，都非常重视清明与谷雨这两个节气。

劳动创造了璀璨的文化，文化在劳动中孕育产生。劳动本身经过一代又一代的发展，变得更加系统和完善。除了原始的狩猎，又有了适应生存环境的农业和畜牧业，形成了农耕文化、畜牧文化、游牧文化等。农业之后又有了纺纱、织布、冶金、制陶和航海活动等，伴随着商业和手工业的蓬勃发展，演化出了具有本民族特色的艺术文化、工商文化和科学文化。可见，劳动既是一个从动物本能活动到人类活动的转化过程，又是一个本身不断运动发展着的创造文化、形成文明的历史进程。

二、劳动构筑文明基石

"文化"一词较早完整出现在西汉刘歆的《说苑·指武》中，"圣人之治天下也，先文德而后武力。凡武之兴，为不服也。文化不改，然后加诛"，有"以文化人"的含义和以礼仪、知识教化的指向。西晋学者束皙也提到"时之和矣，何思何修。文化内辑，武功外悠"，表明了万物之生，各由其道、皆得其所仪的意思。"文明"一词则最早出现在《周易》等典籍之中，有着文采光明、文德辉耀的意思，如《周易·大有》中"其德刚健而文明，应乎天而时行，是以元亨"，《周易·乾卦·文言》中"见龙在田，天下文明"（孔颖达疏："天下文明者，阳气在田，始生万物，故天下有文章而光明也"），又见《尚书·舜典》："濬哲文明，温恭允塞"（孔颖达疏："经纬天地曰文，照临四方曰明"）。在中国古代典籍中，"文明"与"文化"两词的关系十分紧密。《周易·贲卦·彖传》云："文明以止，人文也。观乎天文，以察时变，观乎人文，以化成天下。""文明"即文教昌明、发达之意，"文化"则是通过文治来教化。

"文明"是文化发展到一定阶段的产物，二者有先后之分。从广义上来理解，文化即人化，自从有了人，便有了自觉或不自觉的文化创造，但并非自从有了人便有了文明。在此意义上，文明是与蒙昧、野蛮的文化状态相对的、表征人类历史进化状态的一个概念。总体来看，"文明"是"文化"发展的历史结果，"文化"则是"文明"发展和演化的前提条件，二者之间是相互依存、不可分割的关系。

人类是自然界长期进化的结果，但人类进化超越了一般动物界的生物进化。人的进化是劳动工具和劳动方式的进化，劳动是真正属于人的本质性力量，劳动光荣、创造伟大是对人类文明进步规律的重要诠释。在劳动创造中，人们真正发现美、创造美、欣赏美，塑造丰富的精神世界。人们总结劳动中的喜怒哀乐，总结对自然、社会规律的认知，又将劳动创造的文化与精神通过劳动（社会生产方式）呈现出来，劳动就成了文明之源。劳动是人类社会文明进步的起点和根本动力，也是创造社会文明的唯一途径和方法。

中华民族自古以来就是崇尚劳动、善于创造的民族。对劳动的歌颂是中国传统文化的重要内容。"坎坎伐檀兮，置之河之干兮。河水清且涟猗。不稼不穑，胡取禾三百廛兮？"这是中国最早一部诗歌总集《诗经》中崇尚劳动、鄙视不劳而获的诗句。中华儿女用勤劳创造美好生活的同时，发挥聪明才智，在建筑、科技、军事、手工业、天文地理等诸多领域都取得了无可比拟的成就。万里长城、天文仪、龙门石窟、都江堰、大运河、丝绸之路，以及四大发明、素纱禅衣、榫卯结构、记里鼓车、马镫等，无一不是凝聚劳动人民勤劳智慧的伟大成果，劳动人民创造出了光辉灿烂的中华文明。

✏️ 知识拓展

千年奇迹——都江堰

都江堰始建于战国时期。公元前 256 年，蜀郡守李冰兴建都江堰水利工程，通过筑建鱼嘴、开凿宝瓶口将岷江水引入平原腹地，用于防洪、航运和灌溉，让成都平原由"泽国""赤盆"变为沃野千里的"天府之国"。公元 662 年，飞沙堰建成，标志着都江堰渠首三大主体工程布局成型。唐宋时期，都江堰灌溉面积逐步扩大。中华人民共和国成立后，都江堰水利工程得到大规模改造，灌溉面积扩大到 7 市 38 个县 1065 万亩。

"都江堰可以说是世界古代水利工程的典范，无坝引水是中国古代水利工程最基本的建筑形式之一。都江堰渠首及以下的各级渠道均为无坝引水，集灌溉、防洪、水运和城市供水等功能于一体，与天然河道相似。都江堰巧妙利用岷江独特地形，以最少的工程设施，实现了引水、水量调节、排沙的综合治水目的。"都江堰市文物保护和历史文化研究中心文博馆员付三云介绍，世界上有比都江堰水利工程更早的水利工程，如罗马的引水桥汉姆拉比河渠、中国良渚遗址水坝等，都江堰是这些世界早期水利设施中唯一留存下来，并在今天还继续发挥巨大作用的水利工程。

都江堰也是我国唯一集世界文化遗产、世界自然遗产和世界灌溉遗产于一体的风景名胜。它不仅是一处古代工程的奇迹，更是凝结了中国传统文化的精髓。在李冰的整体设计中，"乘势利导，因时制宜"的精神贯穿始终，这是对自然和河流的最好尊重。我们常说"问道青城山，拜水都江堰"，"拜"有一种崇敬之意，"拜水"实际是崇敬都江堰天人合一的智慧，崇敬我们的先人对世界进行道法自然的改造，崇敬他们不断探索、为百姓谋福利的精神。

依靠劳动，人类脱离蛮荒、脱离饥寒，从茹毛饮血到刀耕火种，从向海而生到向海而兴，从手工技艺到机器大生产，从衣不蔽体到物阜民丰，人类社会的每一次进步都浸透着伟大的劳动创造。劳动使人类不断完善自身，也使人类不断改变世界。在劳动中形成的农民群体在长期农业生产实践过程中，逐渐形成了农耕文明，精耕细作的农耕生活饱含了内敛勤劳的特质和自给自足的生活方式。传统牧区的牧民群体，在相对恶劣的自然条件下培育了极强的与自然斗争的能力，形成了自身独特的文明。值得注意的是，中国既是一个大陆国家，也是一个海洋国家，海洋文明同样是中华文明的重要组成部分。中国的海洋文明在东亚海洋文明中长期居于主导地位。

资料链接
重新发现中国海洋文明——第 56 处世界遗产

阅读延伸

整个宋元时期，当时的人们不但泛舟"环中国海"经商或经营其他产业，而且开始定居当地，进而形成了海上商业网络，造成了东西洋诸国均使用中国铜钱的局面。从中可以推想当时海上交易之盛，宋元铜币及交钞使用之广、作为海上共通货币地位之高。

五千余年丰富多元的灿烂文明是世世代代中华儿女辛苦劳作、不断探索的成果。中华民族以勤劳为荣、以淫逸为耻。在中华民族的意识中，国家兴衰、民生甘苦、社会进退及个人荣辱等，都与社会对劳动创造的重视程度紧密相关。"一夫不耕，或受之饥；一女不织，或受之寒"。崇尚劳动、善于创造，使我们的文明独树一帜、绵延不绝。

中华人民共和国成立后，人民当家作主，普通劳动者成为国家的主人，在各条战线上涌现出了像王进喜、时传祥、许振超等一批又一批劳动模范，鼓舞了全体人民建设社会主义的干劲。尤其在改革开放之后，我们深化经济体制改革，实行以按劳分配为主体的分配制度，进一步激发了劳动者的劳动热情，进一步保障了劳动者的合法权益。同时，我们全面认识劳动的多种形式，将脑力劳动作为劳动创造的重要组成部分，劳动所带来的创造力正焕发出愈加夺目的光芒。

伟大的劳动创造伟大的文明。从党的十八大开始，中国特色社会主义进入新时代，这是中国发展新的历史方位，是我国经济社会发展的重要战略机遇期，也是广大劳动者大有可为的重要时期。党的二十大报告明确提出，中国共产党的中心任务就是："团结带领全国各族人民全面建成社会主义现代化强国、实现第二个百年奋斗目标，以中国式现代化全面推进中华民族伟大复兴。"实现这一宏伟目标需要发挥全体劳动者的积极性、主动性和创造性，需要努力形成劳动光荣、知识崇高、人才宝贵、创造伟大的时代新风。青年学生一定要热爱劳动，勇于实践，努力提升学习、创新和发展等多种素质和能力，将自身塑造成为优秀的、全面的高素质劳动者，为社会主义现代化建设作出新贡献，再立新功勋。

动漫解说
劳动教育独具的文化价值

第二节　我国劳动文化的演进与发展

党的十八大以来，习近平总书记多次强调劳动的重要性，并指出："劳动创造幸福，实干成就伟业。"伟大的事业孕育伟大的精神，伟大的精神推进伟大的事业，总结中国经验、讲好中国道理、发展中国理论、发扬中国精神必然要立足中国实践，通过劳动教育将中国经验传承下去，将中国实践发展下去，将有助于持续创造、传承、发扬属于中国人自己的文化，更好地担负起新的文化使命。劳动作为中华民族生生不息的重要动力来源，必将为建设中华民族现代文明贡献更多智慧和力量。

一、中华优秀传统文化中蕴含的劳动基因

崇尚劳动是中华优秀传统文化的纽带，自古以来就流淌在中华民族血脉之中。盘古开天成就天地方圆，大禹治水开启华夏文明；一部《诗经》礼赞劳动人民，"四大发明"凝聚劳动者的智慧。"春夏耕耘，秋冬收藏；昏晨力作，夜以继日"，古代先贤认为，辛勤劳动是一件值得自豪的事情，有了劳动成果的滋润，任何事物都会因此而变得伟大，而劳动者也会变成最幸福的人。

也正因如此，博大精深、辉煌灿烂的中华文明在生生不息的中华民族辛勤劳动中淬炼而生。从"乡村四月闲人少，才了蚕桑又插田"的质朴农民，到李白笔下"赧郎明月夜，歌曲动寒川"的炼铜工人；从模范的359旅把"烂泥湾"改造成"陕北好江南"，到三代塞罕坝人60载春秋铸造的"绿色生态屏障"；从杂交水稻"禾下乘凉梦""覆盖全球梦"

逐步推进，到航天工程"北斗组网""嫦娥奔月"成为现实……我们在何其雄壮的征途中铸就了丰富的劳动文化，绘就了一幅笔墨不断的美妙劳动画卷。

阅读延伸

庚戌岁九月中于西田获早稻　　陶渊明

人生归有道，衣食固其端。孰是都不营，而以求自安？
开春理常业，岁功聊可观。晨出肆微勤，日入负末还。
山中饶霜露，风气亦先寒。田家岂不苦？弗获辞此难。
四体诚乃疲，庶无异患干。盥濯息檐下，斗酒散襟颜。
遥遥沮溺心，千载乃相关。但愿长如此，躬耕非所叹。

分析：此诗开篇直接展开议论，明确表达诗人的观点：人生就应该把谋求衣食放在根本上，要想求得自身的安定，首先就要参加劳动，惨淡经营，才得以生存。"人生归有道，衣食固其端"。起笔两句，把传统文化之大义——道，与衣食并举，意义极不寻常。衣食的来源，本是农业生产。"孰是都不营，而以求自安？"诗人认为人生应以生产劳动、自营衣食为根本。在诗人看来，若为了获得衣食所资之俸禄，而失去独立自由之人格，他就宁肯弃官归田躬耕自资。而且，躬耕纵然辛苦，可是，乐亦自在其中。这份喜乐，是体验到自由与劳动之价值的双重喜乐。这首诗语言简练平易，道理平凡而朴素，描绘归隐田园的劳动实践，抒写劳动时的真切感受与体验，"脚踏实地"和"仰望星空"两种生活理想就这样自然而然地在乡村劳作中得到了实现。

（一）中华民族重视劳动价值

在漫长的社会发展进程中，中华民族创造了灿烂的物质文明和精神文明，形成了本民族独特的思维方式、行为规范和性格特征。如何概括中国人的禀赋特征？"勤劳"无疑是重要的高频词。可以说，热爱劳动、崇尚劳动的精神一直贯穿于中华优秀传统文化的漫漫长河中。

翻开《诗经》，这部从古至今被人推崇的文雅古籍中，不仅有那些风雅的诗句，更记载了先祖劳动时的场景。比如，《大雅·绵》描述的是古公亶父率领族人由豳地（今咸阳彬州市、旬邑县一带）迁至岐山脚下，筑造宫室，开启兴旺之事。其中有"捄之陾陾，度之薨薨。筑之登登，削屡冯冯。百堵皆兴，鼛鼓弗胜……"，这里用一系列象声词，表示投土、夯土、削土的声音，渲染了如火如荼建造房屋的劳动场面。另外，中华优秀传统文化提倡勤俭节约，更包含着吃苦耐劳、开拓进取、百折不挠之意。"故天将降大任于是人也，必先苦其心志，劳其筋骨，饿其体肤，空乏其身，行拂乱其所为，所以动心忍性，曾益其所不能"，这种面对艰难困苦的豁达乐观和坚韧不拔的人生态度也是中华民族劳动文化、劳动价值和劳动情感的重要体现。

（二）中华民族认同劳动是幸福的源泉

自古以来幸福就是人类的美好夙愿，但幸福到底从哪里来？自古我们的先人就知道幸福来源于他们自己的辛勤劳动，正所谓"一分耕耘，一分收获"。《周颂·良耜》是中国古代第一部诗歌总集《诗经》中的一首诗，记述了大周先民生产祭祀的情形，是秋收后周王祭祀土神和谷神的乐歌。全诗一章到底，共二十三句，可分为三层：第一层，从开头到"黍稷茂止"，追写春耕夏耘的情景；第二层，从"获之挃挃"到"妇子宁止"，写眼前秋天大丰收的情景；第三层，从"杀时犉牡"到最后，写秋冬报赛祭祀的情景。虽然歌唱时一年农事已毕，但在欢快的气氛中，回忆田园的乐趣，再现丰收的欢欣，充分传达出当时劳动者勤劳、乐观、友善的美好品格，充分彰显了幸福来源于劳动这一生活感悟。

（三）中华民族倡导耕读传统

古代社会有提倡知识分子"耕读传家"的传统。读书人即使读书，也不会忘记耕田，因此，"晴耕雨读""亦耕亦读"，成为一代代中国人，一世世中国家庭，所躬行、崇尚的生活行为方式。中国古代一些读书人通过耕田谋生，读书修身，以"耕读传家"、耕读结合为价值取向，逐渐形成了一种"耕读文化"。我国传世的古农书数量多、水平高，均领先于世界其他国家，也因为我国"耕读传家"的传统，知识分子一方面具有学问家的文采，另一方面又兼具农学家的实践经验。

崔寔出身名门望族，少年熟读典籍，通晓政体，具有浓厚的农本思想，他根据自己的经验写成了《四民月令》这一部月令体农书。张履祥在隐居生活期间教书种田，修剪桑树的本领甚至比有经验的农民还要娴熟。他所作的《补农书》，被现代著名农学家陈恒力教授在《补农书研究》一文中评为"总结明末清初农业经济与农业技术的伟大作品之一，是我国农业史上最宝贵的遗产"。知识分子通过耕读，接近劳动生产，接近劳动人民，写出了在一定程度上反映底层生活、反映劳动人民喜怒哀乐的作品。

中国古代文学家、教育家颜之推在《颜氏家训·治家篇》中，教育子孙"生民之本，要当稼穑而食，桑麻以衣"，告诫子孙生存之根本在于自食其力，以种植庄稼的方式来吃饭，以栽种桑麻的方式来穿衣。颜之推尤其反对知识分子轻视劳动、不学无术、好逸恶劳的陋习，鼓励子孙一定要身体力行，经世致用，学习生产劳动，关注社会现实与求知问学相统一。这些都是中华优秀传统文化中将劳动谋生与读书治学相结合的生动案例。

（四）中华民族提倡"以劳树德""以劳健体"

陶渊明归隐田园，创作出了许多传世的田园诗，他不仅写自己从事躬耕的喜悦和平静，而且对劳作的意义提出了新的见解。那就是虽然辛苦，但自食其力、艰苦奋斗的人生是充实快乐的，"人生归有道，衣食固其端；孰是却不营，而以求自安"，人人都要自食其力，艰苦奋斗，如果什么事都不做，又怎么能解决自己的温饱问题呢？劳动可以培养人坚强的品德意志，也可以强身健体。世称贤母敬姜在教育儿子勤俭节约，不要贪图安逸时指出"夫民劳则思，思则善心生；逸则淫，淫则忘善，忘善则恶心生"，指出了劳可培善和逸则生恶，在劳动中可以促进思考总结，从而激发良善之心，而安逸享乐则容易导致无所节制，从而滋生邪恶之心。

明末清初思想家、教育家颜元注重劳动在培育人才中的作用，不仅认为读书人应该进行农业生产劳动，而且还重视对学生进行劳动教育，认为劳动可以使人克服怠惰、疲沓。他还认为劳动具有体育的意义，劳动可以增强体魄，是重要的养生之道，这和新时代归纳劳动教育可以增智、树德、强体和育美的核心思想不谋而合。张履祥在《初学备忘（上）》中云："夫能稼穑则可无求于人，可无求于人则能立廉耻。知稼穑之艰则不妄求于人，不妄求于人能兴礼让。"将劳动与礼义廉耻相结合，促进天下大治。清代学者汪辉祖在其所著的家训《双节堂庸训》中批判"幼小不宜劳力"观点时指出："欲望子弟大成，当先令其习劳。"他认为，要想子孙有所成就，必须先让其学习劳动。

（五）中华民族提倡诚信劳动

"志不强者智不达，言不信者行不果"，语出《墨子·修身》。意谓如果意志不坚强，人的智慧很难达到预期；说话不诚信，不遵守诺言，做事也不会有好结果。中华民族历来推崇守信重诺，目标与行动相一致，才能更好实现个人和集体的理想价值。人生中的一步步成长，最难的不是确立目标，而是实现目标的奋斗历程，坚守初心，言必信、行必果。如果我们能通过人生历练不断磨炼意志，信守承诺，坚定前行，就一定能在最美好的青春时代挥洒激情，不负韶华，去争取更多人生出彩的机会。孟子也强调诚信做人是一个人道德的基石，只要能真诚待人，他人也必报你以诚意，社会也将变得更加和谐美好。

（六）中华民族提倡团结协作的劳动

中华民族悠久历史发轫之始，处于劣势的原始先民要与尖牙利齿的猛兽争夺生存权是十分困难的。春秋时期管仲有云："以众人之力起事者，无不成也。"中华优秀传统文化中蕴含着伟大的团结精神，不管是造就天府之国的都江堰水利工程，或是历代接力开凿气势恢宏的京杭大运河，还是建造蜿蜒雄壮的万里长城，无不体现出自古以来中国劳动人民团结协作的传统美德。

19世纪末20世纪初，帝国主义掀起瓜分世界的狂潮，面对帝国主义势力的入侵，华夏儿女在艰苦卓绝的伟大斗争中，万众一心、同仇敌忾，共赴国难，誓死不做亡国奴，用生命和鲜血谱写了一首感动天地的反抗侵略者的壮丽史诗。2008年，汶川大地震突然发生，地动山摇，灾区满目疮痍，全球华人同舟共济、众志成城，纷纷向灾民伸出援手，在天灾面前展示了强大的凝聚力。团结协作的力量让中华民族砥砺前行，走在伟大复兴的正确道路上。

（七）中华民族以不劳而获为耻

"不劳而获"一词出自《孔子家语·入官》，原文为"所求于迩，故不劳而得也"，比喻自己不劳动却占有别人的劳动成果。自古我国先民就有以劳动致富为荣，以不劳而获为耻的文化传统。如《国风·魏风·硕鼠》将不劳而获的统治者比作硕鼠，通过对硕鼠从食黍、食麦到食苗层层递进的描写，表达了对剥削者贪婪残酷本性的痛恨。"硕鼠硕鼠，无食我黍！三岁贯女，莫我肯顾。逝将去女，适彼乐土。乐土乐土，爰得我所。硕鼠硕鼠，无食我麦！三岁贯女，莫我肯德。逝将去女，适彼乐国。乐国乐国，爰得我直。硕鼠硕鼠，无食我苗！三岁贯女，莫我肯劳。逝将去女，适彼乐郊。乐郊乐郊，谁之永号？"《豳风·七月》通过描写劳动阶级的艰辛来揭露统治者对劳动阶级的剥削。《国风·魏风·伐檀》反映了劳动者对统治者不劳而获、坐享其成的责问和不满。

综观历史文献，千百年来的历史流变中，中华民族历经千辛万苦，从无数个困境中走出，不断迈向新征程，其中一个关键因素就在于：劳动创造一切、成就一切。中国古人在生产劳动和劳动创造的实践活动中形成的修齐治平、建功立业、著书立说、知常达变、丰衣足食、自强不息、自力更生、热爱劳动的精神，是中华民族开物成务、命脉赓续、继往开来的"传家之宝"。

动漫解说
传统文化中的劳动思想

阅读延伸

一次考古，让人类稻作历史推移到 12000 年前

我国最大淡水湖鄱阳湖东南岸的江西省万年县，河网密布、农田肥沃，自古就是粮食产区，水稻种植历史悠久。

在万年县境内的大源盆地西北端，垂直陡立的山崖下隐藏着一个天然洞穴。这里是中国当代考古学上一处著名的新石器时代早期洞穴遗址——仙人洞遗址。

20 世纪 90 年代，中美联合考古队在万年县仙人洞遗址和吊桶环遗址进行考古发掘和研究时，发现了距今 12000 年前的人工栽培稻植硅石，这是现今所知世界上年代较早的栽培稻遗存之一，由此将世界稻作起源时间由 7000 年前推移到 12000 年前。

参与当时考古发掘工作的万年县博物馆原馆长王炳万告诉记者，在仙人洞遗址和吊桶环遗址，还发现了石磨盘、穿孔器、蚌镰等工具，其中石磨盘用于稻谷脱粒，蚌镰可以将蚌器的刃部打磨出均匀的缺口，相当于现在用于收割的镰刀。

曾任江西省博物馆名誉馆长的彭适凡告诉记者，在万年县仙人洞遗址和吊桶环遗址的新石器时代早期地层，发现了丰富的野生稻植硅石和栽培稻植硅石，这说明在距今 12000 多年前的先民已经开始人工种植水稻，同时采集野生稻，这昭示了这里是世界稻作文化的重要发源地之一。

"万年稻作文化是人类农业文明的重要组成部分，也是中国乃至全世界的文化遗产。"彭适凡说。

二、中国共产党不同历史时期劳动教育蕴含的文化特点

我国劳动教育的历史源远流长，历来有着"耕读传家"的优良传统，其体现了我国古代教育与生产劳动的朴素结合。"教育与生产劳动相结合"作为党的教育方针的重要内容，经历了一个确立、调整、完善的发展历程。一直以来，中国共产党始终对劳动和劳动人民有深厚情感，从马克思主义劳动观中汲取精神营养，从不同历史时期劳动价值出发，提出了关于政治、经济、文化、教育等方面的一系列劳动观念。

（一）新民主主义革命时期

新民主主义革命时期，因国家蒙难、民族蒙尘，"救国救民"成为我们党所面临的时代主题。这个时期的劳动教育主要是通过职业教育、工读结合、工农结合的实践形式来启迪民众心智、凝聚革命意识、提高政治觉悟，从而为革命胜利提供精神支撑和物质保障。中国共产党依靠劳动人民的首创精神、斗争精神和辛勤劳动，领导人民取得了最终胜利。

（二）社会主义革命和建设时期

1949 年 9 月，中华人民共和国成立前夕，具有临时宪法性质的《中国人民政治协商会议共同纲领》，把"爱劳动"与"爱祖国""爱人民""爱科学""爱护公共财物"，一并列为中华人民共和国全体国民的公德，但"教育与生产劳动相结合"还不是新民主主义社会时期我国教育方针的内容。随着社会主义改造的完成，我党实现了对社会主义教育的全面领导，把"教育与生产劳动相结合"作为基本原则写入党的教育方针。在劳动教育理念上，倡导"教育与生产劳动相结合""勤工俭学"等方针；在劳动教育实施形式上，采用"生产技术教育"。毛泽东同志十分重视劳动教育，1957 年在《关于正确处理人民内部矛盾的问题》中明确提出："我们的教育方针，应该使受教育者在德育、智育、体育几方面都得到发展，成为有社会主义觉悟的有文化的劳动者。"

（三）改革开放和社会主义现代化建设新时期

改革开放之初，邓小平同志提出要"打破大锅饭"来调动人民的生产劳动积极性，从生产关系的角度切入，不仅拨开了农村经济体制改革前路的迷雾，也为以国有企业产权制度改革为主要抓手的城市经济体制改革建章立制，为确定建立社会主义市场经济体制奠定重要的思想基础、理论准备和物质基础。

在这样的时代浪潮下，劳动者的主人翁精神被极大程度激发，一批爱岗敬业、积极奉献、不贪图名利、不计较得失、奋战在祖国建设不同战线的劳动模范成为当时社会强大的精神力量。为解决中国社会改革发展中的问题，邓小平指出"空谈误国，实干兴邦"，提倡踏踏实实劳动，用辛勤劳动去创造社会财富，推进改革开放不断深入。

同时，党对劳动教育的内容和方式做了深度调整，由原来单向度地传授基本生产技术到全面涉及劳动知识、情感、技能、态度等新领域，由原本强调的"服务社会"转变为更加偏重"人的综合素质发展"。可见，这一时期劳动教育"以人为本"的属性开始逐渐崭露。

随着科学技术的日新月异和社会的不断发展，劳动的内容、形式和范围发生了很大的变化，劳动不再局限于物质生产领域，而是进一步深度扩展到精神生产领域和服务业领域，具有创新型特征的劳动逐步成为劳动发展的新趋势。在积极发展市场经济的同时，党动员全社会的舆论力量来宣传劳动光荣的风尚和劳动促进人的全面自由发展的思想，辛勤劳动不仅是我国社会主义社会的价值追求，更是社会进步的基石。

（四）中国特色社会主义新时代

在 2018 年全国教育大会上，习近平总书记强调要构建德智体美劳全面培养的教育体系。党的十九届四中全会进一步明确了"培养德智体美劳全面发展的社会主义建设者和接班人"的培养目标。中央全面深化改革委员会第十一次会议审议通过的《关于全面加强新时代大中小学劳动教育的意见》（本节以下简称为《意见》），强调劳动教育是中国特色社会主义教育制度的重要内容，要全面贯彻党的教育方针，坚持立德树人，把劳动教育纳入人才培养全过程，贯通大中小各学段，贯穿家庭、学校、社会各方面，把握育人导向，遵循教育规律，创新体制机制，注重教育实效，实现知行合一，促进学生形成正确的世界观、人生观、价值观。

新时代呼唤的劳动教育，是对劳动教育本质认识的回归。它既有马克思主义"教劳结合"思想的引领，又传承了"耕读传家"的传统，还具有鲜明的时代特征，强调教育要以科学技术为基础，与劳动相结合，培养学生的专业精神、职业精神、劳动精神。

《意见》更加凸显了劳动教育以行促知、以文化人的育人功能，凝聚了崇德向善的力量和正确的价值导向。新时代劳动文化内容丰富，形态多样，蕴含着当代中国经济、政治、文化、社会、生态文明建设的思想意识和价值元素，彰显出深厚的理论价值和鲜明的实践导向，对人民群众具有价值引领作用，激励和塑造中国劳动人民的实干精神，凝聚中华民族前行的力量。

1. 新时代劳动文化具有价值引领作用

新时代劳动文化激扬"辛勤劳动、诚实劳动、创造性劳动"的劳动品格。劳动是创造价值的唯一源泉，人类社会一切物质财富和精神财富都是劳动的结晶，都凝结着劳动者辛勤的汗水。辛勤劳动是社会主义社会的价值追求，"以辛勤劳动为荣"不仅是中华民族的传统美德，也是社会发展进步的基石。辛勤劳动要有敬业的劳动态度，倡导立足本职、埋头苦干，从自身做起，从点滴做起，用勤劳双手实现劳动价值；倡导勤奋刻苦、精益求精、追求劳动技能的完美和极致；倡导干一行、爱一行、专一行、精一行的职业精神；倡导不求回报、不计报酬、淡泊名利、甘于奉献的精神。诚实劳动既是一种对待劳动的态度，也是"内诚于心"的劳动品质，更是对劳动的价值判断。诚实劳动是整个社会诚信思想的坚实基础。诚实劳动，必须遵守劳动法规和劳动道德规范，从事有益于国家发展、社会进步的劳动；诚实劳动，必须勇于承担劳动者的责任和义务，敢于面对艰难困苦，敢于破解发展难题；诚实劳动，必须弘扬踏实肯干、敬业求真的劳动作风，为社会创造坚实的物质基础，真正体现劳动的价值。历史经验表明，一个国家要想真正走向富强，必须依靠诚实劳动。新时代劳动文化具有感召力和引领力，对于培育和传递积极向上向善的精神力量，倡导全社会形成正确的劳动价值观，凝聚人民的价值共识具有巨大的作用。

2. 新时代劳动文化具有激励示范作用

新时代劳动文化蕴含着劳动者中的杰出代表所展现的劳动精神、劳模精神和工匠精神，对广大人民群众具有激励示范作用。劳动模范和大国工匠是劳动者的杰出代表，也是劳动文化人格化的典范。劳模精神和工匠精神集中体现了社会主义核心价值观的要义，展现了普通劳动者在平凡中孕育伟大的劳动情怀和劳动意识。中华人民共和国成立以来，各行各业涌现出的劳动模范生动诠释了我国社会发展不同时期的时代精神，发挥着榜样作用，带动全社会形成崇尚劳动的精神力量。工匠精神从我国悠久的历史文化中积淀传承而来，既是对古代工匠身上精益求精、一丝不苟、追求卓越的职业态度和职业精神的传承和发展，也是对中华民族的文明与智慧的弘扬。劳模精神和工匠精神塑造了中国劳动者的实干精神和劳动品质，为引领劳动人民践行社会主义核心价值观树立了典范，有效发挥了劳动文化教育人、引导人、激励人、塑造人的重要作用。

阅读延伸

"我提的建议被写进了'十四五'规划纲要草案"

邹彬，男，汉族，1995 年 8 月出生，中共党员，大专学历，湖南新化人，第十四届全国人大代表，中建五局总承包公司项目质量总监、中共湖南省直属机关工作委员会副主席（兼职），中华全国青年联合会第十三届委员会常务委员会委员，"邹彬劳模和工匠人才创新工作室"组长，湖南省总工会副主席（兼）。

邹彬获第 43 届世界技能大赛中国区砌筑项目冠军、2015 年大洋洲技能大赛砌筑项目银牌、第 43 届世界技能大赛优胜奖、湖南省 2016 年"十行状元、百优工匠"竞赛砌筑工决赛第一名等奖项；获评"全国技术能手""全国优秀农民工""湖南省五一劳动奖章""湖南省青年五四奖章"等荣誉称号。2021 年 5 月，邹斌被共青团中央、全国青联授予第 25 届"中国青年五四奖章"。2021 年 5 月 12 日参加中宣部中外记者见面会。2021 年 7 月，邹斌被评为"2020—2021 年度全国青联履职优秀委员"。

第一时间读完"十四五"规划纲要草案，邹彬按捺不住激动的心情。2020 年 9 月 17 日，习近平总书记在长沙就"十四五"规划编制听取基层干部群众意见和建议，邹彬作为代表之一，当面向习近平总书记提出农民工素质技能提升、相关权益保障、获得感幸福感增强等方面的建议，得到了习近平总书记的回应。转眼半年过去，看到拿在手里的"十四五"规划纲要草案，邹彬既有获得感，也多了一份责任感。

"全面实施乡村振兴战略，强化以工补农、以城带乡，推动形成工农互促、城乡互补、协调发展、共同繁荣的新型工农城乡关系，加快农业农村现代化"。邹彬说"十四五"规划纲要草案针对"三农"问题提出的这段话让他备受鼓舞，"这与我在基层代表座谈会上提到的关于推动农民工向新型产业工人转变，在全社会营造关心农民工的氛围，帮助农民工群体更好融入社会发展等建议是非常契合的。"

邹彬回忆说，在基层代表座谈会上，他向习近平总书记反映，近几年，建筑行业的规范程度、管理体系、施工工艺在不断更新进步，但农民工面临"青黄不接""代际断层"的困境，技能素质、组织形式、社会认可度及自我认知等，与新型产业工人的要求相比还存在较大差距。

"这些建议都来自我平时的工作以及与农民工朋友的交流之中。"邹彬说，基层代表座谈会后，作为"邹彬劳模和工匠人才创新工作室"的领头人，他带领团队为湖南、江西等地多个重点工程项目解决质量管控难题，通过技能培训、劳动竞赛等形式，更加高效地提高农民工的技能水平。同时，他还主动走访调研农民工朋友和新型装配式建筑工厂，提出关于进一步落实推动"农民工"向新时代建筑产业工人转型相关举措的建议。

"'十四五'规划是中国在进入新的发展阶段之后的第一个五年规划，能够在规划中看到与农民工群体发展相关的内容，预示着产业工人更加美好的未来。"邹彬表示，下一步，他将继续加强对农民工群体的调研和服务，争取更多更好地为农民工群体发声；

同时，他会立足本职岗位，持续为农民工群体提供指导和帮助，推动更多农民工向新型建筑产业工人转型，使他们成长为高技能人才和大国工匠。

3. 新时代劳动文化有利于培育健康的社会心态

我国仍处于社会主义初级阶段，改革创新还需要持续深入推进，社会转型期矛盾问题、热点问题较多，当前社会中存在劳动信仰缺失、劳动价值判断模糊、劳动者权益受到侵犯等一些现实状况，容易引发人们对劳动光荣产生思想上的困惑，滋生负面的社会心态。因此，要注重发挥新时代劳动文化对健康社会心态的塑造作用，"让勤奋做事、勤勉为人、勤劳致富蔚然成风"，激励社会形成尊重劳动、尊重劳动者、尊重劳动成果的良好氛围，增强社会成员的劳动意识、服务意识、责任意识和担当意识，让人们在追求美好生活中形成正确的社会认知、价值取向和社会共识。在全社会积极倡导自觉劳动、义务劳动和志愿者服务活动，激励社会成员不计报酬、自愿组织、从事各种形式的劳动，广泛传播志愿精神和志愿服务理想，培养正确的劳动价值观。

2021年5月，中央教育工作领导小组印发《关于深入学习宣传贯彻党的教育方针的通知》（本节以下简称《通知》），就做好党的教育方针学习宣传和贯彻落实工作作出部署安排。《通知》指出，经第十三届全国人大常委会第二十八次会议审议，《中华人民共和国教育法》第五条修改为"教育必须为社会主义现代化建设服务、为人民服务，必须与生产劳动和社会实践相结合，培养德智体美劳全面发展的社会主义建设者和接班人"，将党的教育方针落实为国家法律规范。"两个必须"的表述传递出强烈的信号，党中央对教育提出了更高的要求。"劳"的写入不仅意味着人才规格变了，更意味着人才培养体系的更新发展。

2035年，我国将建成文化强国、教育强国、人才强国、体育强国、健康中国；将总体实现教育现代化，迈入教育强国行列，推动我国成为学习大国、人力资源强国和人才强国，为到本世纪中叶建成富强民主文明和谐美丽的社会主义现代化强国奠定坚实基础。我国教育将继续围绕培养什么人、怎样培养人、为谁培养人这一根本问题，为党育人，为国育才，努力培养担当民族复兴大任的时代新人，为实现中华民族伟大复兴而不懈奋斗。

三、新时代劳动文化的形成

新时代劳动文化的形成，总体来说是根植于中华优秀传统文化的沃土之中的，并以此为"根脉"；是继承发展并丰富了马克思主义劳动学说，汲取了我国革命时期、社会主义建设时期、改革开放时期最广大人民的劳动精神与劳动品格，并以此为"魂脉"。由此所形成的劳动文化，是新时代增强文化自信、增强文化软实力的重要组成部分。

（一）中华优秀传统文化为新时代劳动文化的形成提供了丰厚滋养

习近平总书记指出："劳动创造了中华民族，造就了中华民族的辉煌历史，也必将创造出中华民族的光明未来。"由此可见，再宏伟的目标、再美好的愿景，只有靠脚踏实地的诚实劳动、勤勉工作，才能一步步变成现实。

中华民族自古有着崇尚劳动的传统美德。从对"四体不勤，五谷不分"的批判、"业精于勤，荒于嬉"的深思、"天将降大任于是人也，必先苦其心志，劳其筋骨"的判断中，体现了祖辈对劳动的热爱和敬畏。中华民族在历史发展中创造的辉煌成就，都与敬业担当、勤劳勇敢、吃苦耐劳、艰苦奋斗的劳动精神是分不开的。

阅读延伸

> 央视综艺《典籍里的中国》有一期节目讲述了有关"禾下乘凉梦"的故事，世人皆知那是"共和国勋章"获得者袁隆平老先生的梦想。其实在三百多年前的明朝，《天工开物》的作者，明末科学家宋应星也有这样的梦想，一个让天下人都吃饱饭的大梦想。此后，他长期在田间地头积极参与农事，通过劳动和观察洞悉农作物生长规律和特性。其在《天工开物》中详细记录了农民培育水稻、大麦新品种的事例，研究了土壤、气候、栽培方法对作物品种变化的影响，又注意到不同品种蚕蛾杂交引起变异的情况，说明通过人为的努力，可以改变动植物的品种特性，得出了"土脉历时代而异，种性随水土而分"的科学见解，把我国古代科学家关于生态变异的认识向前推进了一步，为人工培育新品种提供了理论根据。

宋应星为自己的著作冠以"天工开物"之名，"天"即自然界，"工"指人的技巧，"开"是开发利用之意，"物"亦物质财富。"天工开物"即自然界被人工技巧所开发出的物质财富。在宋应星看来，自然界是人类赖以生存的物质基础，而人为万物之灵，能够用自己的劳动智慧开发利用自然，创造生活需要的物质财富。这生动地体现了其古代朴素唯物主义自然观的哲学思想。

回溯历史，中国古代类似的案例不胜枚举，在不断地积累、塑造、传承、塑造及超越的过程中，逐步形成了丰富的中华优秀文化传统。其中，我国传统文化历来把勤劳作为做人、立身、安家、兴邦的根本，从"民生在勤，勤则不匮""克勤于邦，克俭于家"到"人生在勤，不索何获""一分耕耘、一分收获"的箴言，从"大禹治水""愚公移山"到"天才源于勤奋""铁杵磨针"的故事，都是中华民族勤劳精神的生动写照，勤劳也作为一种民族精神被传承下来。由此可见，中华优秀传统文化为新时代劳动文化的形成提供了丰厚滋养。

（二）马克思主义劳动观为新时代劳动文化的形成提供理论支撑

劳动创造人，使人获得自由而全面地发展是马克思主义一条十分重要的基本原理。恩格斯在《自然辩证法》中阐述了劳动带来人类手的自由，手的自由创造了工具，从而使人类开始区别于动物，人类由此开始了自身向生命自由的探索之路。

马克思和恩格斯对人类社会发展规律的阐释是以劳动为逻辑基点展开的。他们认为人的本质是在劳动中形成的"类的存在物"和"有意识的存在物"。劳动不仅满足了人的肉体生存需要，还提供了精神需求产品。

在论述社会主义取代资本主义的必然规律时，马克思和恩格斯深刻批判了资本主义制度下劳动异化的现象，指出："异化劳动把自主活动、自由活动贬低为手段，也就把人的类活动变成维持人的肉体生存的手段。"通俗地讲，劳动者变成了劳动力，变成了一种劳动力商品。在异化劳动条件下，劳动本真意义遭到流失，劳动尊严被毁损，劳动关系被扭曲。而要改变这种劳动异化现象，必须使工人联合起来消灭资本主义私有制。"无产阶级将利用自己的政治统治，一步一步地夺取资产阶级的全部资本，把一切生产工具集中在国家即组织成为统治阶级的无产阶级手里，并且尽可能快地增加生产力的总量"，而这一过程必须依赖劳动者、劳动对象和劳动资料的综合作用。

马克思和恩格斯不仅用劳动来定义人的根本属性，也用劳动来批判旧世界、建构新世界。在他们看来，劳动对人类社会的存在与发展具有永恒的价值，是社会主义制度形成和发展的必然要素。建设社会主义，实现共产主义远大目标，一刻也离不开劳动的支撑。由此可见，马克思主义劳动观为新时代劳动文化的形成提供了理论支撑。

✎ 知识拓展

马克思和恩格斯主要是在与"野蛮"相对的意义上谈论文明，因此更多是将现代文明视为资本主义社会，"文化的现代化"也主要是指资本主义现代性文明的发展过程，特别是在这一过程中对野蛮的再造——无论是以异化形式还是以拜物教形式。在马克思看来，资本主义生产方式下的现代文明虽然也创造了惊人的财富和文化等现代生产力、生产条件和生活水平，但这并非真正的人类理想文明形态，而是以文明自居的、包裹着野蛮的社会文化形式。

（三）中国共产党在不同历史时期形成的劳动观念、劳动风尚成为新时代劳动文化形成的重要思想来源

在革命时期，"劳动"一词主要是从工人革命运动的视角出发的，目的是为劳动人民争得有尊严的待遇。在中国共产党刚刚成立后，也就是 1921 年 8 月 11 日，为了贯彻中国共产党第一次全国代表大会提出的党在当前的中心任务是开展工人运动，党中央在中国产业中心——上海，成立了中国劳动组合书记部，作为党第一个公开领导全国工人运动的总机构，领导工人运动，维护工人权益。在中国劳动组合书记部的组织领导下，中国工人运动风起云涌，高潮迭起，促进了社会变革。

资料链接
中国共产党百年劳动教育政策的变迁历程

中华人民共和国成立初期，中国共产党人高度重视劳动和劳动生产，他们立足于国情，将解决广大城乡劳动者的就业问题作为重要大事来抓。1955 年 1 月 1 日施行的《中华人民共和国劳动法》更是详细地作出了关于劳动保护的规定。同时，强调尊重劳动，树立劳动光荣的主人翁精神。

2023 年 4 月 30 日，在"五一"国际劳动节到来之际，习近平总书记向全国广大劳动群众致以节日的祝贺和诚挚的慰问："希望广大劳动群众大力弘扬劳模精神、劳动精神、工匠精神，诚实劳动、勤勉工作，锐意创新、敢为人先，依靠劳动创造扎实推进中国式现代化，在强国建设、民族复兴的新征程上充分发挥主力军作用。"

在不同时期，"劳动"有不同的时代内涵。但不变的是中国共产党对于自身的定位。党章中明确规定："中国共产党是中国工人阶级的先锋队""中国共产党党员永远是劳动人民的普通一员"。这体现了共产党员既是工人阶级的先锋战士，又是劳动人民的普通一员，二者不可分割。共产党员作为工人阶级的先进分子并不是高人一等，而是要永远保持劳动人民的本色，将自己置身于广大群众之中，与劳动人民同呼吸、共命运，全心全意为人民服务。

教学讲解
新时代劳动文化的形成

阅读延伸

毛主席曾在文章中写道：我是个学生出身的人，在学校养成了一种学生习惯，在一大群肩不能挑、手不能提的学生面前做一点劳动的事，比如自己挑行李吧，也觉得不像样子。那时，我觉得世界上干净的人只有知识分子，工人农民总是比较脏的。知识分子的衣服，别人的我可以穿，以为是干净的；工人农民的衣服，我就不愿意穿，以为是脏的。革命了，同工人农民和革命军的战士在一起了，我逐渐熟悉他们，他们也逐渐熟悉了我。这时，只是在这时，我才根本地改变了资产阶级学校所教给我的那种资产阶级的和小资产阶级的感情。这时，拿未曾改造的知识分子和工人农民比较，就觉得知识分子不干净了，最干净的还是工人农民，尽管他们手是黑的，脚上有牛屎，还是比资产阶级和小资产阶级知识分子都干净。

四、新时代劳动文化的内涵

新时代劳动文化是科学的、人民的、斗争性的社会主义红色文化，这抹既绚烂又深沉的红，因中华文明突出的连续性、独特的历史性而拥有多维度色调。第一层红色来自中国共产党。新时代劳动文化不是某种已经固定的观念，而是一个持续斗争、动态发展的观念体系。从抗日战争到解放战争，从改革开放到中国特色社会主义新时代，领导并推动整个体系持续运动发展的是中国共产党。第二层红色来自全体中国人民。从万里长城到天安门，从京杭大运河到鸟巢、水立方，从指南针到北斗组网，新时代劳动文化不是由少数精英造就的，而是由全体劳动人民顽强拼搏、勤恳工作铸造的。第三层红色来自全世界尊重劳动，追求和平、发展与解放的劳动人民。新时代劳动文化是当代世界劳动文化的民族性、区域性表达，不是排斥外来优秀文化的封闭体系。

所谓劳动文化，是对历史上出现的劳动与文化的对抗性冲突的扬弃，是文化的劳动化或向劳动的回归，是一种彰显劳动的价值和地位、劳动者的尊严和权利的文化，是一种弘扬劳动者的经济政治主体地位、精神文化主体地位和社会历史主体地位的历史观和价值观。伴随人类文明的不断演进，建立在中华优秀传统文化基础之上的，经过劳动实践得以传承和发展的劳动思想、劳动价值观及劳动精神等，汇聚形成我国独特的劳动文化，主要包括劳动精神、劳模精神、工匠精神等基本要素，三者相互促进，融为一体。

（一）劳动精神——新时代劳动文化的本质内核

马克思主义劳动观是对劳动的科学阐释，劳动是人类进行社会活动的前提，由个人单独劳动到群体分工协作劳动，不断推动人类社会向前发展，人类通过劳动在与自然界进行相互交换的基础上逐渐创造了人类文明。人类所创造的劳动文化、劳动精神，进一步激励广大劳动者通过劳动实践满足基本的物质需要，进而促使人类追求更高层次的需要，如政治、经济、文化等方面，开始产生了除争夺食物之外的竞争及利益纷争。

随着社会的不断发展进步，劳动本身从劳动工具、劳动方式到劳动活动、劳动目的都发生了巨大的变化，进一步推动着人类社会走向现代文明。劳动是创造价值的唯一源泉，充分把握劳动精神的精髓在于劳动的创造性。富有劳动精神的劳动者通过辛勤劳动，在遵循自然界客观规律的基础上对自然界进行合理改造，创造了人类生存发展的适宜环境和无数辉煌灿烂的物质文明和精神文明，进而提高了人类的认知水平和创造能力，促使人类开始追求科学真理，最后回归人自身，实现全人类解放和每个人自由而全面的发展。

中国作为世界上唯一一个没有出现文明中断的国家，延续着五千余年伟大文明的历史长河。今天中国逐渐重新回到世界舞台的中央，中华文明、中国精神需要发扬光大，广大劳动者要继承和发扬中华优秀传统文化中蕴藏的劳动精神，脚踏实地地靠自己的双手、所学的专业知识技能及富有创造力的思维方式来为满足人民对美好生活的向往奋斗，用自己的劳动成果去展示自身的光和热，在劳动过程中实现个人价值和社会价值，充分展现劳动的获得感、价值感和幸福感。

（二）劳模精神——新时代劳动文化的实践体现

劳模精神是劳动模范所具有的宝贵精神品质，其内涵随着时代的发展进步而更加丰富，"爱岗敬业、争创一流、艰苦奋斗、勇于创新、淡泊名利、甘于奉献"是新时代的劳模精神。袁隆平、郭明义都是我国广为人知的劳动楷模，他们的事迹家喻户晓，影响着千千万万的劳动者。正是像他们这样的劳动模范以身作则、身体力行，用自身无怨无悔的奉献诠释着劳模精神的忘我境界，进而获得了全社会的高度认可和高度赞扬，将劳模精神真正发扬光大。劳模精神作为我国劳动者的宝贵精神财富，具有深刻的历史渊源和时代价值。劳模精神从中华民族的善于创造、勤劳勇敢的优秀民族精神中衍生，不同时代的各行业具有代表性的先进典型劳动工作者用自身劳动生动地诠释了劳模精神，对社会劳动者大军发挥着积极示范作用，引导他们热爱劳动、尊崇劳动并且精于劳动，对我国社会发展进步产生了强大的驱动作用，为满足人民对美好生活的向往奠定了一定的物质和精神基础。

当代劳模精神，是广大劳动人民的价值追求与奋斗方向，始终感召、鼓舞、引领劳动群众从事着以情感认同为基础、以理性共识为选择、以道德标准为规约的劳动实践过程。劳模精神的广泛传播显著增强了劳动文化的主流观念，一方面激励劳动者主动学习先进典型，自觉提高自身劳动文化素质，成长为有理想、有文化、有技术、有担当的新时代劳动者；另一方面引导劳动者弘扬中华优秀民族精神，增强中国人的民族自豪感和文化自信。社会高度认同并推崇劳模精神，媒体经常通过电视广播、报纸杂志、互联网自媒体等传播途径大力宣传劳模精神，通过颂扬劳动模范极具感染力的鲜活事例，让广大劳动者感受到劳动的魅力，从而激发劳动者的劳动热情，增强劳动者对劳模精神的认同感和劳动者之间的凝聚力，提高广大劳动者为社会主义事业奋斗的劳动积极性。

阅读延伸

黄晓青是湖南省桂东县寨前镇的一名乡村邮递员。他负责桂东县寨前镇 10 个村居、20 个单位、280 个段道的投递点，平均每天要走 80 公里的邮路。20 年来，他的工作热情丝毫不减。他的身份不仅是一个乡村邮递员，同时也是许多乡民的移动医药箱、杂货铺、修理工。

桂东县森林覆盖面积高达 82%，在湖南省位列第一，被国务院列为"全国生态示范区"。这个深居大山的小县城有着大自然赋予的重峦叠嶂、沟壑纵横、岭谷相间的壮丽风景，同时也是湖南东部交通极为不便利的地方。"一半邮路还走不了摩托车，只能靠步行。"黄晓青说，"山区的居民居住分散，有时候一天送不了几户人家。最远的一家，离镇里有 45 里路，摩托车骑行后还要步行近 10 里，去一趟得花上一个半小时。"

在黄晓青看来，邮路孤寂更为艰苦，"经常走好半天也没一户人家。"与黄晓青一路同行的只有摩托车发动机的响声和偶尔传来的路边溪流声或山林的鸟叫声。"碰上下雨天就更难了，摩托车陷在泥巴路里，又前不着村后不着店，一个人只能干着急。但只要有村民看到了，一定会跑来帮忙。"这又让黄晓青的内心十分温暖。

邮递员最怕遇上"地址不详"的"死信"。但在黄晓青手里，没有"死信"。2006 年冬，到了一封从台湾寄来写着"湖南省桂东县寨前乡胡昭燃收"的来信，按规定可以把信件退回，但黄晓青去派出所查找所有名字相同的人，逐户上门核对，终于找到了收信人，让两岸失散几十年的亲人有了联系。而今，黄晓青成了寨前镇户籍信息"本地通"，先后让 375 封"死信"顺利送达。26 年来，他共投递信函、包裹、报刊数百万件，做到了无一差错，无一丢失损毁，无一有理由申告，无一安全事故，实现"零差错"及"零投诉"。

除了送信件、包裹、汇票、报纸等，黄晓青还常常免费为当地人捎药物、生活用品或农资化肥，或者给空巢老人们修理一些简单的电器等。在他的工作本上，记录着"郭掌珠，需购灯头一个、灯泡一只""胡光纯，需购感冒药"……"山里出去不方便，住的大部分是老人小孩，年轻人都出去打工挣钱了。"黄晓青说，"我能帮一点就帮一点，都是举手之劳的事情。"他的邮路上有 20 多户像郭掌珠、胡光纯夫妇那样家庭贫困又行动不便的老人，他几乎每天都帮三户以上老人义务上门服务。

在人人都向往走出大山赚大钱的年代，黄晓青选择了大山里的这条邮路。当年他入职时只是临时工，现在也只是高级"劳务派遣工"，收入不高也没有编制内职工"五险一金"的待遇。"我没想那么多，不知不觉就干了 20 年，只不过从'小黄'变成了'老黄'。"

多年来，黄晓青相继获评中国好人榜"敬业奉献好人"、湖南省劳动模范、湖南省"爱心信使"等近 20 项荣誉。2020 年黄晓青获评全国劳动模范。

（三）工匠精神——人类劳动实践中独有的价值理念

在工业现代化的今天，工匠精神并不具体指古代工匠所从事的匠艺活动的生产技术与过程，而是超越性地传承与弘扬古代工匠对匠艺事业的内在精神，更多的是指精益求精、一丝不苟的劳动精神和工作态度。新时代工匠精神追求全过程的精益求精，既包含对生产资料、生产过程、生产环节、生产工艺、生产流程的准确把握，也强调选择科学有效的生产方法来实现生产成本合理、生产工艺最优和生产效率最高。

我国经济社会发展正面临转型升级，要对以往高消耗、低效率、低收益的粗放式发展方式进行改进，逐步向低消耗、高效率、高收益，贯彻新发展理念的高质量发展进行转变。同时，不能一味地追求短期经济效益而忽略长远的社会效益和生态效益，需高度关注发展动能和可持续的问题。

由此，工业转型必须从最根本的劳动入手，追求高素质的技术技能型人才、高质量劳动过程和高品质的产品。劳动者在劳动过程中要始终践行工匠精神，不论是从事科技研发的高新技术人才还是奋斗在生产一线的普通工作者，都要做到吃苦耐劳、精益求精、高度专注、全身心投入到所从事的工作中，对每一个工作环节、每一个产品细节都要严格要求以求得高质量。按照行业标准、国家标准甚至国际标准对产品质量进行严格把关，对规范的生产程序，严格的检测标准都要一分一毫精准到位，绝不可偷工减料、偷减程序。同时还要在践行工匠精神中求实创新，进行创造性劳动。当前，提升中国制造的质量、打造中国制造的优质品牌效应已迫在眉睫，中国制造的崛起需要工匠精神，且需要将工匠精神贯穿我国经济社会发展的全过程。

新时代劳动文化的内涵充分体现了"劳动"与"文化"的互融，当文化全面融入劳动时，劳动才会真正焕发出自己的光彩。在实现中华民族伟大复兴的道路上，重视劳动文化有助于建设劳动经济强国，最终建成富强、民主、文明、和谐、美丽的社会主义现代化强国。

教学讲解
新时代劳动文化的内涵

五、新时代劳动文化孕育伟大成就

"我们的根扎在劳动人民之中"。党的十八大以来，以习近平同志为核心的党中央始终同人民站在一起、想在一起、干在一起，统筹国内国际两个大局，回答中国之问、世界之问、人民之问、时代之问，推动中国特色社会主义进入新时代，党和国家事业取得历史性成就、发生历史性变革。

（一）弘扬劳动文化，做新时代奋斗者

"幸福都是奋斗出来的，奋斗本身就是一种幸福"。无数平凡英雄孜孜拼搏，汇成新时代中国滚滚洪流。非凡十年，处处跃动着奋斗者的身影。从飞天的"神舟"，到探索海底

的"蛟龙"；从思想深邃的理论著作和脍炙人口的文学作品，到运用越来越广泛的人工智能，所有这些伟大的创造物，本身就是一枚枚属于劳动者的勋章。

劳动者的荣光，也体现为人类在劳动实践中自身素质的提高。人类在改造自然的劳动实践中，不断认识自然界的客观规律，掌握了运用客观规律进行创造的各种技术技能。不论是大国工匠，还是专家院士；不论是田间行家，还是教师医生，正如习近平总书记所指出的，"劳动没有高低贵贱之分，任何一份职业都很光荣"。我们要在全社会大力弘扬劳动光荣、知识崇高、人才宝贵、创造伟大的时代新风，促使全体社会成员弘扬劳动精神，推动全社会热爱劳动、投身劳动、爱岗敬业，为社会主义现代化建设事业贡献智慧和力量。

960多万平方千米土地欣欣向荣，14亿多中国人民踔厉奋发，续写经济快速发展和社会长期稳定两大奇迹。

（二）弘扬劳动文化，做新时代创造者

"惟创新者进，惟创新者强，惟创新者胜"。推动高质量发展，离不开知识型、技能型、创新型劳动者大军。非凡十年，技能人才突破2亿人、高技能人才超过六千万人、研发人员总量世界第一，"奋斗者"号万米深潜、"复兴号"驰骋神州、C919翱翔蓝天、"太空之家"遨游苍穹……宏伟的三峡大坝、壮观的港珠澳跨海大桥、威武的"东风"系列导弹——所有这些成就映照的都是劳动者的崇高。

人通过劳动把自然对象转化成为人类生活必需的产品，实现了自然的"人化"，创造了社会财富和文明价值。劳动者在劳动活动中展现了创造的力量，也提升着自己的自觉自主意识，正是这种自由自主的内在力量，彰显了人类的伟大。黑格尔关于主奴辩证法的论述，已经证明了劳动者的价值，也说明了不劳而获者在社会中的"多余"。社会主义社会的意义，就在于坚持不劳动者不得食，建立劳动者的"联合体"。习近平总书记指出："在我们社会主义国家，一切劳动，无论是体力劳动还是脑力劳动，都值得尊重和鼓励；一切创造，无论是个人创造还是集体创造，也都值得尊重和鼓励。全社会都要贯彻尊重劳动、尊重知识、尊重人才、尊重创造的重大方针，全社会都要以辛勤劳动为荣、以好逸恶劳为耻。"

当下，依靠创新型劳动、创造性劳动，古老的东方大国正在创新中赢得美好未来。

（三）弘扬劳动文化，做新时代追梦人

"我们都在努力奔跑，我们都是追梦人"。伟大事业，始于梦想，成于实干。党的十八大以来，我国工人阶级和广大劳动群众在以习近平同志为核心的党中央坚强领导下，撸起袖子加油干，在中华大地上全面建成小康社会，意气风发向着第二个百年奋斗目标迈进，为实现中华民族伟大复兴勠力同心、接续奋斗，"中国梦·劳动美"有了新篇章。

劳动，本就应当是光荣的、进步的；劳动者，应该享有最高的荣耀，扫大街、盖房子、送外卖、造芯片、修铁路、写代码、造火箭……没有谁高谁低，都是建设社会主义。人类是群居动物，人类已经发展到了高度合作的社会化大生产阶段，我们没有任何一个人可以脱离社会单独存在，我们每一个人都需要他人的劳动成果，都需要整个社会支持下的产品和服务，一个人不能既会种粮食，又会造化肥，又会造芯片，又会盖房子……只有社会化大生产，才能让每个人都享受现代化的生活。所以，每一个劳动者，都需要为他人提

供劳动，同时，也需要他人为自己提供劳动，这就是社会主义的"人人为我，我为人人"。

面向未来，无论时代条件如何变化，我们始终都要弘扬崇尚劳动、尊重劳动者的社会风尚，推动更多劳动模范和先进工作者竞相涌现。要努力建设高素质劳动大军，培养更多高技能人才和大国工匠，造就一支有理想守信念、懂技术会创新、敢担当讲奉献的宏大产业工人队伍，更好地为现代化建设服务。这必将激励广大劳动模范和先进工作者在各自岗位上拼搏奋斗，用干劲、闯劲、钻劲鼓舞更多的人，让勤奋做事、勤勉为人、勤劳致富在全社会蔚然成风，实现中华民族近代以来最伟大的梦想。

第三节　劳动文化的当代价值

马克思曾强调："任何一个民族，如果停止劳动，不用说一年，就是几个星期，也要灭亡，这是每一个小孩都知道的。"劳动作为人类的谋生手段是人类社会生活中的决定因素，在我国进入新时代的大背景下，培育和弘扬劳动文化仍具有极为重大的时代价值。

一、关乎社会主义合格建设者和可靠接班人的培养

新时代劳动文化的发展关乎社会主义合格建设者和可靠接班人的培养。劳动可以树德、可以增智、可以强体、可以育美。马克思曾指出，教育和生产劳动相结合是"造就全面发展的人的唯一方法"。列宁也认为，"没有年轻一代的教育和生产劳动的结合，未来社会的理想是不能想象的"。中华人民共和国成立后，"教育与生产劳动相结合"一直是我国的重要教育方针，对教育事业发展、人才素质培养发挥了十分积极的作用。但是，当前一些青年学生中出现了不珍惜劳动成果、不想劳动、不会劳动的现象。对此，习近平总书记指出："要在学生中弘扬劳动精神，教育引导学生崇尚劳动、尊重劳动，懂得劳动最光荣、劳动最崇高、劳动最伟大、劳动最美丽的道理，长大后能够辛勤劳动、诚实劳动、创造性劳动。"弘扬劳动精神、加强劳动教育是强国富民的大事，因为它直接决定社会主义建设者和接班人的劳动精神面貌、劳动价值取向和劳动技能水平。

实现中华民族伟大复兴是中国人民近年来努力奋斗的中国梦。中国梦既不是可以凭空想象的梦，也不是空喊口号的梦，只能是凭着中国千千万万辛勤劳动者用实实在在的劳动努力奋斗出来的梦，是需要一代又一代中国的劳动者用勤劳、智慧与勇气拼搏出来的梦。国家繁荣昌盛、社会发展进步、人民幸福安康都有赖于高素质、重实干的劳动者队伍做支撑。

新时代的青年学生要成大才、担大任，就必须接受劳动文化熏陶，并身体力行付诸实践，用劳动实践来诠释新时代劳动文化，用劳动实践来丰富和发展劳动文化。这有助于在全社会树立正确的劳动价值观，成长为具备敬岗爱业、工作认真负责、乐于奉献等优良品质的劳动人才，为我国经济高质量发展进而全面建设社会主义现代化国家提供重要的人才支撑。

二、关乎中华民族伟大复兴中国梦的实现

新时代劳动文化的发展关乎中华民族伟大复兴中国梦的实现。中华民族对劳动有着自己独特的体悟，通过劳动创造了辉煌的中华文明。中国共产党团结和带领人民改天换地、创造历史，建立中华人民共和国，从此，中国人民的命运、中华民族的命运掌握在亿万劳动人民自己的手中，开启了真正通过自己双手劳动改变自己命运、推进民族复兴的征程。时至今日，亿万劳动者的勤劳创造、开拓创新，使实现中华民族伟大复兴进入了不可逆转的历史进程。因此，新时代劳动文化的蓬勃兴起是实现中华民族伟大复兴中国梦的基本前提。

新时代劳动文化的发展关乎社会主义现代化强国的建设。"社会主义是干出来的"，实干是最质朴的社会主义现代化建设方法论。社会主义现代化事业从蓝图绘就到具体实施，是一项极其宏大的社会系统工程，需要几代人乃至几十代人接力奋斗。回溯历史，从千疮百孔、一穷二白到建立独立完整的工业体系，从面临"开除球籍"的危险到跻身世界第二大经济体，从"唤起工农千百万、同心干"到"空谈误国，实干兴邦"，中华人民共和国树起了一座座"干"字丰碑。"干"的实践本质就是劳动，"劳动"的通俗表达就是"干"。社会主义现代化建设的新成就正是通过持续的劳动创造出来的。实践表明，劳工神圣、劳动光荣、实干兴邦是社会主义现代化事业的精神标识；聪明才智、辛勤汗水、刻苦耐劳是中国式现代化道路的力量基石。在全面建设社会主义现代化国家的新时代，发展经济、改善民生、创新科技等都迫切需要劳动文化的滋养与浸润，为中国式现代化新道路厚植精神底色，凝聚精神力量。

第四节　弘扬新时代劳动文化的实践路径

一、开展系统的劳动文化教育

当前，国际环境复杂多变，我国正处于经济转型的攻坚期，这既是机遇也是挑战，全国上下需要团结一心、实干兴邦，确保经济实现持续健康发展。2020 年 3 月 20 日，中共中央、国务院印发《关于全面加强新时代大中小学劳动教育的意见》，强调劳动教育是中国特色社会主义教育制度的重要内容。"让劳动本身成为享受"既是社会主义精神的核心主张，也是社会主义发展的最终目的。劳动的辛勤付出和收获的幸福感正是劳动过程和劳动结果的有机统一，表明劳动和享受不可割裂。

青年学生作为传播马克思主义的"火种"，是国家和民族发展的力量所在，也是中国特色社会主义伟大事业取得成功的关键力量。必须在青年学生中广泛开展劳动文化教育，教育青年学生认识到从读书到就业，从奋斗到成功，关键在于创造出对社会有意义、有价值的劳动。

要积极培养青年学生勇立潮头、引领创新的品格和天下为公、担当道义的情怀，充分发挥其在劳动中的主动性、积极性和创造性。要积极为青年学生学习、工作、生活创造更好的条件，搭建有利于青年学生干事创业的平台，确保上升通道的畅通，让他们能够在劳

动中充分发挥自身优势，充分展现才华，充分释放能量，为实现国家发展、民族复兴提供重要的人才支撑、智力支撑、创新支撑。

二、构建新时代和谐劳动关系

当今社会，科技革命的大潮汹涌澎湃，劳动的创造性越来越明显，劳动者队伍的结构越来越多元化，劳动关系也日益复杂化。在此过程中，必须建立和维护适应社会主义市场经济的劳动制度，切实保护劳动者的各项合法权利，坚决制止和纠正一切侵犯劳动权益的行为，实现社会的公平和正义。近年来，党和政府制定、采取了一系列行之有效的法律、制度和措施，建立了完整的劳动争议仲裁机构和监察执法机构，颁布了最低工资、工时、休息休假、劳动定额等标准，有力地保护了劳动者权益，建立了和谐稳定的劳动关系。劳动合同法草案、就业促进法草案等重要法律草案引起了社会广泛关注，这充分说明，"尊重劳动、尊重知识、尊重人才、尊重创造"已经逐渐成为全社会的共识和共同期盼。

在社会主义条件下，以生产资料公有制为基础的社会主义经济制度决定着工人阶级的"主人翁"地位，也决定着社会主义的劳动关系是利益一致内在和谐的劳动关系。和谐的劳动关系是劳动实践得以顺利进行的重要前提。政府、企业和各学段教育主体须协同发力，为构建和谐的新时代劳动关系奠定制度性基础，营造有利于弘扬劳动文化正能量的生产生活环境。

三、营造尊崇劳动的文化风尚

习近平总书记在给中国劳动关系学院劳模本科班学员的回信中强调："劳动最光荣、劳动最崇高、劳动最伟大、劳动最美丽。全社会都应该尊敬劳动模范、弘扬劳模精神，让诚实劳动、勤勉工作蔚然成风。"

大力弘扬新时代劳动文化，有利于推进实施人才强国战略、创新驱动发展战略、制造强国战略，为实现中华民族伟大复兴的中国梦汇聚磅礴奋进力量。在实践中，要大力宣传劳动模范典型的先进事迹，引导广大职工群众树立辛勤劳动、诚实劳动、创造性劳动的理念，进一步焕发劳动热情、释放创造潜能，通过劳动创造更加美好的生活，在全社会唱响劳动最光荣、劳动最崇高、劳动最伟大、劳动最美丽的时代最强音，营造尊崇劳动的文化风尚。

四、加强对劳动文化的宣传引导

拓宽劳动文化的宣传途径，需要更新劳动文化传播的模式，采用新形式、新方法、新手段大力宣传劳动文化，"润物细无声"般地引导青年学生在潜移默化中接受劳动文化。利用好现代社会的新闻传播工具，如电视广播、报纸杂志、电影、短视频自媒体等传统与新兴信息传播媒介，大力宣传和弘扬劳动文化。

互联网时代的到来，极大地拓宽了民众了解信息、学习知识与各抒己见的渠道，对社会发展具有深刻的影响。但是，"互联网是把双刃剑"，利弊并存，必须对网络环境进行监督和净化，明确互联网不是法外之地，法律规定与道德约束在网络上依然适用。要引导和把握好网络上关于劳动文化的舆论方向，坚决杜绝消极劳动、蔑视劳动的情况存在。网络可以让个人"发声"，但不能不负责任地发表言论，青年学生要自觉规范好网络言论，传播劳动文化正能量。强化我国对劳动文化的网络宣传引导，进一步促进社会大众对新时代劳动文化的弘扬和发展，促使尊重劳动、热爱劳动的敬业风气在网络环境中蔚然成风。

◀ 实践演练 ▶

讲述劳动故事，弘扬劳动文化

劳动创造人，劳动创造财富和幸福。无论是个人成长还是国家的繁荣兴盛，都是在劳动中创造的。广大劳动者在劳动实践的过程中自觉磨炼意志，焕发劳动热情、释放创造潜能，养成吃苦耐劳的优良品质，让尊重劳动、诚实劳动的劳动氛围在全社会范围内蔚然成风。

请同学们以"我的劳动故事"为主题进行演讲，分享自己的劳动经历和感悟，讲述劳动故事，弘扬劳动文化。

劳动作为中华民族生生不息的重要动力来源，为建设中华民族现代文明贡献了智慧和力量。只有引导全社会坚定辛勤劳动、诚实劳动、创造性劳动的理念，让劳动呈现行为之美、价值之美和境界之美，并成为时代铿锵之音，才能夯实追逐中国梦的深厚伟力。

◀ 章节习题 ▶

1. 中华优秀传统文化中蕴含的劳动基因有哪些？
2. 新时代劳动文化的形成来源有哪些？
3. 新时代劳动文化的主要内容包括哪些方面？
4. 弘扬新时代劳动文化的实践路径有哪些？

◀ 以劳育美 ▶

动漫解说
耕织图

《耕织图》是南宋绍兴年间画家楼璹所作，包括耕图21幅、织图24幅，作品得到了历代帝王的推崇和嘉许。天子三推，皇后亲蚕，男耕女织，这是中国古代生动的小农经济图景。

第五章　劳动心理

思维导图

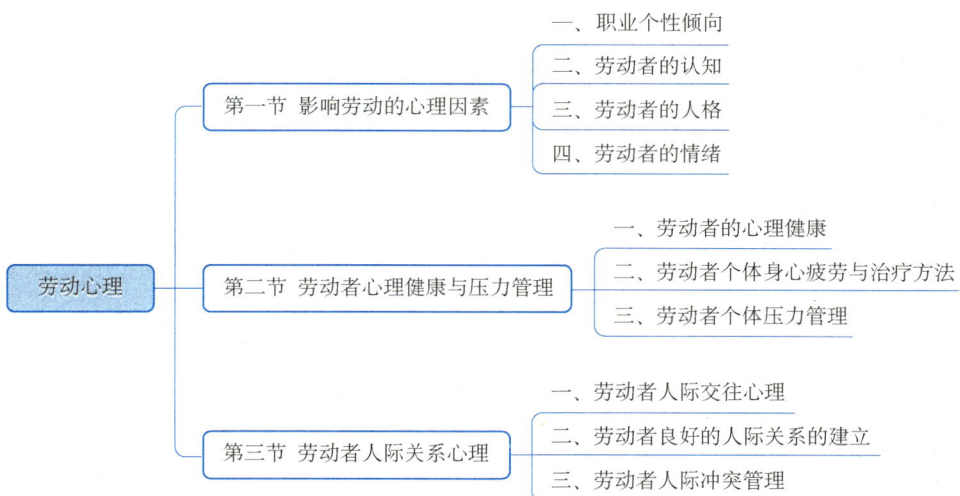

劳动心理
- 第一节　影响劳动的心理因素
  - 一、职业个性倾向
  - 二、劳动者的认知
  - 三、劳动者的人格
  - 四、劳动者的情绪
- 第二节　劳动者心理健康与压力管理
  - 一、劳动者的心理健康
  - 二、劳动者个体身心疲劳与治疗方法
  - 三、劳动者个体压力管理
- 第三节　劳动者人际关系心理
  - 一、劳动者人际交往心理
  - 二、劳动者良好的人际关系的建立
  - 三、劳动者人际冲突管理

导读导学

马克思曾经指出，人就其本质而言，是一切社会关系的总和。每一个人都是社会中的人，不可能独自存在，总会与其他社会成员发生种种联系，形成各种社会关系，从而产生不同的社会心理现象。劳动者的身体因素和心理因素都会对劳动产生影响。劳动者的身体因素可以通过日常观察和身体检查而获知，因此为人们所熟悉。然而，心理因素则由于其不可直接观察和不易测量而容易被人们忽视。劳动者的心理因素在个体发展和事业成功中起着关键性作用，对劳动的结果有重要影响。劳动者的心理因素包括多个方面，本章主要阐述劳动者的各种心理因素、压力、人际关系等对劳动效果产生的影响，以及应对措施等。

学习目标

【知识目标】
1. 了解影响劳动的心理因素。
2. 掌握劳动压力的形成原因及其应对措施。
3. 掌握劳动者形成良好人际关系的方法。

【能力目标】
1. 能够分析劳动者出现相关行为的心理原因。
2. 能够采取合理的措施来调节劳动者的身心问题。
3. 能够与周围的劳动者建立良好的人际关系。

【素质目标】
1. 形成健全的劳动人格，具备积极向上的劳动态度。
2. 培养良好的个性品质，激发强烈的社会责任感。
3. 提升意志力和自信心，树立正确的劳动意识。

第一节 影响劳动的心理因素

一、职业个性倾向

职业个性倾向包括职业需要、职业兴趣和职业价值观等。

（一）职业需要

劳动者的职业需要来源于人的需要。对于人的需要和劳动者的职业需要，心理学家提出了相应的需要理论。

1. 职业需要的概念

需要是人们对生物性需要和社会性需要的反映。生物性需要是指保存和维持个体生命和延续种族的需要，如生理需要、安全需要、运动需要；社会性需要包括基本社会性需要和高级社会性需要。基本社会性需要是指较少受教育影响、带有一定的先天成分的需要，如依恋需要、探究需要、交往需要、尊重需要等，常在个体的早期阶段出现。高级社会性需要指更多地受到教育的影响、完全是后天发展的、为人类所独有的需要，如求知需要、成就需要等。职业需要是个体需要在职业生活中的体现，既是推动人从事职业活动的内部动力，又是工作积极性的内部源泉。

2. 罗伊的职业需要理论

罗伊（Anne Roe）是一位临床心理学家，她综合了精神分析论、墨瑞的人格理论和马斯洛的需要层次理论，提出了职业需要理论。她认为，早期经验会增强或削弱个人高层次的需求，进而影响人的生涯发展，她特别强调早期经验对以后选择行为的影响。

（1）关于需求满足

罗伊认为，如果高层次的需求不能获得满足，那么这种需求将会消失而且不再发展；如果低层次的需求未获得满足，将驱使人们去满足此类需求来维持生存，从而间接地妨碍了高层次需求的发展。如果某些需求的满足受到延迟，就会无意识地驱动人们去满足这些需求，从而延迟其他的需求。

（2）关于职业选择

罗伊认为，人们所选择的职业和工作环境，往往会反映出幼年时的家庭气氛。如果小时候的生活环境充满温暖、爱、接纳或保护的氛围，就可能会选择与人有关的职业；如果小时候生活在一个冷漠、忽略、拒绝或过度要求的家庭中，很可能会选择科技、户外活动一类的职业，因为这些职业是以事、物和观念为主，不需要和人有太直接的接触。她把职业分为服务业、商业交易、商业组织、技术、户外、科学、文化、演艺八大群组，专业及管理（高级）、专业及管理（一般）、半专业及管理、技术、半技术、非技术六大类。

罗伊认为父母的教养态度对子女的职业选择有重要的影响，应该让子女从小就发展自己的能力倾向及职业兴趣，这样他们对终身的择业及志向才有正确的观念及选择能力，也愿意承担选择后的责任。

（二）职业兴趣

兴趣是人们力求认识某种事物或从事某种活动的心理倾向。职业兴趣是劳动者的兴趣在职业领域中的反映。

职业兴趣是指人们对某种职业活动具有的比较稳定而持久的心理倾向。职业兴趣在职业活动中起着重要的作用。良好而稳定的职业兴趣会使人在工作时具有高度的自觉性和积极性。个人根据稳定的兴趣选择某种职业时，兴趣就会变成巨大的个人积极性，促使人在职业生涯中取得成就。

📝 知识拓展

霍兰德的职业兴趣理论

目前，在国内外职业兴趣研究中影响比较大的是霍兰德的职业兴趣理论。霍兰德在长期职业指导和咨询实践的基础上，首次提出了自己的职业兴趣理论。他认为，职业兴趣是人格的体现，从事同一职业的人存在着共同的人格，人格可划分为不同的类型。霍兰德提出了关于人格类型和职业类型的假设。大多数的人可以被归纳为六种人格类型：现实型、研究型、艺术型、社会型、企业型和传统型。相应地，社会上也有六种职业类型：现实型、研究型、艺术型、社会型、企业型和传统型。

（三）职业价值观

价值观代表了一个人对周围事物的是非、善恶和重要性的评价。人们对各种事物的评价有轻重主次之分，这种主次的排列构成了个人的价值观。价值观是决定人们期望、态度和行为的心理基础。在同样的客观条件下，具有不同价值观的人会产生不同的行为。

1. 职业价值观的概念

职业价值观是人们对社会职业需求所表现出来的评价，是人生价值观在职业问题上的反映，职业价值观具有以下特性。

（1）主体差异性

职业价值观是作为主体的人在职业选择时对职业意义的认识。由于个体的先天条件、后天经历和社会影响不一，从而形成了不同的职业价值观。

（2）相对稳定性

在家庭、社会环境、教育的影响下，在个体的成长发展和寻找职业的过程中，职业价值观会逐渐形成。一旦形成自己的职业价值观，便具有相对稳定性，能保持相当长的时间。

（3）变化性

由于时代变迁、社会影响、个人的社会阅历与工作经验的增加、知识的积累、立场的改变，甚至遭遇特别的生活、工作事件等，都可能导致职业价值观的改变。例如，工人由于一次工作事故造成了严重后果，他很可能就认为自己不再适合这类工作。

2. 职业价值取向

不同的人有不同的职业价值取向。国内相关媒体通过在线调查的方式，开展了一项题为"你为'什么'而工作"的调查。调查的目的是研究人们究竟是为了什么而工作、在工作中最看重的又是什么。

研究人员根据工作价值观的不同，把受访者分成六种类型：工作满足型、理想主义型、安逸享乐型、随波逐流型、回报驱动型及创业型。这六种类型代表了六种职业价值取向。

（四）职业锚理论

1. 职业锚的概念

职业锚是指一个人在做出选择时，无论如何都不会放弃职业中至关重要的东西或价值观。"锚"是人们选择和发展自己的职业时所围绕的中心。"职业锚"是内心深处对自己的看法，它是自己的才干、价值观、动机经过自省后形成的，可以指导、约束或稳定个人的职业生涯。

职业锚理论

职业锚理论是美国麻省理工学院斯隆管理学院施恩教授领导的专门研究小组，在对该学院毕业生的职业生涯研究中提出来的。斯隆管理学院的 44 名 MBA 毕业生，自愿组成一个小组接受施恩教授长达 12 年的职业生涯研究，包括面谈、跟踪调查、公司调查、人才测评、问卷等多种方式，最终分析总结出了职业锚理论。职业锚在职业生涯中非常重要，即使面临非常困难的状况，职业锚在职业选择过程中也不会被放弃。这意味着人们不会放弃目前的工作而转换到一份不能满足职业锚需要的其他工作上。

2. 职业锚的功能

职业锚作为一个人才干、动机与价值观的自我认定模式，在个人的职业生涯与工作周期中具有重要的功能。

（1）选择自己的职业发展道路

通过工作经验的积累而形成的职业锚，能够清楚地反映个人的价值观与才干。个人抛锚于某一职业工作过程，实际上就是个人自我真正认知的过程，认识自己具有什么样的能力、才干，需要什么。一个人通过对职业锚的认识，可以找到自己长期稳定的职业贡献区，从而决定自己的职业选择。

（2）确定职业目标和职业角色

职业锚能够清楚地反映出个人的职业追求与抱负。根据职业锚可以判断个人达到职业成功的标准，例如，就抛锚于管理型的员工来说，其职业成功在于升迁至更高的职业，获得更大的管理机会。因此，明确自己的职业锚，有助于确定自己职业成功的标准和要求，从而确定职业目标和职业角色。

（3）提高工作技能和职业竞争力

职业锚是个人经过长期寻找所形成的对职业工作的定位。职业锚形成后，个人便会相对稳定地从事某种职业。这样必然会累积工作经验、知识与技能。随着个人工作经验的丰富和累积、个人知识的扩张，个人的职业技能将不断增强，个人的职业竞争力也随之增强。

3. 职业锚的类型

专家经过长时间的研究，并对几万人的不同职业阶段进行了访谈和分析，确定了如下八种基本的职业锚类型。

（1）技术/职能型。技术/职能型的人追求在技术/职能领域的成长和技能的不断提高，以及应用这种技术/职能的机会。他们对自己的认可来自他们的专业水平，他们喜欢面对专业领域的挑战，不喜欢从事一般的管理工作。

（2）管理型。管理型的人追求并致力于工作晋升，倾心于全面管理、独立负责一个部分。他们注重组织管理、领导等方面的能力和素质的提升。具体的技术/职能工作仅仅被看作是通向更高、更全面管理层的必经途径。

（3）自主/独立型。自主/独立型的人希望随心所欲地安排自己的工作方式和生活方式。他们追求能施展个人能力的工作环境，希望能最大限度地摆脱组织的限制和约束。他们宁愿放弃晋升或工作发展的机会，也不愿意放弃自由与独立。

（4）安全/稳定型。安全/稳定型的人追求工作中的安全与稳定感。他们为能够预测到稳定的将来而感到宽慰。他们关心财务安全，例如工资保障、退休金。他们诚实、忠诚，能较好地完成领导交代的工作。

（5）创业型。创业型的人希望用自己的能力去创建属于自己的公司或创建完全属于自己的产品，而且愿意去冒风险，并克服面临的障碍。他们想向社会证明，财富是他们靠自己的努力创建的。

（6）服务型。服务型的人一直追求他们认可的核心价值，例如，帮助他人，保障人们的安全，通过新的产品消除疾病等。

（7）挑战型。挑战型的人喜欢解决看上去无法解决的问题，战胜强硬的对手，克服无法克服的困难障碍等。

（8）生活型。生活型的人希望将生活的各个主要方面整合为一个整体，喜欢平衡个人的、家庭的和职业的需要，因此，生活型的人需要一个能够提供足够弹性的工作环境来实现这一目标。生活型的人甚至可以牺牲职业的一些方面，例如通过放弃职位的晋升来换取工作和家庭的平衡。相对于具体的工作环境、工作内容来说，生活型的人更关注自己如何生活及怎样自我提升。

二、劳动者的认知

心理学用信息加工的观点来看待劳动者的认知过程。人的信息加工过程包括信息输入、信息传递、信息加工、信息输出等环节，涉及感觉、知觉、记忆、思维、行为等。人的活动，不论是简单的还是复杂的，几乎都包含了信息加工的全过程。

（一）信息输入

信息输入是信息加工的第一个阶段，它是通过人的感觉来实现的。

感觉是指人脑对客观事物个别属性的反映。感觉的信息加工主要在感受器内进行。各种感受器是接收信息的专门装置。来自外界和人自身的各种信息以一定的刺激形式作用于感受器，使分布于感受器的神经末梢发生兴奋性冲动，这种冲动沿着神经通路传到大脑皮层感觉区，于是产生感觉。

人的感受器有视觉、听觉、触觉、味觉、嗅觉等。每一种感受器只对某一种性质的刺激作用特别敏感。每一种感受器特别敏感的刺激，称为该感受器的适宜刺激。例如，视觉感受器的适宜刺激是一定波长范围内的电磁波；听觉感受器的适宜刺激是一定频率范围内的声波；触觉感受器的适宜刺激是机械压力；嗅觉感受器的适宜刺激是空气中的气味物质微粒等。

人在劳动活动中可以综合运用各种感受器；反过来，劳动活动又促使各种感受器的功能得到发展。人的感觉能力在实践中得到提高。

（二）信息传递

人在单位时间内所能传递的信息量被称为人的信息传递率，亦称人的传信通道容量。人的信息传递能力会受到多种因素的影响而发生变化。下面是影响信息传递能力的几种因素。

1. 信道容量

信道容量是指传信通道传送信息的最大速率。人从刺激发生作用到做出反应，其传信通道需要经历三个阶段，分别是感觉输入、中枢加工和运动输出。人的各种信息输入通道与输出通道在信息传递能力上有明显的差异。

2. 信息编码维度

信息编码维度是指用来传递信息的编码刺激可以独立变化的特性。例如，视觉刺激可以在形状、大小、颜色等特征上分别加以变化；声音刺激可以在音高、响度、音色、延续时间等方面加以变化。每一种可独立变化的特征就是一个维度。只有一个特征可以变化的刺激称为单维刺激，有两个以上可以变化的特征复合的刺激称为多维刺激。例如，若有一个视觉刺激可以在形状和色度两项特征上进行变化，它就是二维视觉刺激；若这个刺激的形状与色度特征都可以作三种变化，它就可以做出九种变化，可用以对九种不同的信息进行编码。刺激所包含的维度数越多，可以进行编码的信息也就越多。

3. 信息的熟悉程度

人对信息的熟悉程度对信息传递能力有明显的影响。人对不熟悉的信息传递效率低，对熟悉的信息传递效率高。例如，人对数字作相应的按键反应，开始时反应时间较长，平均每秒能对 1.5 个数字做出准确反应，其信息传递率相当于 5 比特/秒。经过几个月的训练，反应速度可提高到每秒 3 个数字，相当于 10 比特/秒。这说明人对信息的传递能力可随训练而得以提高。当然，这种提高仍然是有限度的。当训练达到高度熟悉水平后，即使继续训练，传递率也不可能再有明显的提高。

4. 觉醒状态

人的觉醒状态会影响信息传递的效率。人在睡眠时，大脑处于抑制状态，这时不仅不能对信息进行加工，而且几乎停止了信息传递。只有当大脑处于一定的觉醒水平时，才可能进行信息传递。一般来说，觉醒水平高时，信息传递率也较高，但在觉醒水平超过一定限度后，信息传递率不仅不再随觉醒水平提高而增高，还会随觉醒水平提高而降低。

在正常情形下，人在白天的觉醒水平高，在夜晚的觉醒水平低。觉醒水平还和任务状态有关。若在工作中获取的信息太少，或工作处于一种单调重复的状态，觉醒水平就较低；反之，若工作高度紧张，觉醒水平就较高。觉醒状态低于或高于一定水平都会对信息的传递和加工产生消极影响。

5. 疲劳

疲劳会对信息传递和信息加工过程产生不利影响。疲劳会降低人的觉醒水平，使人感受刺激作用的灵敏性降低，并使反应动作变得迟钝。疲劳时容易发生操作事故，其原因就在于此。

（三）信息加工

经过感受器加工后的信息输入大脑，并在大脑中进行进一步的认知加工，大脑中的认知加工包括知觉、记忆和思维等。

1. 知觉

知觉是客观事物直接作用于感官而在大脑中产生的对事物整体的认识。知觉以感觉为基础。它与感觉的主要区别在于，感觉所反映的是客观事物的个别属性，而知觉所反映的是客观事物的综合形象。知觉的信息加工过程要比感觉复杂得多。

知觉的信息加工过程主要涉及两个问题：一个是整体加工和局部加工的关系问题，另一个是自上而下加工和自下而上加工的关系问题。

2. 记忆

记忆是在大脑中积累和保存个体经验的心理过程。从信息加工的角度来看，记忆就是大脑对外界输入的信息进行编码、存储和提取的过程。

记忆是劳动顺利进行的必要条件，职业记忆是一种正常的劳动技能。很多人正是在自己的职业领域内掌握了超强的记忆力，才做出了出色的成绩。

人的记忆系统能把输入并经过加工的信息在记忆系统中储存起来，需要时再提取出来。根据信息保持时间的长短，人的记忆系统可以分为感觉记忆、短时记忆和长时记忆三部分。

感觉记忆也称感官收录、瞬时记忆，是指由外部刺激引起的感性形象在刺激作用停止后的很短时间内仍保持不变的状态。目前，心理学对感觉记忆的研究多以视觉和听觉为主。视觉的感觉记忆称图像记忆，是指当作用于眼睛的图像刺激消失后，视像被保留瞬间的记忆。由于存在图像记忆，人就会把时间间隔很短的刺激知觉成连续的刺激。电影就是利用这个原理使静止的分割的画面被知觉成连续的刺激。

短时记忆又称工作记忆，是指信息保持时间不长于几十秒的记忆。如从电话本上查到一个电话号码，打完电话后这个号码就记不起来了；打字员打字时逐字逐句记住看到的文字，但打完后就不记得了。短时记忆的容量大约为 7 ± 2 个组块。所谓组块是指把若干小的单位按某种规则组合成熟悉的较大的单位。组块可大可小，它的组合方式依赖于人的知识经验，如一个 8 个数字的电话号码，有人把它分成前后 4 个数字的 2 个组块，有人则把它分成每 2 个数字一组的 4 个组块。组块不同，记忆效果也会有差异。

长时记忆也称永久记忆，是指信息经过充分而有一定深度的加工后，在头脑中长时间地保留下来的记忆。储存在长时记忆中的信息一般分为两类，即程序性记忆和陈述性记忆。程序性记忆是指对有关活动先后顺序的信息的记忆。劳动中掌握的各种操作程序、方法、技能都需要程序性记忆，如学习操作机器、学习游泳。陈述性记忆是指对有关事实和事件的记忆。储存的是有关事实材料的信息，如地名、人名、历史事件、公式定理等。陈述性记忆又可按所存储的信息性质分为情景记忆和语义记忆。情景记忆是人们根据时空关系对某个事件的记忆，储存的是个人亲身经历的与特定时间、地点、情景有关的信息，如参加会议、外出旅游等。语义记忆是人们对一般知识和规律的记忆，储存的是具有概括性的信息，如记住化学公式、一年有四季等。

知识拓展

艾宾浩斯遗忘曲线

德国心理学家艾宾浩斯对遗忘现象做了系统的研究，他用无意义的音节作为记忆的材料，把实验数据绘制成一条曲线，称为艾宾浩斯遗忘曲线。该曲线表明了遗忘发展的一条规律：遗忘进程是不均衡的，在识记的最初遗忘很快，以后逐渐缓慢，到了相当的时间，几乎就不再遗忘了，也就是说遗忘的发展"先快后慢"。艾宾浩斯遗忘曲线向我们充分证实了一个道理，学习要勤于复习，而且记忆效果越好，遗忘得越慢。

记忆的数量（百分数）

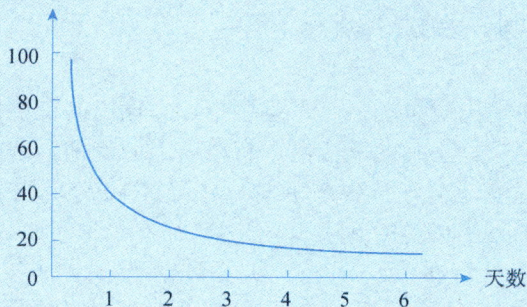

3. 思维

思维是借助语言、表象或动作实现的对客观事物的概括和间接的认识是人类认识活动中最高级的心理过程。它能揭示事物的本质特征和内部联系，并主要表现在概念形成和问题解决活动中。思维是在感觉、知觉和记忆提供的信息的基础上，对信息进行深层次的加工，揭示事物之间的关系。例如，我们感知到太阳围绕着地球旋转，实际上是地球围绕着太阳旋转。地球与太阳运动的规律性不能直接感知到，只有通过思维才能获得这些知识。

思维之所以能反映感知所不能反映的东西，是因为思维具有两大特征：一是间接性，即人们借助于一定的媒介和知识经验对客观事物进行间接的认识，通过中介物来间接反映事物的特点；二是概括性，即思维反映的是一类事物的共同特性。

（四）信息输出

信息输出是指信息从中枢向人的各个运动器官传送的过程。信息输出表现为人的各种反应活动。

1. 信息输出的类型

信息输出必须通过人体各种反应器官。按反应器官可以将信息输出分为手动输出、足动输出、言语输出、眼动输出等形式。

信息输出活动按操作要求可以分为以下几类。

定位运动：手或足从一处移动到另一处，如使用鼠标。

连续运动：需要不断调整的运动，如汽车驾驶员操纵方向盘。

序列运动：把若干分开的独立的动作按一定顺序组织起来形成一个序列的运动，如工人启动机器。

重复运动：一次又一次地重复进行某种动作的运动，如用手锯锯木板。

静态调节：是一种没有外显动作的肢体紧张状态。由于静态调节，人的肢体能在一定时间内保持某种姿势，如某些杂技动作就需要静态平衡运动。

2. 信息输出的速度

速度是评价信息输出质量的主要指标。信息输出的速度一般用反应时来测量。刺激出现到反应完成之间的时间称为反应时。反应时包括两部分：反应潜伏时间和运动时间。反应潜伏时间是从刺激出现开始到反应开始之间的时间。运动时间是从反应开始到反应完成的时间。反应时分为简单反应时和选择反应时。只有一个刺激时，对刺激做出反应的反应时称为简单反应时。当呈现的刺激不止一个时，就要求对各个刺激出现时做出不同的反应，这时测得的反应时称为选择反应时。

3. 信息输出的精确性

精确性是评价信息输出质量的另一个重要指标。输出的精确性有两重含义：一是指正确性，二是指精度。同时，正确的反应可以有精度上的差别。例如打靶，都是打中靶子，但是打中最外面一环只有 1 分，打中最里面一环可得 10 分。同是打中最里面一环也有精度的差别，有的正中靶心，有的接近环线。

4. 速度—精确性互换特性

人们都希望操作做到既快又精确，但快与精确存在一定的矛盾。要操作精确性高，就会放慢速度；要加快操作速度，就会降低精确性。这种现象称为速度—精确性互换特性。根据这一关系，在实际操作中应对速度和精确性的要求权衡轻重。过于追求精确性或过于追求速度都会得不偿失，降低效益。

认知因素是影响劳动的重要心理条件之一。劳动心理学的研究表明，人的认知因素直接影响人对工作的物理环境、社会心理环境的认知和理解，并由此而影响人的心理状态和行为，从而影响劳动效率。对工作环境和条件、劳动任务和过程有深刻的认识，可以调动劳动者的积极性和创造性，避免劳动的盲目性，从而提高劳动效率。

三、劳动者的人格

在劳动生产中，我们常常会看到有的人聪明敏捷，有的人愚笨迟钝；有的人谦虚谨慎，有的人骄傲自大；有的人勇敢坚强，有的人胆小软弱。这些都是劳动者人格的差异。

人格一词来源于拉丁文"面具"。面具的原意是指演员在戏台上扮演角色时所戴的特殊脸谱，用于表示剧中人物的身份。因此，人格指生活中人们所戴的"面具"，即向社会他人所展示的自我形象，而不一定是真实的自我。

人格是一个复杂的结构系统，它包含很多成分，其中主要包括气质和性格。

（一）气质

气质与我们平常所说的"禀性""脾气"相近。在日常生活中，我们可以看到，有的人总是活泼好动、反应灵活，有的人总是安静稳重、反应缓慢，有的人不论做什么事总是显得十分急躁，有的人情绪总是那么沉着稳定。人与人在心理特性等方面的差异，就是由于气质的不同。

当代心理学认为，气质是个人心理活动的稳定的动力特征。心理活动的动力特征主要是指心理过程的强度、心理过程的速度和稳定性，以及心理活动的指向性等方面的特点。这些相对稳定的心理动力特征的相互联系和相互作用，使人的日常活动带有一定的色彩，形成一定的风貌。

苏联心理学家巴甫洛夫认为，有以下四种传统的气质类型。

多血质：感受性低，耐受性较高；不随意的反应性强；具有可塑性和外倾性；情绪兴奋性高，外部表露明显，反应速度快且灵活。代表人物是《红楼梦》里的王熙凤。

胆汁质：感受性低，耐受性较高；不随意的反应性高，反应的不随意性占优势；外倾性明显，情绪兴奋性高，抑制力差；反应速度快，但不灵活。代表人物是《三国演义》里的张飞。

黏液质：感受性低，耐受性高；不随意的反应性和情绪兴奋性均低；内倾性明显，外部表现少；反应速度慢，具有稳定性。代表人物是《水浒传》里的林冲。

抑郁质：感受性高，耐受性低；不随意的反应性低；严重内倾；情绪兴奋性高而体验深，反应速度慢；具有刻板性，不灵活。代表人物是《红楼梦》里的林黛玉。

阅读延伸

苏联心理学家达威多娃曾形象地描述四种基本气质类型的人在同一情景中的不同行为表现。四个不同气质类型的人上剧院看戏，都迟到了。胆汁质的人和售票员争吵，企图闯入剧院。他分辩说，剧院里的钟快了，他进去看是不会影响别人的，并打算推开检票员进入剧院。多血质的人立刻明白，检票员是不会放他进入剧场的，但是通过其他通道进场容易，就跑到其他通道去了。黏液质的人看到检票员不让他进入正厅，就想："第一场总是不太精彩，我在小卖部等一会儿，幕间休息时再进去。"抑郁质的人会说："我老是不走运。偶尔来一次戏院，就这样倒霉"，接着就返回家去了。

气质与劳动者的社会价值和成就高低并无直接关联，但气质是客观存在的，并对劳动者从事的工作和行为有一定影响。

每一种气质类型都有其优点和缺点，都有可能在事业上取得成功，因此，在评价气质类型时，不能认为某一种气质类型是好的，另一种气质类型是坏的。如完成同一项任务，多血质的人可能做得快而粗，抑郁质的人可能做得慢而细。任何一种气质类型都不能单纯地决定人的劳动成就的高低。我们不能以一个人的气质宿命地预测他在事业上的成就。人力资源管理部门在安置人员时，应尽量使劳动者的气质与其从事的工作相适应。因为每种气质都有自己的优势和劣势。例如，多血质类型的人适合从事变化多样、要求反应敏捷且均衡的工作，不适合做需要细心钻研的工作；黏液质类型的人，适合做有条不紊、按部就班、刻板性强、平静且耐受性较高的工作，不适宜从事激烈多变的工作。反过来，如果让劳动者从事与自己气质不相适宜的工作，他就要付出较多的努力和进行艰苦的锻炼才能适应。

问题讨论

如果你是一个 HR，你会如何根据劳动者的气质给他分配工作。

（二）性格

性格是一种与社会关系最密切的人格特征。性格表现了劳动者对现实的态度，并表现在他们的行为举止中。性格一词来源于希腊文，原意为雕刻，后来引申为印刻、标记、特性。我国心理学界倾向于把性格定义为个人对现实的稳定的态度和习惯化了的行为方式。

性格是一个十分复杂的心理构成物，它包含着多个侧面，具有各种不同的性格特征。性格特征是指性格的各个不同方面的特征，主要有四个组成部分：性格的态度特征、性格的意志特征、性格的情绪特征和性格的理智特征。

性格的态度特征主要是指人在处理各种社会关系方面的性格特性，性格的意志特征是指人在自己行为的自觉调节方式和水平方面的性格特征，性格的情绪特征是指人在情绪活动时在强度、稳定性、持续性和心境等方面表现出来的性格特征，性格的理智特征是指人在认知过程中的性格特征。

性格的上述各个方面的特征并不是孤立的，而是相互联系着的，在个体身上结合为独特的整体，从而形成一个人不同于他人的、独有的"特征""标志""属性"。在上述四个方面的性格特征中，性格的态度特征和意志特征是主要的，其中又以态度特征最为重要，因为它直接体现了一个人对事物所特有的、稳定的倾向，也是一个人的本质属性和世界观的反映。

那么性格与劳动又有什么关系呢？性格是人对现实的稳定态度和习惯化了的行为方式，对劳动活动有着重要的影响。性格的态度特征影响着劳动者工作能力的形成和发展。性格的意志特征影响着劳动者任务完成的程度、范围和时间。性格的情绪特征影响着劳动者的精神状态和工作满意度。性格的理智特征影响着劳动者的工作水平。性格与劳动活动的关系，还表现在它对人力资源管理工作的影响和作用上。企业领导要做好职工的管理工作，必须注意和掌握每个劳动者的行为倾向，而性格正是决定行为倾向的重要心理特征之一。掌握每个劳动者的性格有助于控制劳动者的行为向对劳动活动有利的方向发展，有助于创设适宜的劳动环境，使之与劳动者的性格倾向尽量吻合，以利于劳动者愉快地最大限度地发挥其能力。如适当地分配劳动者的工作，避免因性格搭配不和谐而引起劳动者之间的摩擦，或出现紧张的人际关系。

人格所包含的内容十分丰富，大到一个人的人生观、价值观，中到一个人的能力道德，小到一个人的个性习惯，无所不包。了解劳动者的人格特征，并辅以相适应的工作，能使劳动者创造更大的价值。

教学讲解
劳动者的人格特征

四、劳动者的情绪

（一）情绪的概念

在劳动过程中常常会出现各种各样的情绪，时而欣喜若狂，时而怒气冲冲，时而急躁不安，时而心满意足。这些情绪组成了劳动者多姿多彩的心理世界。

情绪是人对客观事物的态度和体验，是人的需要是否获得满足的反映。各种情绪，如喜悦、愤怒、悲伤、恐惧、忧愁等，每个人都有过切身的体验。情绪包含情绪行为、情绪唤醒等复杂成分。

当我们的情绪发生变化时，会有相应的身体表现，即情绪行为和情绪唤醒。

情绪行为是指情绪的外部表现，也称为表情，是在情绪状态发生时身体各部分的动作量化形式，包括面部表情、姿态表情和语调表情。面部表情如高兴时嘴角上翘、眉飞色舞等，它是所有面部肌肉变化所组成的模式；姿态表情包括身体姿势、手势等，是面部表情以外的身体其他部分的表情动作；语调表情如高兴时语调高昂、痛苦时语调低沉，是通过言语的声调、节奏和速度等方面的变化来表达的。所有情绪的外部表现都是与有机体内部的一系列变化密切联系的。当然，人也可以努力控制自己的外部表现，即"喜怒不形于色"。

情绪唤醒是指情绪产生时的生理反应，如血压升高、心跳加速、呼吸加快、瞳孔放大等。任何情绪都伴有情绪唤醒，它涉及广泛的神经结构。

（二）情绪的分类

情绪的分类包括情绪的基本分类和情绪状态的分类。

关于情绪的类别，长期以来说法不一。我国古代对情绪的分类主要有六情说（即喜、怒、哀、乐、爱、恶）和七情说（即喜、怒、哀、惧、爱、恶、欲）。谢弗等提出情绪有六种基础类别，即爱、喜悦、惊奇、愤怒、悲伤和恐惧。其他情绪皆可根据本身的含义和性质划归于这六种基本情绪之中。

情绪状态是指在某种事件或情境影响下，一段时间内各种情绪体验的一般特征表现。根据情绪状态的强度和持续时间的不同可分为心境、激情和应激。

心境是指人比较平静而持久的情绪状态。人们常说"人逢喜事精神爽"，是指发生在我们身上的一件喜事让我们在很长时间内保持着愉快的心情。但有时候一件不如意的事也会让我们在很长一段时间内忧心忡忡、情绪低落。这些都是心境的表现。心境对人们的生活、工作和健康都有很大影响。积极良好的心境可以提高学习和工作效率，帮助人们克服困难，保持身心健康；消极不良的心境则会使人意志消沉、悲观绝望，无法正常工作和交往，甚至导致一些身心疾病。所以，保持一种积极健康、乐观向上的心境对每个人都有着重要意义。

激情是一种爆发强烈而持续时间短暂的情绪状态。人们在生活中的狂喜、狂怒、悲痛和恐惧等都是激情的表现。和心境相比，激情在强度上更大，但持续的时间一般比较短暂。激情对人的影响有积极和消极两个方面。一方面，激情可以激发内在的心理能量，成为行为的巨大动力，提高工作效率并有所创造。如战士在战场上冲锋陷阵、一往无前；画家在创作中尽情挥洒、浑然忘我；运动员在报效祖国的激情感染下敢于拼搏、勇夺金牌。另一方面，激情也有很大的破坏性和危害性。激情中的人有时任性而为，不计后果，对人对己都造成伤害。如一些青少年犯罪，就是在激情的控制下，一时冲动，酿成大错。

应激是指人对某种意外的环境刺激所做出的适应性反应。例如，在日常生活中突然遇到火灾、地震，飞行员在执行任务中突然遇到恶劣天气，旅途中突然遭到歹徒的抢劫等。无论是天灾还是人祸，这些突发事件常常使人们在心理上高度警醒和紧张，并产生相应的反应，这都是应激的表现。应激的生理反应大致相同，但外部表现可能有很大差异。积极的应激反应表现为沉着冷静、急中生智，全力以赴地去排除危险、克服困难；消极的应激反应表现为惊慌失措、一筹莫展，或者产生错误的行为，加剧事态的严重性。

（三）情绪的功能

情绪的功能有很多，主要为信号功能、动机功能、组织功能和适应功能。

第一，信号功能，即情绪在人际交往中具有传递信息、沟通思想的功能。情绪的外部表现是表情，表情具有信号传递作用，属于非言语性交际。人们可以凭借一定的表情来传递情绪信息。心理学家的研究表明，在日常生活中，55%的信息是靠非言语表情传递的，38%的信息是靠言语表情传递的，只有7%的信息才是靠言语传递的。

第二，动机功能，即人的各种需要是行为动机产生的基础和主要来源，情绪是需要是否得到满足的主观体验，能影响人的行为。积极的情绪状态会成为行为的积极诱因，提高行为效率；消极的情绪状态则是消极诱因，干扰、阻碍人的行动，甚至引发不良行为。适度的情绪兴奋会使人的身心处于最佳活动状态，有利于行为的进行，过于松弛或过于紧张对行为的进展和问题的解决都不利。

第三，组织功能，即情绪作为人脑内的一个检测系统，对其他心理活动具有组织作用。情绪的组织功能表现在人的行为上，当人们处于积极、乐观的情绪状态时，容易注意事物美好的一面；当人们处于消极的情绪状态时，容易悲观失望。

第四，适应功能，即有机体在生存和发展过程中，有多种适应方式。情绪是有机体适应生存和发展的一种重要方式。类人猿等高级灵长类动物有着和人类相似的表情，可以表达喜、怒、哀、乐等情绪，以适应生存环境。在会说话之前，婴儿通过情绪表达来和大人交流。人们通过情绪调节来适应社会环境。

心理学研究表明，劳动者无论从事体力劳动还是脑力劳动，都要有一个适当的情绪激活状态，这样才能顺利地完成操作任务。心理学家赫布通过研究提出了情绪激活水平与操作效率之间的关系曲线：当情绪激活水平很低时，操作效率极低或等于零；当觉醒性逐渐提高，即情绪逐渐被唤醒时，操作效率随之逐渐提高；当情绪唤醒到最佳水平时，操作效率也达到最高水平；情绪激活水平继续提高，情绪开始受到干扰，操作效率亦开始下降，直至过渡到情绪紧张状态，使操作效率降至极低水平或等于零。情绪唤醒水平与操作效率之间呈倒"U"字形关系。

情绪是我们生命中不可或缺的一部分，在人类的生存和生活以及自我实现和自我超越的过程中，起着关键的作用。如果没有了情绪，人要么如同行尸走肉，要么如同机器人，其生命、生活甚至是存在都没有了意义。人可以不被情绪所左右，并且能够改变情绪，人类超越其他物种的地方，就是能够主观控制自己的情绪反应。

教学讲解
劳动者的情绪

知识拓展

情绪疗养院——学会控制和调整自己的情绪

　　了解自己的情绪，并在此基础上学会调节自己的情绪，不但有利于个体改善自己的精神生活，提高自己的主观幸福感，也有助于青少年在学习中取得成功。

　　第一步：请完成下面的表格。完成表格时应注意以下三个方面，其一，发生原因一栏要求剖析自己的情绪是如何产生的，并在此基础上分析自己情绪的产生是否合理；其二，不良影响一栏要求回忆自己在消极情绪状态下的行为和精神状态，从中认识到消极情绪对于自身的不良影响；其三，应对措施一栏需要填写在消极情绪发生后是否采取了一些方法来调节；其四，判断应对措施是否有效。

不良情绪	发生原因	不良影响	应对措施	措施是否有效
1				
2				
3				

　　第二步：寻找有效调节和控制情绪的方式方法，比如体育锻炼、听音乐、倾诉等。

第二节　劳动者心理健康与压力管理

一、劳动者的心理健康

　　不同背景和文化的人可能对健康持有不同的观点，一般而言，个体描述的健康通常反映个体生活的特殊环境。例如，老年人倾向于将健康定义为内在的力量和有能力应对生活的挑战，年轻人倾向于将健康定义为身体结实，强调活力和能力。不管怎样，现代人已经逐渐意识到生理健康和心理健康都不能单独存在，这里更关心的是心理健康对于身体健康的影响，一句话概括：心理健康可以影响躯体和精神疾病的起病、过程和结局。已有研究表明，抑郁焦虑与心脑血管疾病存在关联；精神疾病能增加躯体疾病的易感性；心理上的信念如乐观主义、自我克制、成就感和有意义感等，对精神健康和躯体健康都有保护作用；同样，躯体健康也可以影响精神疾病和躯体疾病的发生和结局。这些相互关系都包括在健康的整体概念中。

（一）心理健康的定义

有精神病学家认为，心理健康是指人们对环境及相互之间具有最高效率以及快乐的适应情况。不仅是要有效率，也不只是要有满足感，或者能愉快地接受生活的规则，而是要三者俱备。心理健康的人应当能保持平静的情绪、敏锐的智能、适宜社会环境的行为和愉快的气质。有社会学家认为，心理健康就是合乎某一水准的社会行为，一方面能为社会所接受，另一方面能给本身带来快乐。有心理学家认为，心理健康是指一种连续的心理状态，个体在这种情况下能够进行良好的适应，具有生命的活力，并能充分发挥自身的潜能，这是一种积极的丰富的情况，不仅是避免精神疾病而已。个体成长观把心理健康解释为人的积极的心理品质和潜能的最完整的发展，认为心理潜能的最佳发展取决于人在一生中是否能够成就某种事业。

由此看来，不同学科和学派的研究者对心理健康的强调点不同，其定义各不相同。但总体而言，可以将其归结为：人们在适应环境过程中的心理体验与行为模式的状态和水平，是从最佳状态到最差状态的连续体。也就是说，它不仅包括正常心理，而且包括异常心理。

（二）影响心理健康的因素

在人的一生中，影响心理健康的因素均可以在遗传和环境两大因素中找到相应位置。

1. 童年经验

弗洛伊德是著名的精神分析理论学说创始人。他的人格发展理论有两个重要特点：一是强调生物本能在人格形成和发展中的重要作用；二是强调婴幼儿期的经历和经验对人格形成和发展的重要作用。弗洛伊德认为，每个人都会经历 5 个发展阶段，不同阶段发展顺利与否对以后的人格将有重大影响，特别是童年时代的欲望满足和挫折与人格形成发展的关系非常密切，许多成人的变态心理、心理冲突都可追溯到童年时期的创伤性经历和压抑的情结。新精神分析学派发展并改进了弗洛伊德这种极端的观点，如其代表人物埃里克森。他虽然相信童年对人格发展有非常重要的作用，但与弗洛伊德不同，他认为人格在 5 岁以后继续发展。埃里克森在他的"社会心理发展阶段"理论中将正常人的一生从婴儿期到成人晚期，分为 8 个发展阶段。埃里克森指出，在每个阶段，每个人都面临新的挑战。每个阶段都建筑在成功完成较早阶段任务的基础之上。如果未能成功完成本阶段的挑战，则会在将来再次造成问题。

资料链接
埃里克森的社会心理发展阶段

不论怎样，我们不能否认，每个人的生活都受到了自己早年经历（如原生家庭中的父母关系）的影响，很多在一个特定环境中看来理所当然的事物或者观点，在另一个环境看来就是不可思议或者不可接受的。

2. 生活事件

（1）重大生活事件。生活环境中的重大变化对人的情绪影响明显，如亲人的亡故、离职，即使是喜事，如就业、升迁、结婚生子等，因为社会角色的变化和更多的规范要求，也可能对个体心理产生重要影响，范进中举、产后抑郁等就是典型的例子。

（2）灾难性和创伤性事件。灾难性和创伤性事件指个体无法控制、无法预测或者模糊不清的事件，它们会给个体带来极大的压力，导致心理健康问题，如地震、交通事故等。事件经历者都或多或少地在情绪上产生创伤后应激障碍，他们不断地体验创伤事件，造成情绪和睡眠问题，甚至产生认知障碍。例如，地震后一些丧失子女的夫妻关系紧张，相互埋怨，离婚率增加，严重破坏了亲密人际关系，损伤了自身的社会支持系统，对自身的心理康复产生明显的消极影响。

（3）日常挫折。不只重大生活事件、灾难性和创伤性事件会对个体心理产生影响，波澜不惊中也可能暗流涌动。很多人并没有遭遇重大的创伤性事件，但是日常生活中的人际关系不和、工作无价值、经济压力等都在不知不觉中消耗人的精力，导致个体心理枯竭和烦躁，甚至失常。

3. 认知方式

经验和研究都表明，即使处于相同的环境、面临同样的境遇，因为个体认知不同、反应不同，结果就不同。可以说，遗传因素、创伤性事件等很多是我们无法控制的，我们所能控制和施加影响的是自身的认知。从这个意义上说，调整好自己的心态对我们自身的心理健康水平具有决定性的影响。

（1）习得性乐观。习得性乐观和习得性失助都是美国著名心理学家塞利格曼提出的术语，习得性失助是指由于处在无可逃避或回避有害的、不愉快的情境中所产生的一种习得性的无能为力的状态。塞利格曼在比拟人类产生这种效应的实验演示中，对狗进行反复的不可躲避的电击，从而造成一种非常严重的病理性失助，这时，即使给它一条逃跑的通路，这只狗也不会逃跑。通过这个实验，塞利格曼和其他认知心理学家认为，控制个体的不是生活事件本身，而是个体对这些事件的信念和理解；个体的反应对自身的生活产生最大的影响。

个体的乐观也是习得的，通过改变自己的解释风格可以实现这个过程。塞利格曼指出，乐观者往往用永久的、普遍的和内部的因素解释成功，而用暂时的、特殊的、外部的因素解释失败。悲观者正好相反。这样，乐观者在成功时提高自尊、在失败中保护自尊免受伤害；而悲观者却无法获得这些心理优势，从而无法保持自身心理健康。

（2）归因。归因是指观察者为了预测和评价人们的行为并对环境和行为加以控制而对他人或自己的行为过程进行的因果解释和推论。人们行为的原因包括内部原因和外部原因两种。内部原因是指个体自身所具有的、导致其行为表现的品质和特征，包括个体的人格、情绪、心境、动机、欲求、能力、努力等。外部原因是指个体自身以外的、导致其行为表现的条件和影响，包括环境条件、情境特征、他人的影响等。

美国社会心理学家凯利将归因现象区分为两类：一类是能够在多次观察同类行为或事件的情况下做出的归因，称为多线索归因；另一类是依据一次观察就做出归因的情况，称为单线索归因。凯利认为，人们对行为归因涉及三个方面的因素：客观刺激物、行动者、所处关系或情境。其中，行动者的因素属于内部归因，客观刺激物和所处的关系或情境属于外部归因。

凯利还研究了归因中的错误或偏见。例如，尽管我们在评价他人的行为时有充分的证据支持，我们依然倾向于低估外部因素的影响而高估内部或个人因素的影响，称为基本归因错误。而个体把自己的成功归因于内部因素（如能力或努力等），把失败归因于外部因素（如运气等），称为自我服务偏见。它可以解释以下情况：当销售代表业绩不佳时，销售经理倾向于将其归因于下属的懒惰而不是客观外界条件的影响，而销售代表则认为是金融危机的影响。这也许是职员和老板矛盾难以调和的重要认知原因。

归因理论提出了个体在对他人的行为进行判断和解释过程中所遵循的一些规律。在管理过程中，管理者和员工对行为的归因也不可避免地受到这些规律的影响。管理者在对员工的行为进行判断和解释时，应该尽量避免归因中的偏见和误差；管理者要认识到员工是根据他们对事物的主观知觉而不仅仅是客观现实作出反应。员工对薪水、上级的评价、工作满意度、自己在组织中的位置和成就等方面的知觉与归因正确与否，对其潜力的发挥和组织的良好运作有重要影响。

总之，影响心理健康的因素众多，个体的心理健康状况是多因素综合作用的结果，是过去和现在经验的产物。健康的理论涉及范围很广，包括环境和个体因素，促进个体健康必须从个体和环境两方面入手，需要在比传统的医学模式更广泛的范围和人群内进行干预。

二、劳动者个体身心疲劳与治疗方法

（一）劳动者个体身心疲劳心理

人们在从事劳动过程中，当产生疲劳时，作业能力会出现明显下降。它是人体的正常生理反应，对预防身体发生过度疲劳起着警告作用。当疲劳出现时，一般人在主观上往往会产生从轻微的疲倦到完全精疲力竭的感觉，但是，这种感觉和疲劳并不一定会同时发生。有时虽已出现疲倦感，但实际上并未进入疲劳状态。这在那些对工作缺乏认识、动力和兴趣，工作积极性不高的人中常见，可称为心理性疲劳。

此外，还能见到虽无疲倦感而身体早已发生了疲劳的情况。可见，疲劳的表现相当复杂。关于疲劳的概念，由于研究者的出发点、侧重面的不同，出现了许多不同的定义。劳动心理学研究的是劳动者在劳动活动中出现的疲劳，亦称工作疲劳。它通常是指由于先前的工作而使劳动活动能力减弱、工作效率降低、错误率增加的状态。

（二）疲劳心理的防治

1. 实行科学的休息制度

劳动者持续劳动时间过长是造成疲劳的主要原因之一。休息是消除疲劳的重要手段。研究表明，合理的休息虽然占用了部分劳动时间，但产量并不下降，有些还使工作效率提高。但如何合理地安排休息的开始时间、休息的次数、休息时间的长度、休息的方式，使提高工效与减少疲劳得到兼顾，则是管理者必须充分考虑、研究解决的问题。

2. 建设合理的劳动条件

劳动环境因素如温度、湿度、噪声、粉尘、照明、色彩及周围环境的布局等都会直接影响劳动者的情绪和加剧疲劳。适当地控制这些因素会有利于缓解疲劳。如合理地使用背景色彩可大大减轻人体的紧张或单调感，从而预防心理疲劳的产生。另外，还要注意人与机器的最佳配合。劳动者在操作机器、设备时，应感到方便、舒适、安全，最佳的人机配合有助于延缓疲劳发生。

3. 全面提高劳动者的素质

劳动者是劳动活动的主人，只有提高自身的各项素质，才能最后有效地防治疲劳。自身素质的锻炼既指身体素质锻炼，又指心理素质的培养。合格的劳动者必须是身心健康的，而劳动者的身心健康是战胜疲劳的有效办法。

4. 运用有效的激励手段

作为管理者，必须运用有效的激励手段来防治劳动者的疲劳。激励手段包括合理的管理制度、奖励制度等一系列激励手段。运用有效的激励手段，能提高劳动者进行生产激励的动机水平、兴趣强度，从而增加分配给生产活动的总能量值，达到减少疲劳的目的。

三、劳动者个体压力管理

随着现代社会的迅速发展，各种新生事物不断出现，人们的价值观念、生活和工作方式也随之不断发生变化。生活节奏加快，职场竞争日益激烈，都使人们经历着前所未有的压力。很多人由于缺乏科学有效的压力调控方式而产生了一些恶性循环反应。从年轻的大学教授，到知名艺术家、演员，这些正值盛年的精英才俊的逝去为各行各业的人们又一次敲响了关注健康、有效管理压力的警钟。

（一）压力和压力管理的含义

1. 压力

不同的研究者对于劳动者个体压力含义的定义有所区别，但基本的含义是一致的。下面列出三种对劳动者压力的理解：

第一种观点认为压力是一种刺激。刺激可能来自个人内在（例如疲劳、饥饿），也可能来自外在环境（例如噪声、上司的要求）。

第二种观点认为压力是一种反应。也就是对于刺激所产生的反应，包括生理反应，以及认知、情绪、行为等心理反应。这种观点强调的是压力状态。当人们说自己压力很大时，常常是因为觉察到了自己的身心反应。压力所造成的生理反应包括肌肉张力增加、心跳加速、血压升高、唾液分泌量减少、出汗增加、呼吸急促、血糖升高、胃肠蠕动减慢、胃分泌增加、尿量增加等。

第三种观点认为压力是一种历程。压力是一种动态的过程。压力源与压力反应之间具有互为因果的关系，有时候人们对于原始压力源所产生的反应会演变成另一种压力源，引发下一波的压力反应。

压力最初是物理学的概念，是指由于外力作用而导致的物体变形。直到20世纪初，医学界才有了压力的概念，被译为应激，指个体面对刺激时，为重新恢复正常状况所做的反应。心理学领域除译为压力、应激外，也译为紧张。目前，多数心理学的压力研究都是在这一意义上使用"压力"概念的。压力包括压力事件（压力源），个体对压力事件的认知、评估，由压力事件引起的个体生理和心理反应。那些来自内部和外部的引起压力的各种事件被称为压力源。

生活中任何会让我们担心、难过、紧张的事件都可能成为压力。这些事件可以是身体方面的或情绪方面的，正面的或负面的，突然发生的或长期存在的，能控制的或无法控制的任何变动、琐事或要求。

2. 压力引起的身心反应

如果压力未被适当回应或者身心反应未适当调节，久而久之将伤害神经、内分泌、消化、呼吸、心脏血管、免疫、生殖系统，导致患病。即使出现身体方面的损害，也与心理压力有着密切的关系。所谓"心病需要心药医"，就是要在治病的同时进行心理上的调适。

（二）压力管理的方法

压力是一个多维度的概念，它包含了那些使人感到紧张的事件或环境刺激，是个体的一种主观的心理状态，是个体对压力事件的一种生理反应。压力管理训练，主要是指采取一些方法来增强个体应对压力情景、事件和由此引起的负性情绪的能力。

如何有效地管理和释放工作压力，甚至变压力为动力呢？这里提供四种方法。

第一，了解自己的性格特点，有针对性地进行调整。压力和紧张产生的起点是个人与环境的交互作用。个体对环境中压力源的感知是有很大差异的，对某些人影响很大的事情，有可能对另一些人影响很小，甚至根本就不起作用。所以，管理压力首先要了解自己的特点。

第二，如果不能对引起自己压力的事情进行改变或者很难改变，那么不妨改变一下自己对这些事情的认知，即换个角度看问题。人们在看待一个问题时往往依据自身的态度、价值观、个性特征、以往经历和文化教育水平等。其中，态度是人们进行反应的心理准备。有调查显示，持积极态度的人会把适度的压力看成自己工作、学习和发展的必不可少的动力，即使压力过大，也会从积极的方面考虑，并尽可能降低或消除压力的不利影响，在这种情况下，压力甚至会使人体会到人生的意义。相反，持消极态度的人则可能在压力面前一蹶不振，甚至身心健康受到严重影响。改变思维方式的另一方面是要改变一些不良认知方式。

第三，良好的人际关系是一种有力的社会支持，能有效地缓解人们的工作压力。

第四，培养健康、科学的生活方式也很重要。体育运动、健康饮食、充足的睡眠等能够缓解焦虑和疲劳，释放工作压力。

动漫解说
工作压力的调整方式

我们应该认识到，压力的作用并不都是消极的、有害的。根据心理学家的研究，适度的压力可以使人集中注意力，提高忍受力，增强机体活力，减少错误的发生。因为适度的压力能促使人体内产生一系列积极的生理变化，有利于机体用较多的能量来应对当前的问题。因此，压力也可以看作是机体对外界的一种调节的需要，而调节则往往意味着成长。如果人们能够正确地认识压力，采用有效的措施积极地管理压力，不断地提高自己的应对能力，那么一定可以在拥有事业成功的同时，也拥有健康的体魄和愉悦的心情！

第三节 劳动者人际关系心理

一、劳动者人际交往心理

（一）劳动者人际交往的意义

人际交往是劳动者和谐相处的一部分，是人际关系的具体表现形式，是人与人之间的互动与影响。随着现代企业的管理信息化和经营市场化，劳动者在生产经营活动过程中的协调配合、信息沟通、知识学习等都需要彼此之间的交往，因此，劳动者人际交往的能力是现代管理重要的组成部分。劳动者人际交往的意义表现在以下三个方面。

1. 顺利完成各项工作

人际交往是为了获得必要的生活资料而形成的生活协作手段，是个人社会化的起点和必经之路。如果没有其他个体的合作，在实践过程中与他人形成各种关系，个人就无法完成社会化过程。人只要活着，不管你愿意与否，都必须与人进行交往。人一生的成长、发展和成功，无不与他人的交往相联系。从人际关系中得到信息、机遇、帮扶就可能走上成功之路。随着科学技术的发展，我们越来越依靠群体的力量以及人与人之间的情感沟通和智力交往，使某些工作出现质的飞跃，这种"群体效应"已越来越成为各项工作的推动力。

2. 增强团队凝聚力

劳动者之间愉快、广泛和深刻的人际交往有助于个性健康发展。心理学家从各个不同角度做过大量的研究并发现，健康的个性总是与健康的人际交往相伴随的。心理健康水平越高，与别人交往越积极，就越符合社会的期望，与别人的关系也越深刻。心理学家专门研究了身体、智力和心理健康水平都很优秀的宇航员、研究生和大中学生，得出了一个共同的结论，即心理健康水平高的人，同别人的交往以及人际关系都很好。他们有着一系列有利于积极交往和建立良好人际关系的个性特点，如友好、可靠、替别人着想、温厚、诚挚、信任别人等，从而使劳动群体发展成为一个团结友爱的集体，增强团队凝聚力。

3. 获得生存安全感

社会心理学家所做的大量研究表明，与人交往是获得安全感的最有效途径。当人们面临危险情境而感到恐惧时，与别人在一起，可以直接而有效地减少人们的恐惧感，使人们感到安宁与舒适。有人研究过战场上与部队失散的士兵的心理，发现最令散兵恐惧的不是战场的炮火硝烟，而是失去同战友联系的孤独。一旦一个散兵遇到自己的战友，哪怕其完全失去了战斗力，也会感到莫大的安慰，其独自一人时的高度恐惧感也会大大减轻甚至消失。

总之，劳动者之间的正常人际交往，对提高组织绩效、达成组织与个人的一致目标，促进企业、员工家庭及社会的和谐发展意义重大。

（二）劳动者人际交往类型划分

劳动者在和形形色色的人打交道时，不免觉得有些人不好相处，有时，又会感到自己与人难相处，在这种情况下，人的困惑就会加深。以下是从大量不同类型人际交往中提取的四种典型交往方式。对这些交往方式的研究，能使我们加深对人际交往的理解。

1. 自我中心型

自我中心型的交往方式最突出的特点在于"我"字优先。有的人没有集体主义观念，觉得周围的人让着他是应该的；有的人想干什么就干什么，不管是否影响他人的生活；有的人总听不进别人的建议和想法，总希望别人依照自己的"吩咐"去做。可想而知，这样的人越多，这个生活圈子的人际关系就会越不和谐。

2. 自我封闭型

自我封闭型的交往方式主要是由以下三种原因造成的。

性格原因。这类人愿意与他人交往，但性格内向孤僻，比较害羞，不知如何主动与人相处，只是较为被动地应答他人的行为，内心世界不为他人所了解——虽然他也愿意甚至渴望得到理解。

独立意识过强原因。这类人觉得自己的个人力量足以处理好一切事务，而不需他人的友谊和援助。

否定友谊原因。这类人认为"人心难测，朋友难交"，对朋友之间是否有真正的友情持怀疑态度。

3. 利用型

持这一交往方式的人往往把友情看作交易，认为"友谊"是无所谓真情实意的情感交流，只是人与人之间的彼此利用，是对双方都有好处的代名词。这类人往往没有目的，不做事情，即所谓的"不吃亏"。因此，其"友谊"好时，可以"天长地久""称兄道弟"；而当利益转移时，便可能"移情别恋"，与他人，常常表面恭恭敬敬，背地里另有打算。

4. 合作型

选择这种交往方式的劳动者彼此拥有共同目标，价值观一致，相互体谅，站在对方角度思考问题，有合作的需求和愿望，行动配合密切，双方共同处理问题，通力合作，努力寻求双赢的结果。

（三）劳动者人际交往形成的一般过程

人际关系的建立有多种多样的形式，发展速度有快有慢，除了血缘关系以外，良好的人际关系的形成，总有一个从素不相识到交往密切的逐步深入过程。我们可以把各种人际关系形成的过程概括成三个阶段：感知阶段、接触阶段和深入交往阶段。

1. 感知阶段

良好的人际关系是从相遇感知开始的，人与人相遇在一起，是形成人际关系的前提条件。但是，并非所有相遇的人都能相交。相遇的人要通过感知，才能发生联系。劳动者人际交往的感知阶段，彼此不仅要观察对方的外表特征（高矮、胖瘦、黑白、美丑），更重要的是对其内心特征（性格、情绪、思想、能力、态度、意愿）的感知。我们从对方的行为和表情中推断他的性格和态度，从他的态度中归结出他的思想动机。通过观察了解到，如果交往双方能够相互吸引，只要有一方有交往的表示，就可以从初相识感知阶段过渡到表面接触阶段。

2. 接触阶段

在人际关系形成的初期，彼此之间仅限于表层的了解，缺乏内心的沟通，所以称为表面接触。表面接触是人际之间比较普遍的一种关系。在我们的日常生活中，每天要和许多人打交道，而大部分都是表面接触。例如，同事经常见面和闲聊，仅此而已，并没有较深的感情沟通和共同活动。表面接触维系着我们与大多数人的关系，这是十分正常的现象。一个人不可能也没有必要与所有接触的人都进行深入交往，彼此维持良好的表面接触，以礼相待，互不干扰即可。但是，由于工作、学习和生活的需要，我们又需要和一些人进行深入交往。当彼此能够为对方的品质所吸引，彼此能够相互满足生活、学习和事业的需要时，就有了把关系推向深入交往的基础。我们要抓住有利时机，把人际关系从表面接触阶段过渡到深入交往阶段。

3. 深入交往阶段

劳动者人际关系从接触阶段发展到深入交往阶段，彼此的了解逐步加深，心理上渐渐接近，感情上渐渐融洽。在这个阶段，一方主动热情地关心和真诚地帮助另一方；另一方则以相应的互补形式进行回报。这是把人际关系交往推向深入的动力。在人际关系学中，按照人际之间共同活动的相关程度、感情的依赖程度和思想的共识程度，把人际关系交往的深度划分为以下三种水平。

（1）合作水平。由于工作关系经常要共同活动，彼此互相配合，互相帮助，友好协作。这种交往以共同活动为纽带，双方在共同活动中互惠互利，各得其所，但感情依赖性不强，外部接触成分大于内心沟通成分。例如，相同部门、业务相关部门、兴趣相投的工作伙伴，以及各种形式的团体成员之间的相互关系。在工作中，大多数劳动者之间由于工作之间的联系形成这种合作关系。

（2）互动水平。这种交往的特点是，双方不仅积极参与共同活动，而且在感情上有更多的依赖性。彼此在交往时心情愉悦，有充实感；在离别时，难分难舍，有失落感；在不能相见时，互相思念，有孤独感。彼此双方都能在交往中获得自己感情上的满足，有机会就相聚在一起，共抒情怀。但是，双方在思想上不一定有多少共识，没有明确的共同信念，主要靠感情因素支配着双方的交往。

（3）密切水平。这种交往是人际关系的最高层次，不仅有共同的事业，有感情的依赖，而且在思想上有共同的认识和共同的信念。在这种水平的交往中，彼此都在对方心目中占有很重要的位置，相互引为知己，为了共同的事业心甘情愿地进行无私的奉献。这是一种十分可贵的关系，然而真正达到这种交往水平是很不容易的，大多数人际关系难以达到这种水平。

上述人际关系发展的三个阶段和深入交往的三种水平，只是在理论上进行的一般性概括。在现实生活中，人际关系错综复杂，千变万化，各种因素相互渗透，而且不一定完全按此模式循序渐进地发展。

二、劳动者良好的人际关系的建立

与领导、同事建立良好的人际关系就是指与他们建立令人满意的合作伙伴关系。合作伙伴关系是指与他人为了追求相同或者类似的目标而建立的合作关系，比如完成工作、创造利润等共同目标。

（一）劳动者与领导建立良好的人际关系

与领导建立良好的人际关系是每一位劳动者成功的基础。尊重领导权威，明确领导期望，建设性地表达歧义，审慎发展与领导的关系，善于与领导进行良性互动，将有助于形成领导支持工作的局面。

1. 尊重领导权威，形成信任关系

与领导建立良好人际关系的第一步就是尊重领导权威。当今员工对于领导权威的尊重程度已经大不如前，但恰恰可以利用这点来赢得领导的信任。通过表达对领导权威的尊重，可以换取领导信任，日后领导自然会关注和支持工作。信任是通过一系列长期的行为累积起来的，比如按时完成工作，信守诺言，准时上班，不无故缺勤，不向他人散布机密信息等。信任的建立必须具备以下三个条件。

一是坚决执行方案，在作出决策之前可以充分讨论各个实施方案，一旦作出决定，就要坚决执行，并将领导的想法准确无误地传达给相关人员。

二是情感支持领导，一个值得信任的员工往往在领导面临压力的时候，可以及时给予领导帮助以及情感上的支持，让领导放心，克服一切困难，按时保质地完成工作。

三是坦诚面对困难，当工作出现问题的时候，一定要坦诚地告知你的领导，不要报喜不报忧。如果你的领导已经有一大堆困扰缠身，你就应该在说明问题的同时提供符合客观事实的合理解释或解决方案，而不是说谎。

2. 明确领导对自己的期望

与领导建立良好人际关系的第二步就是尝试着从他的角度来看待工作中的问题。

弄清领导对自己的期望。有些人没有把工作做好，仅仅是因为他们没有完全理解领导要他们干什么。有时候，员工必须主动与领导沟通，弄清主管对于自己工作的期望是什么，因为领导有时也会忘记说清楚。一位备受尊重的管理人员是这样描述他如何弄清领导对自己的预期的：每当我开始为一个新老板工作时，我就要求能够与他一起坐下来，把他对我的预期说清楚。我们试着不只是列出工作的具体内容，还要列出工作的目的。这样，我就对工作目标以及领导对我的预期结果有了全局性的清晰认识，这是非常重要的。

3. 善于与领导进行良性互动

在向领导表达自己的想法时，要等到想法基本完善的时候，再与领导交流，而且要列出你的想法中可能存在的缺陷。在面谈之前，先把你的想法用书面的方式告知领导，而在给出具体建议之前列出实施建议的好处，一定要具体。同时问你的领导，是否能够对自己的建议做一些有益的修改。

（二）劳动者与同事建立良好的人际关系

无论你的职位高低，你总需要他人帮助，因此，必须与同事建立良好的人际关系。如果你能和他们保持良好的人际关系，你就能做到一呼百应，开展工作自然也会顺利许多。互相合作对于一个工作群体提高生产力是非常重要的。

1. 遵守群体规范

与同事友好相处的第一条原则就是遵守群体规范。这些规范往往是不成文的规定，包括了群体成员哪些行为该做，哪些行为不该做的标准。群体成员可以直接观察或者由其他成员告知学习群体规范。如果你没有偏离这些规范，那么你的许多行为都能被其他成员所接受；相反如果你偏离得太远，就可能被群体所抛弃。

2. 尊重同事

马斯洛需要层次理论指出，尊重的需要是人际交往中的重要因素，人们都希望被关注。因此，你需要让同事觉得他们很重要，这样做也有助于和同事建立良好的关系。虽然管理人员负有主要责任来满足大家这种希望得到认可的需要，但是同事在这一过程中也会扮演相当重要的角色。而达到这一目标的一个有效方法就是将同事值得称道的成就告知群体的其他成员。投入一点点时间认可他人，往往能够获得很大的收获，因为你会因此而赢得盟友。

3. 善于倾听他人

与同事建立良好关系的最简单方法就是成为一个良好的倾听者，而成为一个有效的倾听者需要进行一定的练习。在工作中你可以倾听同事向你倾诉遇到的各种问题，或者向你倾诉各种抱怨。在午餐、休息的时间及下班路上可以倾听同事谈论他们的私人生活、时事、体育新闻等。

需要他人帮助的时候不要用命令的口吻，而要用请求的口吻。比如，你需要同事帮你解释一下表格的具体内容，你应该这么说："我碰到一个问题，不知道你是否能够帮我看看？"如果你换成命令的口吻，结果很可能就会遭到同事的冷遇，比如你说："你必须帮我搞定这个问题，不然我的工作无法开展。"运用请求的口吻能够收到比较好的效果，因为没有人喜欢被冷冰冰地命令做这做那。

资料链接
倾听技术

4. 支持、帮助同事

许多工作都需要团队合作。如果你表现得乐于助人，而且愿意与他人合作，就非常容易被视为很好的团队成员。公司的组建本来就是基于合作，没有合作整个系统就会崩溃。当然，并不是所有员工都关心组织的正常运作，但是他们确实需要你的支持。在对工作绩效进行评估的时候，很多公司都包括了关于合作态度的打分。你的领导和同事会对你的合作态度进行评价。

动漫解说
良好职场人际关系的建立

问题讨论

如果劳动者没有与周围人群建立良好的人际关系，对工作会有什么影响？

三、劳动者人际冲突管理

（一）劳动者冲突的来源

在劳动中产生冲突的原因有很多，这里归纳了四种主要原因。这些原因的作用机理都是一样的，即同时有两种不能互相调和的动机、需要或者事件出现。当你与他人不能同时拥有你们想要得到的东西，而你们又不能互相回避时，冲突就出现了。

1. 目标差异冲突

与他人发生冲突的一个主要原因是，不是所有人都能够获得自己想要的资金、设备或者其他资源。当你有一个很好的主意想对领导汇报时，领导却要出差，当你希望在他离开前能和他谈一谈时，他却说："对不起，我已经答应与张经理面谈了，要不等我回来再说吧。"此时你会有种挫折感，因为希望及时与领导沟通面谈的目标没有达到。如果两个个体或者两个群体之间存在明显的目标差异，那么他们之间发生冲突的可能性就很大。虽然有人会说，在一个组织内工作的所有人都应该拥有共同的目标，这就是组织的成功，但是，在现实中这种情况并不多见。通常部门与个人或者管理层之间的目标都存在一定差异，因此，在心理上要接受这种差异存在，要有意识地调整个人与部门与管理层的目标，使之趋于一致。

2. 年龄和性格冲突

另一个引起冲突的原因是成见。不同人之间的性格差异和文化差异也会在工作中引发冲突。年龄的差异会引起冲突是因为不同年龄的人很难接受彼此的价值观。不同年代出生的人所秉持的主要价值观差异会引发冲突。年长的一代认为年轻的一代不守规矩，比如不愿意按时还贷，而且对公司不忠诚。年轻的一代则认为年长的一代崇尚等级结构，过于谨慎且不思进取。而他们看本代人的想法则顺眼很多。年长的一代更加看重资历以及传统部门，而年轻的一代则更加看重能力和团队合作。

不同人之间的性格差异和文化差异也会在工作中引发冲突。工作中发生的许多冲突仅仅是因为情感因素，即当事人无来由地不喜欢对方，这种不喜欢可能多少与不同年龄的人所秉持的价值观不同有关。

3. 工作和家庭之间的冲突

工作和家庭之间的矛盾也是一个常见的冲突来源，在工作和家庭之间找到一个平衡点已经成为一个巨大的挑战。当一个人要在工作和家庭生活中扮演不同角色的时候，就可能会产生工作—家庭冲突，一个人要扮演员工、丈夫或妻子以及家长的角色，而对这些角色的要求往往是有差异的。比如，原本答应孩子去看他的英语剧表演，在将要离开公司的时候却被叫去开会。当一个人既看重工作又看重家庭的时候，这种冲突会被进一步激化。职业人士平均每周工作 55 个小时，包括周末的 5 个小时工作时间。这种工作安排会导致来自家人或者友人的一些需要没有办法得到满足。当这个人既希望努力工作以获得事业成就，又希望有足够的时间陪伴亲友时，冲突就产生了。

（二）解决冲突的合作技巧

正因为在工作中发生冲突在所难免，所以一个关心职业发展的人一定要具备良好的冲突解决能力。接下来介绍一些解决冲突的技巧，大家在工作中都能用得上。

1. 直面问题

一个非常值得推荐的行之有效的解决冲突的办法，就是直面对手解决问题。这种方法希望能够找出冲突发生的真正原因，并且系统地、有步骤地加以解决。在这一过程中，冲突双方的对峙往往是柔和而富有技巧的，并非敌对而鲁莽的。理性在这一过程中担当着非常重要的作用，因为冲突双方希望在解决冲突的过程中能够保持良好和谐的工作关系。这一技巧的使用包括以下三个步骤。

第一，明确冲突的存在，冲突的一方意识到与另一方存在冲突，并且冲突的一方认为冲突的存在已经足够重要，以至于和另一方直面冲突，并想办法加以解决。双方需要坦诚地表达各自对于问题的看法、态度及感情，以便于找出冲突的真正原因。比如，冲突的发生也许源于对正常工作量的认识不同。通常，如果冲突并不十分严重或者复杂，那么往往在这一步就能解决。

第二，确定冲突的解决办法，在这一步骤，双方都设法想出各自能够有效减少或消除冲突原因的办法，如果原因无法消除，那么就一起想办法如何应对这种分歧的存在。如果双方都同意达成共识的解决办法，那么冲突的解决过程就是成功的。

第三，冲突的后续检查，当解决冲突的方案实施以后，双方应该定期检查，以确保合约的内容得以继续贯彻执行。

2. 谈判协商

冲突有时也可以被看作是需要通过谈判协商来解决的情况。当你正在和公司谈判商讨一个合理的薪资水平时，也就是在试图解决一个冲突。起初，双方的需要看似不可调和，但是通过双赢的谈判，也许最后能够达成一个让双方都满意的结果。

（1）妥协。在妥协的过程中，一方以自己答应为对方做到某事的许诺来换取对方为自己做某事。在现实中，妥协是解决冲突的一种有效手段，而且在我们的生活中总会碰到。进行谈判和协商的双方往往会预期以妥协的方式来解决冲突。比如，一家公司愿意以某一价格为客户单独设计并生产一种机器，而客户觉得价格太高，但是公司也不愿意降价，最后的解决办法便是公司附赠一些功能，但是价格不变。

妥协的一个最主要的问题是，最后的解决方案虽然看似让双方部分得益，但也许不能解决任何一方的问题。

（2）留有谈判余地。谈判的一个基本策略是：若是卖方，则以高出目标成交价的价格出价；若是买方，则以低于目标成交价的价格出价。这样在谈判的过程中就留有一定的谈判空间。任何一个为购买汽车或住房而进行过价格谈判的人都知道这个技巧。如果你认为一辆10挡变速功能的自行车值400美元，若你要出售该车的话，则可以标示售价500美元。若你需要购买该车的话，则可以出价300美元。经过谈判，最后可能正好以400美元成交。但是，也有人相信如果以极高或者极低价格出价的话，那么最后达成的交易价格可能更加有利于出价离目标价格远的一方。然而，这一做法也会有问题，因为对方会怀疑你的诚意。如果第三方要帮助解决冲突，则出价合理者往往会赢得更多的同情。

（3）关注整体利益。不要死守某个谈判的内容不放，而应该注重整体利益，始终以达成最终目标为谈判的出发点。更多地关注利益而非立场有很多优点，其中最重要的就是可以让你摆脱一味想赢的心理，更加注重切身利益，避免做出对于长期利益不利的决策。谈判的初衷是解决问题，而不仅仅是击败对手。比如，如果一个客户提出一个不太切合实际的要求，那么最好的做法不是一口回绝，而是想想看，能否在不赔本的情况下，满足或者部分满足他的要求，并且以此建立客户的忠诚度。

（4）登门槛技术。登门槛技术是一种诱使他人顺从解决冲突的策略。有时，为了让某人同意通常情况下不会接受的重大要求，可先引诱他同意一个很小的要求，一旦他接受了这项小要求，就有可能同意那项重大要求，这种现象也被称为"门槛效应"。

阅读延伸

登门槛技术试验

实验者挨家挨户地去找各家主妇，说他们正在为"安全驾驶委员会"工作，希望得到主妇对这一活动的支持，请他们在一份请愿书上签名，这份请愿书将交到州参议员手中，请求他们为立法鼓励安全驾驶而努力。几乎所有接触到的妇女都同意签名。几个星期以后，另外一批实验者与这些主妇打交道，同时，也与一些以前没有接触过的主妇打交道，这一次要求所有的主妇都在他们的院子前面立一块不太美观的大牌子，上面写着"谨慎驾驶"。结果，以前同意在请愿书上签名的主妇中有55%以上同意立这块牌子，而以前没被要求签名的主妇只有不到17%的人同意。那些主妇由于同意最初的小要求，后来顺从重大要求的量便增加了三倍多。

对于这个研究结果，有的解释认为，同意一个小要求的人被卷入，他们对那个问题本身，或他们所从事的行为，甚至他们对做出某种反应的简单想法都负有责任。任何参与卷入都可能使某人更加服从未来的要求。也有解释认为，是个人的自我形象在某些方面起了变化。一旦某人同意一个实际上很难拒绝的小要求，就可能改变自己的认识：自己成为做某种事情的人了。这种个人对自己或对活动本身的态度的转变，也改变了个人对将来从事类似活动的对抗心理，即对第二个要求需要承担更大的义务。在大多数情况下这样做可以达到令人满意的效果。

（5）询问对方立场。"你希望我怎么做？"无论对于谈判还是其他解决冲突的方式而言，有个有效的方法就是询问对方，如果要达成协议，他们希望自己做些什么。如果你满足了对方的要求，那么对方往往不会违约。因为你的行为已经表达了你的诚意，对方一般不会无缘无故地爽约。例如，你正在和团队成员一起分配一个大项目的任务，但是有一些成员认为你的工作少了。在和他们进行了30分钟的会谈以后，谈判陷入僵局。这时你可以问："那么你们认为我该做多少工作？"因为你表达出合作的意愿，其他人一般也不会给你分配过重的工作，而且他们也不再会觉得你的工作量小了，因为这是他们自己分配的。

3. 心理柔道技术

在许多个人冲突中，对方的确有正当理由对你某些不当的行为进行抱怨。如果你一味否定事实，对方就会对此纠缠不休，以后的问题也没有办法得到解决。针对这种情况，一种比较好的方法就是解除敌对状态，承认自己在对方所指责的方面确有不妥之处。这样，双方就能平心静气地商讨如何真正解决问题，而不是无休止地做无谓争论。这种技巧叫作心理柔道，因为你不是正面反抗对方的进攻，而是让对方找不到可以进攻的地方。有时你的承认也许比真正的解决方案更受到对方的关注。

4. 与对手交流思想

这是一个解决冲突的高级方法，这个方法的要点就是确保冲突双方真正理解彼此的立场和看法。对于彼此的观点彻底了解以后，也许就能想出让双方都满意的解决办法。这个办法的具体步骤是这样的，首先，你在一张纸上写下你方的各个论点，以及你认为的对方的各个论点。然后让对方也像你一样做，双方要独立完成。随后，双方可以看看对彼此的想法是否产生误解来真正了解对方的立场和要求。

5. 寻求社会支持

有时候与你发生冲突的对方占有绝对优势。也许你已经尝试使用上述各种解决冲突的方法，但还是无济于事。这时，你也许应该向比对方更有权力的第三方寻求帮助。这些外援可能是工会成员、人力资源经理、公司高层职员或者是上司的上司。

在某些情况下，仅仅是暗示对方你可能会寻求更有权力的第三方的帮助，也许就已经帮助你赢得优势。

◀ **实践演练** ▶

在日常生活中，我们经常遇到引起悲观情绪的消极事件，这时就可以把此类事件进行化解练习。当你发现自己的消极想法时，反驳它，并把它记录下来。最好能持续一个星期甚至更长时间，这样可以帮助我们养成好的思维习惯和控制情绪的能力。

不好的事：

_____

_____

想法（事件发生时自动浮现的念头和想法）：

_____

_____

后果（这个想法发生后会引发的后果）：

_____

_____

反驳（对这个想法进行反驳）：

_____

_____

激发（成功反驳想法后激发的新打算）：

◀ 章节习题 ▶

1. 如何理解"职业锚"？
2. 当劳动者出现个体压力时，应该如何化解？
3. 怎样使劳动者建立良好的人际关系？

◀ 以劳育美 ▶

动漫解说
粉彩御窑厂图螭耳瓶

　　中国是瓷器的故乡，瓷器是古代劳动人民的一个重要的创造，也是中华民族对世界文明的伟大贡献。收藏于北京故宫博物院的粉彩御窑厂图螭耳瓶上的图案呈现的是景德镇窑厂烧制瓷器的场景。清代景德镇珠山御窑厂专为宫廷烧制瓷器，每一件精美瓷器的背后，都凝结着诸多劳动者的勤劳和智慧。

第六章　劳动法律

思维导图

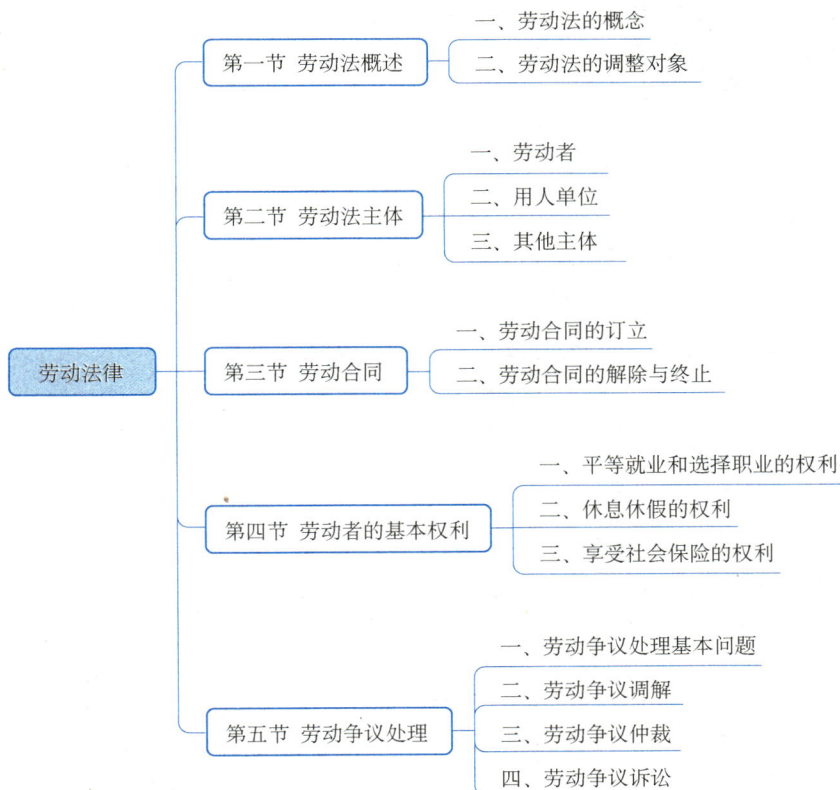

劳动法律
- 第一节　劳动法概述
  - 一、劳动法的概念
  - 二、劳动法的调整对象
- 第二节　劳动法主体
  - 一、劳动者
  - 二、用人单位
  - 三、其他主体
- 第三节　劳动合同
  - 一、劳动合同的订立
  - 二、劳动合同的解除与终止
- 第四节　劳动者的基本权利
  - 一、平等就业和选择职业的权利
  - 二、休息休假的权利
  - 三、享受社会保险的权利
- 第五节　劳动争议处理
  - 一、劳动争议处理基本问题
  - 二、劳动争议调解
  - 三、劳动争议仲裁
  - 四、劳动争议诉讼

导读导学

　　法律能够规范人本身的社会行为。劳动法律作为劳动领域的专门法律，在完善劳动人格、保护劳动者合法权益、协调稳定劳动关系等方面有着重要作用。劳动法律能促使青年学生将法律与劳动实践相结合，在劳动实践中维护自己的权利，履行自己的义务。

　　青年学生在不久的将来面临着成为社会一员并承担各种职业角色的重要任务。为了使青年学生在未来的就业和职业生涯中能够更好地维护自己的合法权益，劳动法律教育显得尤为重要。本章通过对劳动法的概念及其调整对象、劳动法主体、劳动合同、劳动者基本权利、劳动争议处理等基本理论知识的阐述，并结合具体案例，让青年学生系统了解劳动法律相关内容，掌握合理维护自身权益的方式方法，使其能够在未来职场中用劳动法律维护自己的合法权益，提升自身基本法律素养。

学习目标

【知识目标】

1. 学会辨识劳动法律关系。
2. 掌握劳动合同订立、解除、终止的程序。
3. 了解劳动者享有的基本权利。
4. 掌握劳动争议处理的程序。

【能力目标】

1. 学会查询劳动法律及其相关规定。
2. 运用劳动法律基本知识保障职业发展。

【素质目标】

1. 树立法治思维和法治观念，并自觉践行。
2. 能够运用劳动法律的基本知识维护自己的合法权益。

第一节　劳动法概述

一、劳动法的概念

　　本章所指的劳动法不是一部单独的法律，而是指调整劳动关系及与劳动关系有密切联系的其他社会关系的法律规范的总称，包括《中华人民共和国劳动法》（以下简称《劳动法》）、《中华人民共和国劳动合同法》（以下简称《劳动合同法》）、《中华人民共和国劳动争议调解仲裁法》（以下简称《劳动争议调解仲裁法》）、《中华人民共和国就业促进法》（以下简称《就业促进法》）、《中华人民共和国劳动合同法实施条例》（以下简称《劳动合同法实施条例》）、《工资支付暂行规定》《企业职工带薪年休假实施办法》等。除此以外，还包括大量的地方性规范文件，如《山东省劳动合同条例》《河北省劳动合同管理办法》等。

二、劳动法的调整对象

劳动法的调整对象是劳动关系及与劳动关系密切联系的其他社会关系。

（一）劳动关系

1. 劳动关系的概念

劳动法意义上的劳动关系是指劳动者与用人单位之间在劳动关系存续期间，一方提供劳动力，另一方提供劳动报酬的社会关系。这是劳动法最主要的调整对象。

本质上，劳动关系是一种合同关系，具有财产属性，劳动行为实施的目的，究其根源是通过劳动获得赖以生存的物质资料，即获得相应的劳动报酬。同时劳动关系具有人身属性，劳动者一旦与用人单位建立劳动关系，就要服从用人单位的管理，并亲自提供劳动。另外，劳动关系具有从属性，这里的从属性基于劳动行为本身，其实现离不开用人单位对劳动者在劳动过程中的诸多控制，如规定单位工作纪律、上下班时间等事项。

2. 特殊劳动关系

（1）在校生与用人单位的关系

《关于贯彻执行〈中华人民共和国劳动法〉若干问题的意见》规定："在校生利用业余时间勤工助学，不视为就业，未建立劳动关系，可以不签订劳动合同。"因此，实习生与用人单位之间不构成劳动关系。

当然，不排除存在在校生受用人单位的管理，并从事用人单位安排的有报酬的劳动。在此情况下，如在校生及用人单位均符合劳动关系主体资格的，应认定在校生与用人单位存在劳动关系。

问题讨论

在校大学生是劳动法意义上的劳动者吗？

（2）其他特殊劳动关系

按照《劳动合同法》第四十四条之规定，劳动者开始依法享受基本养老保险待遇的，劳动合同终止。可见，对于已经依法享受养老保险待遇或者领取退休金的人员，与用人单位之间的关系，按劳务关系处理。

但用人单位与其招用达到法定退休年龄但没有依法享受养老保险待遇或者领取退休金的劳动者发生用工争议，按劳动关系还是劳务关系处理，法律并无明确规定，且各地实践存在争议。

除此之外，未达到法定退休年龄的内退人员、下岗待岗人员及企业经营性停产放长假人员，与新的用人单位发生用工争议的，按劳动关系处理。

3. 劳动关系与劳务关系、事实劳动关系的区别

（1）劳动关系与劳务关系

教学讲解
劳动关系与劳务关系的区别

"劳动关系"与"劳务关系"虽然只有一字之差，背后的权益却大不相同，生活中大家时常将两者混淆。劳动关系和劳务关系的区别体现在：

①两者适用的法律规范不同

劳动关系适用《劳动法》《劳动合同法》《劳动争议调解仲裁法》《中华人民共和国社会保险法》（以下简称《社会保险法》）、《工伤保险条例》等劳动行政法规及其司法解释；而劳务关系则适用《中华人民共和国民法典》（以下简称《民法典》）及其司法解释。

②两者主体不同

劳动关系中的主体双方都是确定的：一方必须是符合法定条件的用人单位，即机关、企事业单位、社会团体或个体经济组织，但不能为自然人；而另一方只能是自然人，而且必须是符合劳动年龄条件，也就是根据《劳动法》之规定，必须是年满16周岁且具有劳动能力的自然人。

劳务关系的主体类型较多，双方可以都是单位，也可以都是自然人，还可以一方是单位，一方是自然人。法律法规未对劳务关系主体提出特别要求。

③当事人之间的隶属关系不同

在劳动过程中，劳动关系中的劳动者与用人单位之间存在隶属关系是劳动关系的主要特征。隶属关系就是劳动者成为用人单位中的一员，接受用人单位的管理，遵守用人单位的规章制度，从事用人单位分配的工作，服从用人单位的人事安排。

劳务关系中，双方当事人是一种平等主体之间的民事法律关系，劳动者不是用工者的职工或员工，只是按约提供劳务，用工者也只是按约定支付报酬，双方不存在隶属关系，没有管理与被管理、支配与被支配的权利和义务，不存在隶属关系。

④支付报酬的方式不同

劳动关系中的用人单位向劳动者支付的工资应遵循按劳分配、同工同酬的原则，必须遵守当地有关最低工资标准的规定，在此基础上，用人单位对劳动者的报酬有分配权利。报酬的形式较多：工资、奖金、津贴及各项社会保险等。而且，劳动关系支付报酬的方式一般是按日、按周或按月支付，有规律性、固定性的特点。这种相对规律、固定的支付报酬方式，对于确定劳动者与用人单位的劳动关系十分有利。

劳务关系中的用工方向对方支付的报酬完全由双方协商确定，支付的报酬无须满足最低劳务报酬的法律强制性规定。此类报酬多为一次性的或按阶段、按批次支付，具有随机性、可变性的特点。

⑤用人单位的管理权不同

劳动关系中，用人单位具有对劳动者整个劳动过程的管理权，尤其对劳动者违法违纪行为有处罚权。例如，用人单位可以采取扣发工资、奖金，给予警告、记过、记大过、降

级、降职、开除等手段处罚违法违纪的劳动者。

劳务关系中，用工方一般对劳动过程不直接管理，但有权对劳动结果进行验收，若劳动结果没达到约定要求，用工方有权"不再使用"该劳动者并要求其承担违约责任，但没有其他处分或处罚的权力。

⑥当发生争议时适用的法律程序不同

发生劳动争议后，劳动者与用人单位一般会先由双方协商，经过协商达成调解协议，或经过第三方非仲裁机构达成协议。如果双方无法达成和解或调解协议，一般会选择劳动争议仲裁委员会裁决，对仲裁裁决不服的可以到人民法院提起诉讼。所以说，劳动争议仲裁是进行劳动争议诉讼的前置程序。而劳务关系纠纷的处理，则是直接到人民法院提起诉讼。

⑦保护时效不同

劳动关系中，提起劳动仲裁的时效是一年。劳务关系中，当事人向人民法院请求保护民事权利的诉讼时效为三年。

（2）劳动关系与事实劳动关系

事实劳动关系实际属于劳动关系，受劳动法的规范，但由于事实劳动关系在认定上往往容易与其他法律关系混淆，导致劳动者难以根据劳动法的规定得到应有的保护，因此有必要区分劳动关系与事实劳动关系，明确事实劳动关系的判断依据。

虽然事实劳动关系缺乏如劳动关系般清晰的判断标准，但可以结合其他情形，判断是否属于劳动关系。

用人单位未与劳动者签订劳动合同，认定双方存在劳动关系时可参照下列凭证：①工资支付凭证或记录（职工工资发放花名册），缴纳各项社会保险费的记录；②用人单位向劳动者发放"工作证""服务证"等能够证明身份的证件；③劳动者填写的用人单位招工招聘"登记表""报名表"等招用记录；④考勤记录；⑤其他劳动者的证言等。

另外，《最高人民法院关于审理劳动争议案件适用法律问题的解释（一）》规定，劳动合同期满后，劳动者仍在原用人单位工作，原用人单位未表示异议的，视为双方同意以原条件继续履行劳动合同。在此情况下，属于延续型的事实劳动关系。

（二）其他社会关系

其他社会关系是指劳动者在劳动过程中与除用人单位之外的部门形成的社会关系，包括劳动者与劳动行政部门、劳动保险经办机构、劳动争议处理机构形成的劳动行政关系、社会保险关系、劳动争议处理关系等。

1. 劳动行政关系

劳动行政关系是指劳动行政管理部门为履行行政职能而与劳动者、用人单位及其他劳动关系相对人发生的社会关系。如劳动行政部门对用人单位和劳动者遵守劳动法律法规的情况进行监督，并对违法行为予以处罚。

2. 社会保险关系

劳动关系实施的过程并不是毫无变化，生老病死难以避免，但应对风险变化不能仅依靠劳动者的报酬，故而形成了养老、医疗、生育、失业、工伤等社会保险体系。社会保险关系包括两个方面：一是基于劳动合同的约定，用人单位与劳动者就社会保险的办理和费用的缴纳而形成的权利义务关系。二是社会保险机构因社会保险费的征缴、社会保险待遇的给付等行为与劳动者、用人单位发生的社会关系。

3. 劳动争议处理关系

劳动争议处理关系是指劳动争议处理机构与劳动争议参加双方之间所发生的社会关系。劳动侵权纠纷不可避免，可通过集体协商、调解、劳动监察及劳动仲裁、诉讼等多种方式解决劳动争议。

第二节　劳动法主体

一、劳动者

劳动者是指达到法定就业年龄、具有劳动能力并与用人单位建立劳动关系的公民。劳动者必须具备一定的劳动权利能力与劳动行为能力。

（一）基础条件

1. 就业年龄

《劳动法》规定，禁止用人单位招用未满十六周岁的未成年人。结合《民法典》的规定："十六周岁以上的未成年人，以自己的劳动收入为主要生活来源的，视为完全民事行为能力人。"

2. 劳动能力

公民只有达到法定劳动年龄且具有完全劳动能力或部分劳动能力，才可能成为法律意义上的劳动者。

（二）对女职工和未成年工实行特殊保护

基于女性职工、未成年工的生理、年龄等因素，法律需要在劳动方面对其进行特殊保护。

1. 对女职工的特殊保护

1988 年 7 月国务院颁布的《女职工劳动保护规定》是我国第一部综合性女职工劳动保护法规，后于 2012 年 4 月针对女职工禁忌从事劳动、规范产假假期待遇、调整监督管理体制等方面进行修订，现为《女职工劳动保护特别规定》。除此之外，《中华人民共和国妇女权益保障法》《劳动法》中也有关于女职工劳动保护相关规定。（见表 6-1）

表 6-1　女职工劳动保护

女职工劳动保护	禁止性别歧视		凡适合女职工就业的工作不得拒绝女职工，且同工同酬
	解除终止劳动合同时的禁止		女职工在孕期、产期、哺乳期若没有过错不得解除或终止劳动合同
	女职工禁忌劳动		禁忌从事重体力劳动以及有毒有害等恶劣环境下的工作
	女职工四期保护	经期	禁忌在冷冻、低温环境下劳动；禁忌高强度体力劳动
		孕期	禁止在恶劣环境下工作；不得延长工作时间；孕期七个月以上不得安排上夜班；劳动时间内安排休息；带薪孕期检查
		产期	享受产假待遇
		哺乳期	每天两次哺乳时间，每次半小时；不得延长劳动时间；不得安排夜班

2. 对未成年工的特殊保护

除《劳动法》涉及未成年工保护规定以外，《禁止使用童工规定》和《中华人民共和国未成年人保护法》（以下简称《未成年人保护法》）等也都对此予以明确规定。

对于未成年工特殊保护的内容，主要有以下四点：一是年龄限制，未成年工有年龄范围要求，即上述内容提到的已满 16 周岁未满 18 周岁（特殊职业除外）；二是禁忌劳动，禁止从事矿山井下、有毒有害、国家规定的第四级体力劳动强度的劳动和其他禁忌劳动；三是定期检查，针对未成年工要定期进行身体健康检查；四是登记要求，对于未成年工，录用前不仅要核验身份证且需要登记。

问题讨论

你认为哪些主体是特殊保护对象？不同主体的特殊保护方式有哪些？

二、用人单位

在中华人民共和国境内的企业、个体经济组织、民办非企业单位等组织具有招用劳动者的权利，属于我国法律所指的用人单位。目前，我国法律只承认"组织"用工，不承认"个人"用工。因此，国家机关、事业组织、社会团体与招用的人员建立劳动关系的，也视为用人单位，属于劳动法律关系的主体。没有经过工商登记，也没有取得营业执照的用工单位与自然人之间形成的用工关系，或自然人与自然人之间形成的用工关系，因用工主体不符合《劳动法》的规定，不适用劳动法律的规范，应当用民事法律规定作劳务、承揽等其他关系处理。

三、其他主体

劳动法律关系中，除大家所熟知的劳动者、用人单位主体，还有与其密切联系的其他主体，如集体组织、政府机关、服务机构等。一个完整的社会劳动体系的形成，离不开劳动者的付出、用人单位的用工、集体组织的协助、政府机关的保障、服务机构提供的服务。

第三节　劳动合同

劳动合同即劳动契约或劳动协议，《劳动法》中规定"劳动合同是劳动者与用人单位确立劳动关系、明确双方权利和义务的协议"。劳动合同是劳动者、用人单位双方建立劳动关系的法律依据，同时也是劳动者实现劳动就业、维护劳动权益、保障劳动内容的具体法律形式。

一、劳动合同的订立

劳动者和用人单位决定建立劳动关系后，第一件要做的事就是订立劳动合同。因此，劳动合同的形式、劳动合同的主要条款是合法订立劳动合同的关键。

（一）劳动合同订立的形式

劳动合同主要有书面形式和口头形式两种，我国《劳动法》和《劳动合同法》均规定了在我国劳动合同应采用书面形式，即只要用人单位与劳动者建立劳动关系，就应当及时订立书面劳动合同。《劳动合同法》还进一步规定，延迟或未与劳动者订立书面劳动合同的，都将面临法律的惩罚。当然，在现实生活中还会出现劳动者拒绝与用人单位签订书面劳动合同的情况，对此《劳动合同法实施条例》作了补充规定，要求用人单位通过及时终止劳动关系的方式进行处理。所以，无论是劳动者还是用人单位，都应当及时订立劳动合同。（见表6-2）

表 6-2　劳动合同的订立

劳动合同的订立	用工之日起一个月内签订书面劳动合同		符合法律规定
	用工但未签订书面劳动合同	用人单位不签	用工超过一个月不满一年
			用工满一年
		劳动者不签	自用工之日起一个月内
			自用工之日起超过一个月不满一年

用工超过一个月不满一年	自用工之日起满一个月的次日至补订书面劳动合同的前一日每月支付两倍的工资，并与劳动者补签书面劳动合同
用工满一年	自用工之日起满一个月的次日至满一年的前一日应向劳动者每月支付两倍的工资，并视为自用工之日起满一年的当日已经与劳动者订立无固定期限劳动合同，并应立即与劳动者补签书面劳动合同
自用工之日起一个月内	用人单位应书面通知劳动者终止劳动关系，无须向劳动者支付经济补偿，但应当依法向劳动者支付其实际工作时间的劳动报酬
自用工之日起超过一个月不满一年	用人单位应书面通知劳动者终止劳动关系，并支付经济补偿

另外，需要注意劳动关系的建立和劳动合同的订立之间的关系。劳动者开始提供劳动和订立劳动合同在现实中往往不是同步的，根据《劳动合同法》的规定，劳动关系自用人单位用工之日起开始建立。因此，劳动关系的建立和劳动合同的订立没有直接的关系，只取决于劳动用工开始的时间。例如，劳动者小王 2023 年 6 月 11 日开始到 A 公司工作，但公司在 2023 年 7 月 5 日才和小王订立劳动合同。小王和 A 公司之间的劳动关系开始的时间是用工时间，即 2023 年 6 月 11 日，而不是劳动合同订立的时间。

（二）劳动合同的主要条款

动漫解说
正规的劳动合同

1. 法定必备条款

根据《劳动合同法》第十七条第一款的规定，劳动合同应当具备以下条款：（1）用人单位的名称、住所和法定代表人或者主要负责人；（2）劳动者的姓名、住址和居民身份证号码或者其他有效身份证件号码；（3）劳动合同期限；（4）工作内容和工作地点；（5）工作时间和休息休假；（6）劳动报酬；（7）社会保险；（8）劳动保护、劳动条件和职业危害防护；（9）法律法规规定应当纳入劳动合同的其他事项。

虽然称为必备条款，但在司法实践中劳动合同必备条款的欠缺并不必然导致合同的无效，比如，劳动合同中没有关于工资报酬或者劳动条件等标准的约定引发争议的，用人单位和劳动者可以通过重新协商、适用集体合同规定、实行同工同酬等途径解决。

2. 约定条款

《劳动合同法》第十七条第二款规定：劳动合同除前款规定的必备条款外，用人单位与劳动者可以约定试用期、培训、保守秘密、补充保险和福利待遇等其他事项。

（1）试用期条款。试用期是用人单位对新招收的职工是否符合录用条件进行考察的时间期限。在试用期，用人单位可以对劳动者的工作能力、工作态度、思想品质、身体状况等进行考察，同时劳动者也可以在试用期内评估自己是否能够胜任工作，能否适应工作环境。试用期属于劳动合同的约定条款，如果双方没有事先约定试用期，则用人单位不能因试用期原因解除劳动合同。试用期的相关规定见表6-3。

表6-3　试用期的相关规定

试用期的相关规定	试用期限	非全日制用工	不得约定试用期
		以完成一定工作任务为期限的	不得约定试用期
		仅约定试用期的	试用期视为劳动合同期限，无试用期
		劳动合同期限不满3个月	不得约定试用期
		劳动合同期限3个月以上不满1年	试用期≤1个月
		劳动合同期限1年以上不满3年	试用期≤2个月
		劳动合同期限3年及3年以上	试用期≤6个月
		无固定期限劳动合同	试用期≤6个月
	试用次数	在同一用人单位只能试用1次	
	试用期工资	试用期工资≥本单位相同岗位最低档工资的80%或劳动合同约定工资的80% 试用期工资≥用人单位所在地最低工资标准	

（2）培训

约定条款中的培训并非通常所认知的日常培训，日常培训是在实际劳动过程中，用人单位不定期对内部员工进行岗位培训、职业培训、技能培训等，但大多数是无偿、短期培训。约定条款中的培训比日常培训限定条件要多。首先，约定条款中的培训是有前提条件的，用人单位专门针对某员工或某部分员工开展专项技能培训，目的是让员工在完成培训后帮助单位提升经营水平，所以通常会协商要求培训对象完成培训后服务一定期限。其次，约定条款中的培训是有偿培训，约定条款中的培训需由用人单位专项支出培训经费，这部分经费超出单位日常培训经费的额度。最后，约定条款中的培训涉及违约金支付，受培训员工若不能按照约定继续履行培训义务，则需根据用人单位对此培训支出的费用进行赔偿。

（3）保守秘密

基于职务需要，劳动者难免涉及用人单位的商业经营行为，并知悉部分商业秘密或知识产权技术，用人单位可要求其与单位签署保密协议。一旦劳动者违反保密义务将涉密内容泄露出去，影响企业市场公平竞争，造成损失的需要劳动者承担赔偿责任。

（4）竞业限制

对负有保密义务的劳动者，用人单位可以在劳动合同或者保密协议中与劳动者约定竞业限制条款，并约定在解除或者终止劳动合同后，在竞业限制期限内按月给予劳动者经济补偿。劳动者违反竞业限制约定的，应当按约定向用人单位支付违约金。竞业限制的人员限于用人单位的高级管理人员、高级技术人员和其他负有保密义务的人员。竞业限制的范围、地域、期限由用人单位与劳动者约定，竞业限制的约定不得违反法律法规的规定。

3. 劳动合同不得约定的条款

为避免劳动者陷于不利状况，法律特别禁止在劳动合同中约定不利于劳动者的条款。例如，在劳动合同中既不得约定劳动者交纳保证金的条款，也不得约定劳动者承担服务期违约金、竞业限制违约金以外违约金的条款，更不得约定免除用人单位法定责任、排除劳动者权利的条款。

📝 知识拓展

岗前培训不同于专业技术培训，不得约定服务期和违约金

2020 年 5 月，邱某入职某传播公司。双方签订了《培训服务协议》，约定传播公司对邱某进行为期 18 天的职前培训，培训内容为公司背景介绍、业务简介、课程体系与品牌课程优势、销售技巧及电话销售技巧，同时约定培训结束后履职未达到最低服务年限 1.5 年的，邱某应赔偿全部培训费用。传播公司根据协议约定安排邱某参加了培训。2020 年 9 月，邱某离职。传播公司经仲裁后提起诉讼，要求邱某赔偿培训费。法院认为，《培训服务协议》明确约定涉案培训为职前培训，公司亦未提供证据证明该培训系专业技术培训，不符合劳动合同法规定的可以约定服务期和由劳动者承担违约金的情形。传播公司将培训费成本转嫁给邱某，免除其自身法定责任，相关条款应为无效，故判决驳回传播公司的诉讼请求。

二、劳动合同的解除与终止

劳动合同的解除和终止，是劳动合同效力和劳动合同关系消灭的两种形式。劳动合同解除，是指劳动合同当事人提前消灭劳动合同关系。劳动合同终止，是指劳动合同所确立的劳动关系因劳动合同解除以外的法律事实而消灭。二者的区别主要在于：（1）解除是劳动合同的提前消灭。终止则是劳动合同因期满、目的实现或当事人资格丧失而消灭。（2）解除须经当事人双方协商一致或一方当事人依法行使解除权。终止则一般是在一定法律事

实出现后无须当事人双方合意或任何一方专门作出终止劳动合同的意思表示，只需当事人在具备终止的法定事由时，无延续劳动关系的意思表示即可。

（一）劳动合同的解除

劳动合同解除的方式根据是否协商，分为双方协商解除和单方解除。劳动合同单方解除根据解除主体是劳动者还是用人单位可分为劳动者解除（辞职）和用人单位解除（解雇）。在此基础上，根据解除是否提前告知另一方，可进一步分为预告解除和随时通知解除。

1. 劳动合同的协商解除

对于劳动合同的协商解除，双方当事人皆可提出，只要与对方协商并形成解除合意即可解除劳动合同。而依《劳动合同法》第四十六条的规定，用人单位首先提出协议解除动议的，须支付经济补偿；而劳动者首先提出协议解除动议的，用人单位可以不支付经济补偿。

2. 劳动者单方解除（辞职）

根据是否预先通知用人单位，劳动者辞职可分为预告辞职和即时辞职（被迫辞职）。

预告辞职以劳动者向用人单位预告为辞职的程序条件。它是劳动者享有的法定权利，是劳动者的单方意思表示，不受用人单位制约，无须征得用人单位同意，用人单位可不支付经济补偿。其中试用期外预告辞职的预告期为 30 日，且须书面预告，试用期内预告辞职的预告期为 3 日，口头预告即可。

根据《劳动合同法》第三十八条的规定，即时辞职（被迫辞职）的许可条件主要包括：（1）用人单位未按照劳动合同约定提供劳动保护或者劳动条件；（2）用人单位未及时足额支付劳动报酬；（3）用人单位未依法为劳动者缴纳社会保险费；（4）用人单位的规章制度违反法律法规的规定损害劳动者权益；（5）用人单位具有以欺诈、胁迫的手段或者乘人之危，使劳动者在违背真实意思的情况下订立或者变更劳动合同而致使劳动合同无效；（6）法律、行政法规规定劳动者可以解除劳动合同的其他情形。因以上情形迫使劳动者辞职的，用人单位应当向劳动者支付经济补偿。

3. 用人单位单方解除（辞退）

用人单位解除与劳动者的劳动合同，依据是否与劳动者个人有关可分为基于劳动者个人原因解除和基于与劳动者无关的原因解除。

（1）基于劳动者个人原因解除

过错解除，基于劳动者个人过错原因而导致劳动合同解除，根据《劳动合同法》第三十九条的规定，劳动者有下列情形之一的，用人单位可以解除劳动合同：①在试用期间被证明不符合录用条件的；②严重违反用人单位的规章制度的；③严重失职，营私舞弊，给用人单位造成重大损害的；④劳动者同时与其他用人单位建立劳动关系，对完成本单位的工作任务造成严重影响，或者经用人单位提出，拒不改正的；⑤以欺诈、胁迫的手段或者乘人之危，使对方在违背真实意思的情况下订立或者变更劳动合同的；⑥被依法追究刑事责任的。

非过错解除，该类型解除条件的核心判断点在于劳动者是否能够继续胜任工作岗位。根据《劳动合同法》第四十条的规定，有下列情形之一的，用人单位提前三十日以书面形式通知劳动者本人或者额外支付劳动者一个月工资后，可以解除劳动合同：①劳动者患病或者非因工负伤，在规定的医疗期满后不能从事原工作，也不能从事由用人单位另行安排的工作的；②劳动者不能胜任工作，经过培训或者调整工作岗位，仍不能胜任工作的；③劳动合同订立时所依据的客观情况发生重大变化，致使劳动合同无法履行，经用人单位与劳动者协商，未能就变更劳动合同内容达成协议的。

（2）基于与劳动者无关的原因解除

此种情形主要包括：①因客观情况发生重大变化，致使劳动合同无法履行的；②经济性裁员。

4. 用人单位不得单方解除劳动合同的情形

虽在上述内容中，为保障双方主体的利益，法律明确规定了何种情况可以解除劳动合同，但不可忽视的是，用人单位仍然处于主导地位。为防止用人单位滥用劳动合同解除权，《劳动合同法》第四十二条规定了用人单位不得单方解除劳动合同的情形：（1）从事接触职业病危害作业的劳动者未进行离岗前职业健康检查，或者疑似职业病病人在诊断或者医学观察期间；（2）在本单位患职业病或者因工负伤并被确认丧失或者部分丧失劳动能力；（3）患病或者非因工负伤并在规定的医疗期内；（4）女职工在孕期、产期、哺乳期内；（5）在本单位连续工作满 15 年且距法定退休年龄不足 5 年；（6）法律、行政法规规定的其他情形。

动漫解说
调岗的烦恼

（二）劳动合同的终止

劳动合同终止的情形包括：（1）劳动合同期满；（2）劳动者开始依法享受基本养老保险待遇；（3）劳动者死亡，或者被人民法院宣告死亡或者宣告失踪；（4）用人单位被依法宣告破产；（5）用人单位被吊销营业执照、责令关闭、撤销或者用人单位决定提前解散；（6）法律、行政法规规定的其他情形。

用人单位应当在解除或者终止劳动合同时出具解除或者终止劳动合同的证明，并在十五日内为劳动者办理档案和社会保险关系转移手续。

知识拓展

经济补偿

经济补偿是指在劳动者无过失的情况下，劳动合同解除或终止时，用人单位依法一次性支付给劳动者的经济上的补助。

1. 补偿事项

《劳动合同法》第四十六条规定，有下列情形之一的，用人单位应当向劳动者支付经济补偿：

（1）劳动者依照本法第三十八条规定解除劳动合同的；

（2）用人单位依照本法第三十六条规定向劳动者提出解除劳动合同并与劳动者协商一致解除劳动合同的；

（3）用人单位依照本法第四十条规定解除劳动合同的；

（4）用人单位依照本法第四十一条第一款规定解除劳动合同的；

（5）除用人单位维持或者提高劳动合同约定条件续订劳动合同，劳动者不同意续订的情形外，依照本法第四十四条第一项规定终止固定期限劳动合同的；

（6）依照本法第四十四条第四项、第五项规定终止劳动合同的；

（7）法律、行政法规规定的其他情形。

2. 补偿标准

根据《劳动合同法》第四十七条的规定，经济补偿按劳动者在本单位工作的年限，每满一年支付一个月工资的标准向劳动者支付。六个月以上不满一年的，按一年计算；不满六个月的，向劳动者支付半个月工资的经济补偿。

劳动者月工资高于用人单位所在直辖市、设区的市级人民政府公布的本地区上年度职工月平均工资三倍的，向其支付经济补偿的标准按职工月平均工资三倍的数额向其支付，经济补偿的年限最高不超过十二年。

本条所称月工资是指劳动者在劳动合同解除或者终止前十二个月的平均工资。

第四节　劳动者的基本权利

劳动法律关系双方依法享有的权利和承担的义务，是劳动法律关系的内容。而劳动法的核心在于确定劳动法律关系双方的权利和义务，并保证劳动法律关系双方权利和义务的实施。因劳动者较用人单位而言处于弱势地位，劳动法明确规定了劳动者享有的基本权利，体现了劳动法对劳动者权益的倾斜性保护。

一、平等就业和选择职业的权利

劳动者的就业权，包括了平等就业和选择职业两方面。平等就业权指劳动者在就业上一律平等，不因民族、种族、性别、宗教信仰不同而受歧视，妇女享有与男子平等的就业权利。而且，在录用职工时，除国家规定的不适合妇女的工种或者岗位外、不得以性别为由拒绝录用妇女或者提高对妇女的录用标准。《劳动法》的平等就业规定，为劳动者公平参与就业竞争提供了法律依据和条件。选择职业权指劳动者有权根据自己的专业、兴趣、爱好、特长等选择自己想要从事的职业且在一定条件下有续订或解除劳动合同的权利。另外，用人单位有权根据需要聘请符合要求的劳动者，用人单位与劳动者在双向选择的过程中，更有利于实现劳动者价值，提高劳动效率，提高劳动者的生活水平，实现社会进步和发展。

二、休息休假的权利

休息休假的权利指劳动者在提供了一定的劳动后，在特定时间内获得休息和休假的权利。劳动者提供劳动后，需要通过休息休假来缓解身心疲劳，以换取更高的工作效率。也有劳动者利用休息休假时间参加课余学习，提高工作能力，或者利用休息休假时间照顾家庭，实现工作与家庭之间的平衡。总之，虽然劳动就业权是劳动者赖以生存的权利，但只有劳逸结合，劳动者才能以更好的状态参加工作，获取更多的劳动报酬。

（一）法定节假日

法定节假日是指由国家法律法规统一规定的用以开展纪念庆祝活动的休息时间。按照《劳动法》及2013年《全国年节及纪念日放假办法》的规定，全体公民放假休息的公共节日：新年，放假1天（1月1日）；春节放假3天（农历正月初一、初二、初三）；清明节，放假1天（农历清明当日）；劳动节，放假1天（5月1日）；端午节，放假1天（农历端午当日）；中秋节，放假1天（农历中秋当日）；国庆节，放假3天（10月1日、2日、3日）。

如果在法定节假日确因工作需要而加班，不能采取轮休方式补假，单位须按照该职工日工资收入的300%支付工资报酬。

（二）带薪年休假

依据《职工带薪年休假条例》和《企业职工带薪年休假实施办法》相关规定，我国带薪年休假制度主要包括下列内容：职工累计工作已满1年不满10年的，年休假为5天；已满10年不满20年的年休假为10天；已满20年的，年休假为15天。国家法定休假日、休息日不计入年休假假期。年休假天数根据职工累计工作时间确定。职工在同一或者不同用人单位工作期间，以及依照法律、行政法规或者国务院规定视同工作期间，应当计为累计工作时间。例如，劳动者小李大学毕业后先在A公司工作了4年，然后跳槽去B公司又工作了6年，接着再次跳槽去了C公司，那么小李在C公司工作的第一年就享有10天的年休假，原因在于小李的累计工作年限已满10年。单位确因工作需要不能安排职工休年休假的，单位须按照该职工日工资收入的300%支付工资报酬。

（三）产假

产假是劳动关系存续期间女职工生产前后依法享受的休假待遇。产假作为一种法定休假制度，属于强制性休假，用人单位必须依法全面履行义务，需要支付休假权利人的工资和其他相关费用，并不得在休假期间与劳动者解除劳动合同。国务院2012年4月颁布的《女职工劳动保护特别规定》，对产假及生育津贴支付等作了具体规定：女职工生育享受98天产假，其中产前可以休假15天；难产的，应增加产假15天；生育多胞胎的，每多生育1个婴儿，可增加产假15天。女职工怀孕未满4个月流产的，享受15天产假；怀孕满4个月流产的，享受42天产假。

问题讨论

想一想国庆节的七天假期是否都是法定节假日？

三、享受社会保险的权利

社会保险制度是指国家强制实行，用人单位及劳动者应按规定参加，并在劳动者丧失劳动能力或劳动机会或出现其他特定情形时，由国家给予一定物质帮助的制度，社会保险制度本质上也是一种社会福利。《社会保险法》第二条规定，国家建立基本养老保险、基本医疗保险、工伤保险、失业保险、生育保险等社会保险制度，保障公民在年老、疾病、工伤、失业、生育等情况下依法从国家和社会获得物质帮助的权利。

（一）养老保险

养老保险是国家依据相关法律法规，为解决劳动者因年老或达到退休年龄或丧失劳动能力等给予基本生活保障的制度，老有所养可以说是养老保险设立的初衷之一。

从养老保险内部构成来看，我国养老保险制度由基本养老保险、补充养老保险、个人储蓄养老保险构成。基本养老保险由用人单位和劳动者依法缴纳，分为基础养老保险和个人账户养老保险。补充养老保险是在基本养老保险之后，用人单位在自身能力允许下为单位内部劳动者增加的辅助养老保险。企业增加的养老保险一般称为企业年金，机关事业单位增加的养老保险一般称为职业年金。个人储蓄养老保险是在前两者的基础之上，由劳动者个人自愿依照自身经济水平参加的养老保险。简单来说，养老保险构成越多，退休后所领取金额相对越多。

从保险保障对象来看，养老保险可分为职工基本养老保险、机关事业单位工作人员养老保险、居民养老保险。职工基本养老保险针对职工、灵活就业人员（无雇工的个体工商户、未在用人单位参加基本养老保险的非全日制从业人员以及其他灵活就业人员）参保，且个人账户金额可继承，若因病或者非因工死亡，其遗属可以领取丧葬补助金和抚恤金。机关事业单位工作人员养老保险针对公务员、参照公务员法管理的工作人员、事业单位人员参保。居民养老保险针对城乡居民参保——需年满 16 周岁（不含在校学生）、非国家机关和事业单位工作人员及不属于职工基本养老保险制度覆盖范围的城乡居民。

（二）医疗保险

医疗保险是指国家和社会对因病或非因工负伤的公民提供必要的医疗服务和物质帮助的一种社会保险制度。当前我国医疗保险制度体系包含职工基本医疗保险、城镇居民基本医疗保险、新型农村合作医疗，这里我们主要了解职工基本医疗保险。

职工基本医疗保险强制参保，所有用人单位必须参加职工基本医疗保险，其保障对象广泛，使劳动者的劳动权益最大限度地获得了保障。其保险资金来源以用人单位的统筹基金、职工个人缴纳的个人账户为主。在达到个人法定退休年龄且累计缴费达到年限的，退休后不再缴纳并按照国家规定享受基本医疗待遇。未达到年限的可缴费至规定年限。但需工伤支付的、第三人负担的、公共卫生负担的、在境外就医的费用不在报销范围内。

（三）生育保险

所谓生育保险，是指通过国家立法规定，在劳动者因生育子女而导致劳动能力暂时中断时，由国家和社会及时给予物质帮助的一项社会保险制度。

生育保险的待遇包括：职工（含男职工未就业配偶）生育医疗费用、产假、生育津贴。其中，生育医疗费用包括职工因怀孕、生育发生的检查费、住院费、医药费和计划生育手术费等；产假相关规定在"休息休假"部分已作阐释；女职工产假期间的生育津贴，按照女职工所在用人单位上年度职工月平均工资计发。生育津贴低于本人工资标准的，差额部分由企业补足。

（四）失业保险

失业保险是指对因失业而暂时中断生活来源的劳动者提供物质帮助以保障其基本生活，并通过就业培训、职业介绍等手段为其再就业创造条件的制度。失业保险作为社会保险的重要组成部分，其目的不是消灭失业，而是防止和减少失业所产生的社会问题。

失业人员可以向社会保险经办机构提出申请，请求支付相应的失业保险待遇。根据《社会保险法》第四十五条的规定，失业人员享受失业保险待遇需符合三个条件：第一，失业前用人单位和本人已经缴纳失业保险费满一年，这很大程度上是为了防止在临近失业前突击参保，骗取保险金。第二，非因本人意愿中断就业，是指失业人员在主观上对于失去工作岗位不具有可归责性，属于主观上愿意继续劳动但客观上却没有劳动机会的情形。设置此类条件是为了防止劳动者滥用失业保险金。第三，劳动者需要进行失业登记并有求职要求，这一点体现了失业保险的重要功能，即通过一定期限的经济保障，维持劳动者的就业能力与意愿。正因为如此，无正当理由，拒不接受当地人民政府指定部门或者机构介绍的适当工作或者提供的培训的，将被取消失业保险金待遇。

失业保险金的标准由省、自治区、直辖市人民政府确定，不得低于城市居民最低生活保障标准。为了体现社会保险多缴多得、权利与义务相结合的原则，失业人员能够享受的失业保险金待遇和期限，取决于失业前用人单位和本人累计缴费时间。根据《社会保险法》第四十六条的规定："失业人员失业前用人单位和本人累计缴费满一年不足五年的，领取失业保险金的期限最长为十二个月；累计缴费满五年不足十年的，领取失业保险金的期限最长为十八个月；累计缴费十年以上的，领取失业保险金的期限最长为二十四个月；重新就业后，再次失业的，缴费时间重新计算，领取失业保险金的期限与前次失业应当领取而尚未领取的失业保险金的期限合并计算，最长不超过二十四个月。"

（五）工伤保险

教学讲解
工伤保险知多少

工伤保险是指为在生产、工作中遭受事故伤害和患职业性疾病的劳动者提供医疗救治、经济补偿、职业康复等物质帮助的一种社会保障制度。

1. 工伤保险待遇

劳动者被认定为工伤，可按照规定享受以下工伤保险待遇：

（1）工伤医疗待遇。住院治疗工伤的伙食补助费，以及经医疗机构出具证明，报经办机构同意，工伤职工到统筹地区以外就医所需的交通、食宿费用，从工伤保险基金中支付。

（2）经劳动能力鉴定委员会确认的停工留薪期，劳动者在停工留薪期内，原工资福利待遇不变，由所在单位按月支付。

（3）经劳动能力鉴定委员会确认需要生活护理的，从工伤保险基金中按月支付生活护理费。

（4）因工致残被鉴定为伤残的，按规定享受一次性伤残补助金、伤残津贴、一次性工伤医疗补助金和一次性伤残就业补助金等待遇。

（5）因工死亡的，其近亲属按规定从工伤保险基金中领取丧葬补助金、供养亲属抚恤金和一次性工亡补助金。

2．认定工伤的情形

（1）在工作时间和工作场所内，因工作原因受到事故伤害的。

（2）在工作时间前后，在工作场所内从事与工作有关的预备性或者收尾性工作受到事故伤害的。

（3）在工作时间和工作场所内，因履行工作职责受到暴力等意外伤害的。

（4）患职业病的。

（5）在因工外出期间，由于工作原因受到伤害或者发生事故下落不明的。

（6）在上下班途中，受到非本人主要责任的交通事故或者城市轨道交通、客运轮渡、火车事故伤害的。

（7）法律、行政法规规定应当认定为工伤的其他情形。

3．申请工伤认定的时间

（1）用人单位应当自事故伤害发生之日或者被诊断、鉴定为职业病之日起 30 日内提出申请。

（2）用人单位没有提出申请的，工伤职工或者其直系亲属在事故伤害发生之日或者被诊断、鉴定为职业病之日起 1 年内提出申请。

4．提出工伤认定申请应当提交的材料

（1）工伤认定申请表。

（2）与用人单位存在劳动关系的证明材料。

（3）医疗诊断证明或者职业病诊断证明书。

阅读延伸

公司提供宿舍，员工却在外租房，公司还需承担上下班途中的工伤风险吗？

王公某系荣浩公司员工，公司为其安排了员工宿舍，但王公某居住了一段时间后，因交了女朋友，故自行在外租房居住。2017 年 6 月 6 日，王公某上夜班，上班时间为 0 点至 12 点。6 月 5 日 23 时 52 分许，王公某骑着电动自行车从租住地出发来公司上班，路上发生交通事故受伤，经交警部门认定，王公某负事故同等责任。

2018 年 6 月 1 日，王公某向人社局申请工伤认定。人社局于 2018 年 6 月 12 日予以受理，并向公司发出举证通知。7月2日，公司向人社局提出异议如下：1.王公某发生交通事故的时间是夜间23时52分许，该时间段并非王公某工作时间；2.王公某自入职以来一直住在单位员工宿舍，不存在上下班路经交通事故地点的客观事实。王公某发生的交通事故不构成工伤。

2018年7月9日，人社局对王公某进行调查核实，王公某陈述单位给他安排了员工宿舍。因其交了女朋友，于2017年4月30日开始就从宿舍搬出，租住在外。事故发生当天，其从租住地出发上班途中发生了交通事故。2018年8月9日，人社局作出认定工伤决定书，认定王公某受到的交通事故伤害为工伤。公司不服，向法院提起诉讼。

法院认为，根据《工伤保险条例》第十四条第（六）项的规定，职工在上下班途中受到非本人主要责任的交通事故或者城市轨道交通、客运轮渡、火车事故伤害的，应认定为工伤。

第五节　劳动争议处理

劳动争议是劳动关系当事人之间因实现劳动权利、履行劳动义务而发生的纠纷或者争议。劳动者在遭遇用人单位的侵权行为时，如何通过合法的途径有效地维护自身的权益，不仅决定着现有劳动关系的去向，而且会影响未来职业的发展和规划。因此，劳动者了解和掌握我国劳动争议处理制度，选择恰当的方式解决劳动纠纷，才能更好地实现自身的职业发展目标。

一、劳动争议处理基本问题

（一）劳动争议受案范围

根据《劳动争议调解仲裁法》第二条的规定，中华人民共和国境内的用人单位与劳动者发生的下列劳动争议，适用本法：（1）因确认劳动关系发生的争议；（2）因订立、履行、变更、解除和终止劳动合同发生的争议；（3）因除名、辞退和辞职、离职发生的争议；（4）因工作时间、休息休假、社会保险、福利、培训及劳动保护发生的争议；（5）因劳动报酬、工伤医疗费、经济补偿或者赔偿金等发生的争议；（6）法律法规规定的其他劳动争议。

（二）劳动争议处理方式

我国劳动法规定的劳动争议处理方式包括调解、仲裁和诉讼。用人单位与劳动者发生劳动争议后，双方当事人可以进行协商，不愿协商、协商不成或者达成和解协议后不履行的，可以向调解组织申请调解；不愿调解、调解不成或者达成调解协议后不履行的，可以向劳动争议仲裁委员会申请仲裁。对仲裁裁决不服的，除法律另有规定的情形外，可以向人民法院提起诉讼。在劳动争议的处理机制中，调解是可以自由选择的程序，但仲裁是前置程序，劳动争议在没有进行仲裁前，是不能直接向法院提起诉讼的。例如，小张遭遇用人单位违法解除劳动合同时，可以采用多种途径解决这个问题。首先他可以找公司进行协商，如果公司有调解委员会还可以由他们进行调解。如果小张觉得这两条路都行不通也可以直接向当地劳动争议仲裁委员会申请劳动仲裁。如果对于仲裁裁决结果不满意还可以进一步向当地法院提起诉讼。只是小张不能跳过劳动仲裁直接向当地法院提起诉讼。此外，我国还设立了劳动监察制度，即通过行政管理的手段对用人单位遵守劳动法的情况进行监督检查并对其违法行为予以处罚。

二、劳动争议调解

劳动争议调解是贯穿整个劳动争议处理程序当中的重要解决方式，在协商不成之后，要先调解（除非一方明确拒绝调解）。通过调解机制解决纠纷，既能化解矛盾，又不伤害感情，有利于劳动关系的和谐，保障用人单位和劳动者的权益。

（一）劳动争议的企业内部调解

企业调解委员会调解，是指劳动争议企业调解委员会根据当事人的申请，在查明事实、分清是非的基础上，依据法律法规、规章、政策、集体合同或者劳动合同的规定，通过说服、劝导和教育，促使当事人双方互相理解，互谅互让自愿达成解决劳动纠纷的协议。企业调解委员会调解应坚持"预防为主、调解为主、基层为主"的方针。企业调解委员会要采取多种形式，大力宣传劳动法律法规和政策，帮助企业行政部门和职工提高执法守法的自觉性。把劳动争议解决在基层，不仅可以减轻劳动争议仲裁委员会的工作压力，而且能避免争议的扩大和矛盾的激化，稳定企业劳动关系。

（二）劳动争议的社会化调解

我国《劳动争议调解仲裁法》拓宽了劳动争议调解渠道，该法第十条规定，劳动争议当事人既可以向企业劳动争议调解委员会申请调解，也可以向依法设立的基层人民调解组织和在乡镇、街道设立的具有劳动争议调解职能的组织申请调解。此外，《劳动争议调解仲裁法》第十六条规定：因支付拖欠劳动报酬、工伤医疗费、经济补偿或者赔偿金事项达成调解协议，用人单位在协议约定期限内不履行的，劳动者可以持调解协议书依法向人民法院申请支付令。人民法院应当依法发出支付令。

（三）仲裁和诉讼阶段的调解

《劳动争议调解仲裁法》第四十二条规定，仲裁庭在作出裁决前，应当先行调解。劳动争议仲裁过程的调解可以分为仲裁前调解、仲裁开庭调解和庭后调解三个阶段。调解达成协议的，仲裁庭应当制作调解书。调解书经双方当事人签收后，发生法律效力。如果劳动争议进入诉讼阶段，根据《民事诉讼法》的规定，在一审和二审阶段均可以进行调解，因此调解贯穿于劳动争议处理始终。

三、劳动争议仲裁

劳动仲裁是劳动争议仲裁委员会对用人单位与劳动者之间发生的争议，在查明事实、明确是非、分清责任的基础上，依法作出裁决的活动。仲裁一般是进入诉讼程序的必经程序，仲裁裁决生效后具有法律效力。

（一）劳动争议仲裁机构和管辖

1. 仲裁机构

劳动争议仲裁委员会是依法独立地对劳动争议案件进行仲裁的专门机构。劳动争议仲裁委员会不按行政区划层层设立，而是按照统筹规划、合理布局和适应实际需要的原则设立。仲裁委员会处理劳动争议，应当组成仲裁庭，仲裁庭由 3 名仲裁员组成，设首席仲裁员。简单劳动争议案件，仲裁委员会可以指定 1 名仲裁员处理。仲裁庭对重大的或者疑难的劳动争议案件的处理，可以提交仲裁委员会讨论决定。

2. 管辖

《劳动争议调解仲裁法》第二十一条规定，劳动争议仲裁委员会负责管辖本区域内发生的劳动争议。劳动争议由劳动合同履行地或者用人单位所在地的劳动争议仲裁委员会管辖。双方当事人分别向劳动合同履行地和用人单位所在地的劳动争议仲裁委员会申请仲裁的，由劳动合同履行地的劳动争议仲裁委员会管辖。

（二）劳动争议仲裁的程序

1. 劳动争议仲裁的申请

劳动争议申请仲裁的时效期间为一年。仲裁时效期间从当事人知道或者应当知道其权利被侵害之日起计算。劳动关系存续期间因拖欠劳动报酬发生争议的，劳动者申请仲裁不受一年的劳动争议仲裁时效期间的限制。但是，劳动关系终止的，应当自劳动关系终止之日起一年内提出。

2. 劳动争议仲裁的受理

劳动争议仲裁委员会自收到仲裁申请之日起五日内，认为符合受理条件的，应当受理，并通知申请人；认为不符合受理条件的，应当书面通知申请人不予受理，并说明理由。对劳动争议仲裁委员会不予受理或者逾期未作出决定的，申请人可以就该劳动争议事项向人民法院提起诉讼。

3. 劳动争议仲裁的裁决

当事人申请劳动争议仲裁后，可以自行和解。达成和解协议的，可以撤回仲裁申请。仲裁庭在作出裁决前，应当先行调解。调解达成协议的，仲裁庭应当制作调解书。调解书应当写明仲裁请求和当事人协议的结果。调解书由仲裁员签名，加盖劳动争议仲裁委员会印章，送达双方当事人。调解书经双方当事人签收后，发生法律效力。调解不成或者调解书送达前，一方当事人反悔的，仲裁庭应当及时作出裁决。根据《劳动争议调解仲裁法》的规定，仲裁庭裁决劳动争议案件，应当自劳动争议仲裁委员会受理仲裁申请之日起四十五日内结束。案情复杂需要延期的，经劳动争议仲裁委员会主任批准，可以延期并书面通知当事人，但是延期不得超过十五日。逾期未作出裁决的，当事人可以就该劳动争议事项向人民法院提起诉讼。

（三）劳动争议仲裁的效力

劳动争议仲裁裁决的效力分为两种情形：一种是有限的终局裁决，即裁决作出后用人单位不能提起诉讼，但劳动者可以在收到裁决书之日起的十五日内提起诉讼。若劳动者未在规定时间内提起诉讼，裁决生效。另一种为非终局裁决，即裁决作出后双方当事人均可在收到裁决书之日起的十五日内提起诉讼。若双方在规定时间内均未提出诉讼，裁决生效。

根据《劳动争议调解仲裁法》第四十七条的规定，下列争议仲裁裁决为终局裁决，裁决书自作出之日起发生法律效力：（1）追索劳动报酬、工伤医疗费经济补偿或者赔偿金，不超过当地月最低工资标准十二个月金额的争议；（2）因执行国家的劳动标准在工作时间、休息休假、社会保险等方面发生的争议。劳动者对上述仲裁裁决不服的，可以自收到仲裁裁决书之日起十五日内向人民法院提起诉讼。

📝 知识拓展

劳动争议仲裁是劳动争议诉讼的前置程序

《劳动法》第七十七条第一款规定："用人单位与劳动者发生劳动争议，当事人可以依法申请调解、仲裁、提起诉讼，也可以协商解决。"《劳动法》第七十九条规定："劳动争议发生后，当事人可以向本单位劳动争议调解委员会申请调解；调解不成，当事人一方要求仲裁的，可以向劳动争议仲裁委员会申请仲裁。当事人一方也可以直接向劳动争议仲裁委员会申请仲裁。对仲裁裁决不服的，可以向人民法院提起诉讼。"《劳动法》第八十三条规定："劳动争议当事人对仲裁裁决不服的，可以自收到仲裁裁决书之日起十五日内向人民法院提起诉讼。一方当事人在法定期限内不起诉又不履行仲裁裁决的，另一方当事人可以申请人民法院强制执行。"上述法律规定表明，劳动争议仲裁是劳动争议当事人向人民法院提起民事诉讼的前置程序。只有经过劳动争议仲裁委员会仲裁并作出仲裁裁决书后，当事人才有权在法定期间向人民法院提起民事诉讼。

四、劳动争议诉讼

劳动争议诉讼是指劳动争议当事人不服劳动争议仲裁委员会的裁决，在规定的期限内向人民法院提起诉讼，人民法院受理后，依法对劳动争议案件进行审理的活动。此外，劳动争议诉讼还包括当事人一方不履行劳动争议仲裁委员会已发生法律效力的裁决书或调解书，另一方当事人申请人民法院强制执行的活动。劳动争议诉讼是劳动争议处理程序的最终阶段。

（一）劳动争议案件的起诉

1. 针对劳动仲裁裁决的起诉

对于经过劳动争议仲裁机构裁决的案件，当事人向人民法院提起劳动争议诉讼有两个条件：一是劳动争议已经过仲裁，且仲裁裁决不属于终局裁决；二是对劳动争议仲裁裁决不服的当事人，必须在自收到裁决书之日起十五日内向人民法院提起诉讼。另外，我国《劳动争议调解仲裁法》第四十三条规定，仲裁庭裁决劳动争议案件，逾期未作出仲裁裁决的，当事人可以就该劳动争议事项向人民法院提起诉讼。

2. 针对劳动仲裁不予受理的起诉

对于劳动争议仲裁不予受理的案件，又被起诉至人民法院的，人民法院分情况进行处理。如劳动争议仲裁委员会以无管辖权为由对劳动争议案件不予受理，当事人提起诉讼的，人民法院按照以下情形分别处理：经审查认为该劳动争议仲裁机构对案件确无管辖权的，应当告知当事人向有管辖权的劳动争议仲裁机构申请仲裁；经审查认为该劳动争议仲裁机构有管辖权的，应当告知当事人申请仲裁，并将审查意见书面通知该劳动争议仲裁机构，劳动争议仲裁机构仍不受理，当事人就该劳动争议提起诉讼的，人民法院应予受理。

（二）劳动争议案件的举证责任

劳动争议案件的处置，一般遵循"谁主张、谁举证"的证据规则。但在下列特殊情形下，由用人单位承担举证责任。

1. 劳动关系的举证

实践中，由于用人单位没有与劳动者签订劳动合同，往往造成劳动关系认定困难，《关于确立劳动关系有关事项的通知》中规定，认定双方存在劳动关系时可参照下列凭证：工资支付凭证或记录（职工工资发放花名册）、缴纳各项社会保险费的记录；劳动者填写的用人单位招工招聘"登记表""报名表"等招用记录；考勤记录。且明确规定用人单位对这些凭证负举证责任。

2. 开除、除名等用工行为的举证

《最高人民法院关于审理劳动争议案件适用法律若干问题的解释（一）》第十三条规定，如果劳动者因用人单位作出的开除、除名、辞退、解除劳动合同、减少劳动报酬、计算劳动者工作年限等决定而发生的劳动争议，用人单位负举证责任。因为这些决定是用人单位作出的，用人单位自然拥有这些证据，理应承担举证责任。

3. 加班费的举证

实践中劳动者常提出要求用人单位支付加班费的请求，但往往难以确切地证明加班的时间。《最高人民法院关于审理劳动争议案件适用法律若干问题的解释（三）》第九条规定，劳动者主张加班费的，应当就加班事实的存在承担举证责任。但劳动者有证据证明用人单位掌握加班事实存在的证据，用人单位不提供的，由用人单位承担不利后果。

4. 工伤认定的举证

根据《工伤保险条例》第十九条第二款的规定，在工伤认定中，职工或者其近亲属认为是工伤，用人单位不认为是工伤的，由用人单位负举证责任。

（三）劳动争议裁决书和调解书的执行

根据《劳动争议调解仲裁法》第五十一条的规定，当事人对发生法律效力的调解书、裁决书，应当依照规定的期限履行。一方当事人逾期不履行的，另一方当事人可以依照《民事诉讼法》的有关规定向人民法院申请执行。受理申请的人民法院应当依法执行。

问题讨论

我国目前劳动争议处理机制有哪些特色？

──────◆ 实践演练 ◆──────

基本案情：

周某某系某纺织公司员工，在下班途中与案外人张某某发生交通事故，张某某负事故主要责任，周某某负次要责任。双方经交警部门调解达成协议，由张某某赔偿周某某误工费等相关费用。周某某所受伤害经鉴定为工伤且为十级。2019 年 4 月 19 日，周某某申请仲裁请求纺织公司支付其停工留薪期工资、一次性伤残就业补助金等费用。仲裁裁决后，纺织公司不服，诉至法院。

裁判摘要：

劳动者因第三人侵权造成人身损害并构成工伤的，在停工留薪期间内，原工资福利待遇不变，由所在单位按月支付。用人单位以侵权人已向劳动者赔偿误工费为由，主张无须支付停工留薪期工资的，人民法院不予支持。

活动要求：

请组织一次模拟法庭，分小组扮演原告、被告、审判员三方，审理以上案件，并将原告诉求、被告答辩理由、审判员意见及案件启示以条目式的形式记入下表中。

序号	角色	内容
1	原告诉求	
2	被告答辩理由	
3	审判员意见	
4	案件启示	

──────◆ 章节习题 ◆──────

1. 劳动法上的劳动者应如何界定？
2. 对女职工与未成年工的特殊劳动保护主要有哪些？
3. 劳动合同包括哪些必备条款？
4. 我国的法定节假日包括哪些？

◀ 以劳育美 ▶

动漫解说
劳动最光荣

　　儿歌《劳动最光荣》生动活泼，形象鲜明，充满儿童趣味，是电影美术片《小猫钓鱼》的主题曲。歌词描绘了小动物在清晨辛勤劳作的热闹场面，寓教于乐地向人们传递了劳动创造幸福生活的人生道理。

实干篇

第七章　劳动安全

思维导图

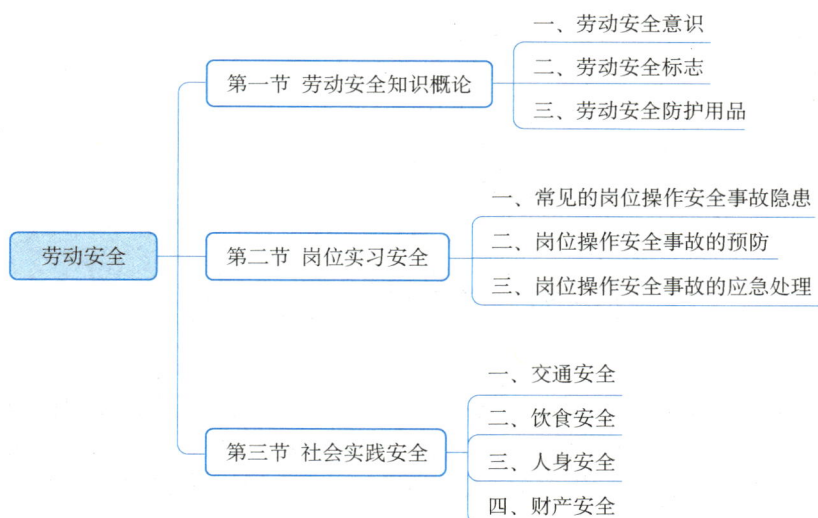

劳动安全
- 第一节　劳动安全知识概论
  - 一、劳动安全意识
  - 二、劳动安全标志
  - 三、劳动安全防护用品
- 第二节　岗位实习安全
  - 一、常见的岗位操作安全事故隐患
  - 二、岗位操作安全事故的预防
  - 三、岗位操作安全事故的应急处理
- 第三节　社会实践安全
  - 一、交通安全
  - 二、饮食安全
  - 三、人身安全
  - 四、财产安全

导读导学

　　对于劳动者来讲，劳动安全保护是个人美好生活的基础和条件；对于企业来讲，劳动安全是经营效益的保障和最大化；对于社会来讲，劳动安全是人民幸福的社会和谐的前提。全社会都要动员起来，切实做好劳动安全工作，让我们的社会成为一个普遍安全的社会，让每一个人都能享受社会发展的福利。青年学生是党的事业接力者、民族复兴生力军，是落实总体国家安全观的核心力量，因此必须在生活、学习中培养他们的劳动安全意识，提高他们的防御风险能力，使他们成为遵规守法的合格劳动者。加强对青年学生的劳动安全教育有着十分重要的意义。

学习目标

【知识目标】

1. 了解基本的劳动安全知识。
2. 认识实习实训环境中的危险因素。
3. 熟悉实践活动中容易出现的安全问题。
4. 掌握基本的消防安全知识。

【能力目标】

1. 能够识别潜在危险，提高防御及保护能力。
2. 能够提升安全技能，练就劳动本领。

【素质目标】

1. 树立"预防为主"的理念，培养风险防范意识。
2. 增强面对突发事件应变的意识，形成良好的劳动习惯。
3. 增强职业责任感，提升劳动素养。

第一节　劳动安全知识概论

　　劳动安全又称"职业安全"，《中华法学大辞典》中将其定义为：为保护劳动者在生产劳动过程中的安全，防止或消除伤亡事故所采取的各种安全措施。劳动安全属于劳动保护的范畴，其目的是防止危及劳动者人身安全的事故发生，保障劳动者享有在生产劳动过程中的人身安全、免受职业伤害的权益。

一、劳动安全意识

　　安全意识就是人们头脑中建立起来的安全观念，是人们在生产活动中有可能对自己或他人造成伤害的外在环境条件的一种戒备和警觉的心理状态。在劳动过程中，劳动者一旦发生事故，轻则影响正常劳动，重则造成财产损失和人员伤亡。因此，劳动安全是保护劳动者安全健康的基本条件，劳动者树立良好的安全意识至关重要。

（一）遵守安全规章制度

在工作和生活中，劳动者会接触到各种安全规章制度，如实验室安全规章制度、消防安全规章制度、宿舍安全规章制度等。这些安全规章制度在保障劳动者安全方面发挥了积极的作用。每个劳动者都应该从遵守安全规章制度开始，养成重视安全规章制度的习惯，增强遵章守纪的自觉性，抵制违反安全规章制度的行为，防患于未然。如果为了自己省力省事而去违反安全规章制度，那就是对国家不负责任，对社会不负责任，对人民的生命财产不负责任，对自己和他人的家庭幸福不负责任，最终会付出血的代价。

（二）积极参加安全活动

劳动者应该积极参加单位组织的安全培训和演练活动。按照活动主题、步骤和要求，认真参与，并进行安全自查和隐患排查整改等，增强自己的安全意识。

（三）吸取经验教训

劳动者应该从单位介绍的安全事故案例中吸取经验教训，分析事故发生的原因，提高自己对劳动安全的重视，进一步增强劳动安全意识，从而有针对性地避免劳动安全事故的发生。

（四）发现事故隐患及时报告

劳动者既要自觉遵守安全生产规章制度和劳动纪律，又要随时制止他人违章作业，注意周围劳动安全情况。当发现事故隐患和不安全因素时，要及时向上级或有关部门汇报情况；一旦发生事故，及时抢救伤员、保护现场，同时协助有关人员做好调查工作。

二、劳动安全标志

劳动者在工作中常常听到的一句话就是"安全第一"。为了保证劳动者的安全与健康，提醒劳动者注意安全，国家颁布了安全色和安全标志的有关标准，并在工厂和其他劳动场所广泛采用安全色和安全标志。因此，劳动者应熟悉安全色和安全标志。

（一）安全色

安全色是表达或传递安全信息含义的颜色，用来表示禁止、警告、指令、指示等。其作用在于使劳动者能够对威胁安全和健康的物体和环境尽快地作出反应，迅速发现或分辨安全标志，及时得到提醒，以防止事故、危害等发生。

1. 安全色的类型

我国制定的安全色国家标准规定用红、黄、蓝、绿四种颜色作为全国通用的安全色。

四种安全色的含义和用途如下。

（1）红色

红色用于传递禁止、停止、危险或提示消防设备、设施的信息。如禁止标志、交通禁令标志、消防设备、停止按钮和刹车装置的操纵把手、仪表刻度盘上的极限位置刻度、机器转动部件的裸露部分、液化石油气槽车的条带及文字、危险信号旗等，表示"千万不能这么干！"

（2）黄色

黄色用于传递注意、警告的信息。如警告标志、交通警告标志、道路交通路面标志、皮带轮及其防护罩的内壁、砂轮机罩的内壁、楼梯的第一级和最后一级的踏步前沿、防护栏杆及警告信号旗等，表示"小心点，不然容易出事！"

（3）蓝色

蓝色用于传递必须遵守规定的指令性信息。如指令标志、交通指示标志等，表示"请按这样的规矩做！"

（4）绿色

绿色用于传递安全的提示性信息。如通行标志、机器启动按钮、安全信号旗等，绿色表示"不知道怎么办？就跟着做！"

2. 对比色

对比色是使安全色更加醒目的反衬色，包括黑、白两种颜色。黄色安全色的对比色为黑色，红色、蓝色、绿色安全色的对比色均为白色，而黑、白两色互为对比色。

黑色用于安全标志的文字、图形符号和警告标志的几何边框。白色作为安全标志红、蓝、绿的背景色，也可用于安全标志的文字和图形符号及安全通道的标线及铁路站台上的安全线等。常见的含有对比色的标志和交通标线如图 7-1 所示。

图 7-1　常见的含有对比色的标志和交通标线

红色与白色相间的条纹比单独使用红色更为醒目，表示禁止通行、禁止跨越等，常用于公路交通等方面的防护栏及隔离墩。常见的含有红白对比色的隔离物如图 7-2 所示。

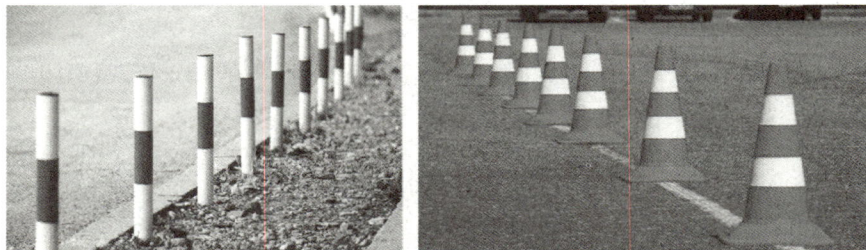

图 7-2　常见的含有红白对比色的隔离物

黄色与黑色相间的条纹比单独使用黄色更为醒目，表示要特别注意。常见的含有黄黑对比色的设施设备如图 7-3 所示。

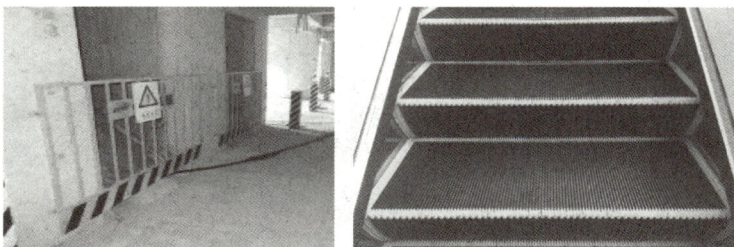

图 7-3 常见的含有黄黑对比色的设施设备

蓝色与白色相间的条纹比单独使用蓝色更为醒目，多用于交通指导性导向标。常见的交通指导性导向标如图 7-4 所示。

右转车道　　　　直行车道　　直行和右转合用车道　　分向行驶车道　　公交线路专用车道

图 7-4 常见的交通指导性导向标

（二）安全标志

安全标志是用来警示工作场所或周围环境的危险状况的标志。

根据《安全标志及其使用导则》，安全标志由图形符号、安全色、几何形状（边框）或文字构成。安全标志可分为禁止标志、警告标志、指令标志、提示标志四类。另外，还有补充标志，主要是对前四类标志进行补充说明。

1. 禁止标志

禁止标志是禁止人们不安全行为的图形标志。其基本形式是带斜杠的圆边框：圆环与斜杠相连，为红色；图形符号用黑色，背景用白色。常见的禁止标志如图 7-5 所示。

图 7-5 常见的禁止标志

2. 警告标志

警告标志是提醒人们对周围环境引起注意，以避免可能发生的危险的图形标志。其基本形式是黑色的正三角形外框：图形符号用黑色，背景用黄色。常见的警告标志如图 7-6 所示。

图 7-6 常见的警告标志

187

3. 指令标志

指令标志是必须做出某种动作或采用防范措施的图形标志。其几何图形是圆形：图形符号用白色，背景用蓝色。常见的指令标志如图7-7所示。

图 7-7 常见的指令标志

4. 提示标志

提示标志是向人们提供某种信息（如标明安全设施或场所等）的图形标志。其几何图形是正方形：图形符号及文字用白色，背景用绿色。常见的提示标志如图7-8所示。

图 7-8 常见的提示标志

5. 文字辅助标志

文字辅助标志是对禁止标志、警告标志、指令标志、提示标志四类标志进行补充说明的图形标志，其基本形式是矩形边框。

文字辅助标志有横写和竖写两种形式。竖写时，文字辅助标志写在标志杆的上部。禁止标志、警告标志、指令标志、提示标志均为白色衬底，黑色字。常见的竖写文字辅助标志如图7-9所示。

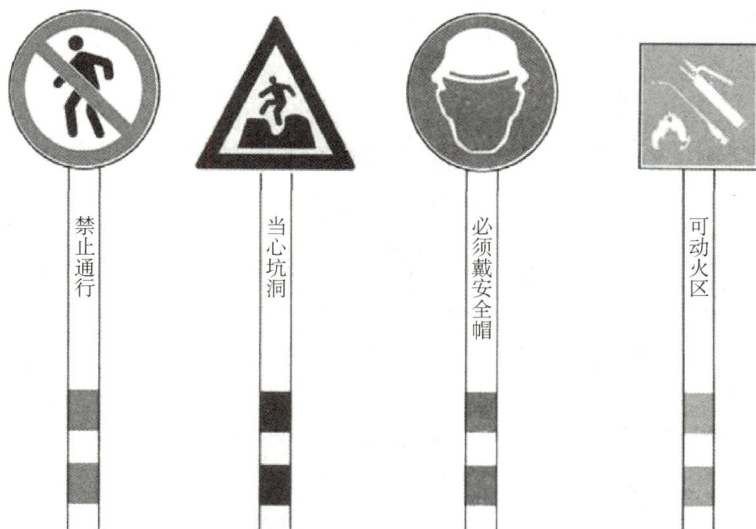

图 7-9 常见的竖写文字辅助标志

横写时，文字辅助标志写在标志的下方，可以和标志连在一起，也可以分开。禁止标志、指令标志为白色字，衬底色为标志的颜色；警告标志为黑色字，衬底色为白色。常见的横写文字辅助标志如图 7-10 所示。

图 7-10　常见的横写文字辅助标志

三、劳动安全防护用品

劳动安全防护用品是指由用人单位为劳动者配备的，使其在劳动过程中免遭或者减轻事故伤害及职业病危害的个体防护装备。为了增强劳动安全意识，劳动者既要了解劳动岗位需要什么样的劳动防护用品，还要了解个人防护用品的正确佩戴和使用方法。

劳动安全防护用品按人体防护部位通常可划分为 9 大类：头部防护用品、呼吸器官防护用品、眼面部防护用品、听觉器官防护用品、手部防护用品、足部防护用品、躯干防护用品、防坠落用品及护肤用品。

1. 头部防护用品

头部防护用品是为了防御头部不受外来物体打击和其他因素危害而配备的个人防护装备，主要指安全帽，如图 7-11 所示。

2. 呼吸器官防护用品

呼吸器官防护用品是为防御有害气体、蒸气粉尘、烟、雾从呼吸道吸入，直接向使用者供氧或清洁空气，保证尘、毒污染或缺氧环境中的作业人员正常呼吸的防护用品。常见的呼吸器官防护用品是防尘口罩和防毒面罩，如图 7-12 所示。

图 7-11　安全帽　　　　图 7-12　防尘口罩和防毒面罩

3. 眼面部防护用品

预防烟雾、尘粒、金属火花和飞屑、热、电器辐射、激光、化学飞溅等伤害眼睛或面部的个人防护用品称为眼面部防护用品。常见的眼面部防护用品如图 7-13 所示。

图 7-13　常见的眼面部防护用品

4. 听觉器官防护用品

听觉器官防护用品是指能够防止过量的声能侵入外耳道，使人耳避免噪声的过度刺激，减少听力损失，预防噪声对身体造成不良影响的个体防护用品，主要包括耳塞、耳罩和防噪声头盔三大类。常见的听觉器官防护用品如图 7-14 所示。

图 7-14　常见的听觉器官防护用品

5. 手部防护用品

具有保护手和手臂的功能，供劳动者在劳动时佩戴的手套称为手部防护用品，通常称为劳动防护手套。常见的劳动防护手套如图 7-15 所示。

图 7-15　常见的劳动防护手套

6. 足部防护用品

足部防护用品指防止生产过程中有害物质和能量损伤劳动者足部的护具，通常称为防护鞋，也称安全鞋。常见的防护鞋如图7-16所示。

图7-16 常见的防护鞋

7. 躯干防护用品

躯干防护用品即通常所说的防护服。防护服由上衣、裤子等组成，可以是连身式结构，也可以是分体式结构。防护服应结构合理，便于穿脱，结合部位严密。常见的防护服如图7-17所示。

图7-17 常见的防护服

8. 防坠落用品

防坠落用品主要有安全带、安全网等，主要用于防止人体坠落伤亡和坠落事故发生。常见的安全带和安全网如图7-18所示。

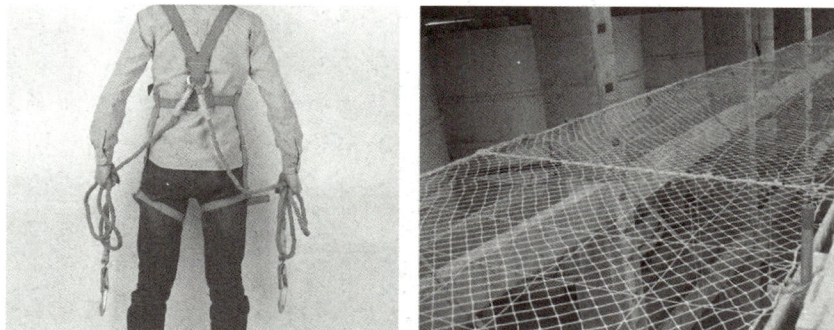

图7-18 常见的安全带和安全网

✎ 知识拓展

《中华人民共和国安全生产法》释义第五十七条

第五十七条：从业人员在作业过程中，应当严格落实岗位安全责任，遵守本单位的安全生产规章制度和操作规程，服从管理，正确佩戴和使用劳动防护用品。

◆**条文主旨**

本条是关于从业人员落实岗位安全责任，遵章守制、服从管理，以及正确佩戴和使用劳动防护用品的规定。

◆**条文释义**

从业人员落实岗位安全责任，遵章守制、服从管理，以及正确佩戴和使用劳动防护用品是从业人员在安全生产过程中应尽的义务，法律有必要对此作出明确规定。

一、落实岗位安全责任

从业人员在作业过程中，应当严格落实岗位安全责任，是本次法律修改新增内容。《中共中央 国务院关于推进安全生产领域改革发展的意见》提出，企业实行全员安全生产责任制度。本法第四条规定，生产经营单位建立健全全员安全生产责任制。第二十二条规定，生产经营单位的全员安全生产责任制应当明确各岗位的责任人员、责任范围和考核标准等内容。因此，从业人员在作业过程中，应当根据自身岗位的性质、特点和具体工作内容，强化安全生产意识，提高安全生产技能，严格落实岗位安全责任，切实履行安全职责，做到安全生产工作"层层负责、人人有责、各负其责"。同时，对生产经营单位的从业人员不落实岗位安全责任的，本法规定了法律责任，由生产经营单位给予批评教育，依照有关规章制度给予处分；构成犯罪的，依照刑法有关规定追究刑事责任。

二、遵章守制、服从管理

从业人员在作业过程中应当严格遵守本单位的安全生产规章制度和操作规程，服从管理。生产经营单位的安全生产规章制度是企业规章制度的重要组成部分。生产经营单位的安全生产管理方面的规章制度包括安全生产责任制、安全技术措施管理、安全生产教育、安全生产检查、伤亡事故报告、各类事故管理、劳动保护设施管理、要害岗位管理、安全值日制度、安全生产竞赛办法、安全生产奖惩办法、劳动防护用品的发放管理办法等。安全操作规程是指在生产活动中，为消除能导致人身伤亡或造成设备、财产破坏以及危害环境而制定的具体技术要求和实施程序的统一规定。劳动法也要求，劳动者在劳动过程中必须严格遵守安全操作规程。生产经营单位的安全生产规章制度是保证劳动者的安全和健康，保证生产活动顺利进行的手段，没有健全和严格执行的安全生产规章制度，企业的安全生产就没有保障。可以讲，安全寓于生产的全过程之中，安全生产需要生产经营单位的每一个人、每个工序相互配合和衔接。生产经营单位的每一个从业人员都从不同的角度为企业的安全生产担负责任，每个人尽责的好坏直接影响生产经营单位安全生产的成效。因此，生产经营单位的从业人员在作业过程中应当遵守本单位的安全生产规章制度和操作规程，服从管理。这样才能保证生产经营单位的活动安全、有序地进行。同时，对生产经营单位的从业人员不服从管理，违反安全生产规章制度或者操作规程的，本法规定了法律责任，由生产经营单位给予批评教育，依照有关规章制度给予处分；构成犯罪的，依照刑法有关规定追究刑事责任。

三、正确佩戴和使用劳动防护用品

从业人员在作业过程中，应当正确佩戴和使用劳动防护用品。根据原国家安全生产监督管理总局 2015 年颁布的《用人单位劳动防护用品管理规范》的规定，劳动防护用品，是指由用人单位为劳动者配备的，使其在劳动过程中免遭或者减轻事故伤害及职业病危害的个体防护装备。劳动防护用品是保障劳动者安全与健康的辅助性、预防性措施。从一定意义上讲，它是从业人员防止职业毒害和伤害的最后一项有效的措施。同时，劳动防护用品又与从业人员的福利待遇以及为保证产品质量、产品卫生和生活卫生所需要的非防护性的工作用品有着原则区别。在劳动条件差、危害程度高或者集体防护措施起不到作用的情况下，如在抢修或者检修设备、野外露天作业、处理事故或者隐患，以及生产工艺、设备一时跟不上等，个人防护用品会成为劳动保护的主要措施。劳动防护用品在劳动过程中，是必不可少的生产性装备，对生产经营单位来讲要按照有关规定发放充足，不得任意削减，作为从业人员要珍惜，正确佩戴和使用劳动防护用品。《用人单位劳动防护用品管理规范》对劳动防护用品的使用有专门规定，明确规定劳动者在作业过程中，应当按照规章制度和劳动防护用品使用规则，正确佩戴和使用劳动防护用品。

第二节　岗位实习安全

安全重于泰山，安全是一切工作的第一前提。岗位操作安全主要指青年学生在岗位实习中所从事的工作面临的安全问题，其贯彻的基本方针是安全第一，预防为主。安全生产只有起点没有终点，作为青年学生应该时刻树立劳动安全的理念。

教学讲解
实习实训中的劳动安全

一、常见的岗位操作安全事故隐患

岗位操作安全关系着岗位实习学生的实践操作能否在符合安全要求的物质条件和工作秩序下进行，关系着岗位实习学生能否有效避免伤亡事故、设备事故及各种灾害，关系着岗位实习学生的安全健康和岗位操作过程能否正常进行。

因缺乏工作经验和实践经验，岗位实习学生在工作实践中可能会出现岗位操作的安全问题，如实习单位本身的设备问题引发的事故；生产过程中实习学生的违规操作造成的人身伤害事故；实习学生自身的过激行为引发的安全问题等等。因此，造成事故的最直接原因是岗位实习学生的不安全行为和设备的不安全状态。

1. 人的不安全行为

岗位实习中的不安全行为指实习学生违反安全生产制度和安全操作规程的行为。其主要表现为：在正常或非正常精神状态下判断错误而进行的错误操作；因知识和经验缺乏而进行的不安全作业；不使用或不按规定正确使用劳动保护用品；忽视确保安全的操作与警告；岗位操作中使用不安全的工具；岗位操作中在不安全的位置进行作业；等等。青年学生在劳动中要学会避免实施不安全行为。

2. 物的不安全状态

岗位实习中的不安全状态指导致事故发生的物质条件，主要包括物体、作业环境等潜在的危险。不安全状态具体表现为防护、保险、信号灯装置缺乏或有缺陷，岗位设备、设施、工具等有缺陷，实习学生个人防护用品或用具有缺陷等。青年学生在实习中要学会及时排除物的不安全状态。

3. 环境的不安全因素

环境的不安全因素是指生产（施工）作业环境中的不安全因素。生产作业场地的环境不安全因素主要包括生产安全防护设施配置不完善；照明光线不良，如照度不足、作业场地烟雾弥漫、视物不清、光线过强；通风不良，如无通风、通风系统效率低；作业场所狭窄；作业场地杂乱，如工具、制品、材料堆放不安全；地面滑，如地面有油或其他液体、地面被冰雪覆盖、地面有其他易滑物；贮存不安全物品，如有毒、腐蚀性化学危险品或易燃易爆气体；环境温度、湿度不当；等等。青年学生在实习中要学会识别场所的不安全因素，并采取相应的补救措施。

资料链接
劳动安全警句集锦

二、岗位操作安全事故的预防

岗位实习过程中发生的安全事故大多源自违章操作及主观上的疏忽大意和侥幸心理。要预防发生安全事故，除了要增强防范意识，还要从技能上、操作规范上下功夫，稳扎稳打。

在岗位实习中，实习学生应该严格遵守以下生产岗位安全操作：

（1）明确生产实习任务，遵守安全操作规程，严格遵守劳动纪律。严格执行交接班制度、巡回检查制度，禁止脱岗，禁止做与生产无关的一切活动。

（2）实习学生应在短时间内与自己的实习指导教师建立起较好的师生关系，在工作中要积极主动，遵守纪律，认真执行生产岗位安全操作规程，防止发生人身伤害事故和设备安全事故。

（3）设备开机前，必须全面检查有无异常情况，对转动设备应确认无卡死现象、安全保护设施完好、无缺相漏电等，并确认无人在设备内作业后，方能启动运转。启动后若发现异常情况，应立即停机检查原因并及时向有关人员反映。

（4）严格遵守特种设备管理制度，禁止无证操作。正确使用特种设备，开机时必须注意检查，发现不安全因素应立即停止使用并挂上故障牌。

（5）按章作业，搞好岗位安全文明生产，发现隐患（特别是泄漏易引起火灾的危险部位）应及时处理并上报。及时清理杂物、油污及物料，切实做到安全消防通道畅通无阻。

✎ 知识拓展

<h3 style="text-align:center">《中华人民共和国安全生产法》释义第三十条</h3>

第三十条：生产经营单位的特种作业人员必须按照国家有关规定经专门的安全作业培训，取得相应资格，方可上岗作业。特种作业人员的范围由国务院应急管理部门会同国务院有关部门确定。

【条文主旨】

本条是关于生产经营单位的特种作业人员从业资格的规定。

【条文释义】

特种作业人员所从事的工作，在安全程度上与单位内的其他工作有较大差别。特种作业人员在工作中接触的危险因素较多，危险性较大，很容易发生生产安全事故，发生事故不仅对作业人员本人，而且会对他人和周围设备、设施造成较大危害。对特种作业人员进行专门的培训教育，实行严格的管理，减少他们的失误，对防止和减少生产安全事故具有重要意义。

一、特种作业的范围

特种作业，是指容易发生事故，对操作者本人、他人的安全健康及设备、设施的安全可能造成重大危害的作业。根据原国家安全生产监督管理总局颁布的《特种作业人员安全技术培训考核管理规定》，特种作业的范围由特种作业目录规定。根据现行特种作业目录，特种作业大致包括：（1）电工作业。指对电气设备进行运行、维护、安装、检修、改造、施工、调试等作业（不含电力系统进网作业）。（2）焊接与热切割作业。指运用焊接或者热切割方法对材料进行加工的作业（不含《特种设备安全监察条例》规定的有关作业）。（3）高处作业。指专门或经常在坠落高度基准面2米及以上有可能坠落的高处进行的作业。（4）制冷与空调作业。指对大中型制冷与空调设备运行操作、安装与修理的作业。（5）煤矿安全作业。（6）金属非金属矿山安全作业。（7）石油天然气安全作业。（8）冶金（有色）生产安全作业。（9）危险化学品安全作业。指从事危险化工工艺过程操作及化工自动化控制仪表安装、维修、维护的作业。（10）烟花爆竹安全作业。指从事烟花爆竹生产、储存中的药物混合、造粒、筛选、装药、筑药、压药搬运等危险工序的作业。（11）原国家安全生产监督管理总局认定的其他作业。直接从事以上特种作业的从业人员，就是特种作业人员。没有取得特种作业相应资格的，不得上岗从事特种作业。特种作业人员的资格是安全准入类，属于行政许可范畴，由主管的负有安全生产监督管理职责的部门实施特种作业人员的考核发证工作。特种作业人员未按照规定经过专门的安全作业培训并取得相应资格就上岗作业的，其所在的生产经营单位将根据规定承担相应的法律责任。

二、特种作业人员的范围

特种作业人员，是指直接从事特种作业的作业人员。根据《特种作业人员安全技术培训考核管理规定》，特种作业人员应当符合以下条件：年满 18 周岁，且不超过国家法定退休年龄；经社区或者县级以上医疗机构体检健康合格，并无妨碍从事相应特种作业的器质性心脏病、癫痫病、美尼尔氏症、眩晕症、癔症、震颤麻痹症、精神病、痴呆症，以及其他疾病和生理缺陷；具有初中及以上文化程度；具备必要的安全技术知识与技能；相应特种作业规定的其他条件。危险化学品特种作业人员还应当具备高中或者相当于高中及以上文化程度。不同行业、不同领域存在的特种作业类别不同，以前国务院有关主管部门都曾经对特种作业人员的范围进行过规定。为了统一标准，便于管理，提高政府管理的公开性和透明度，使管理相对人能够明确哪些方面必须接受政府部门的管理，减轻生产经营单位的负担，避免其无所适从，本条作出授权规定，由国务院应急管理部门会同国务院有关部门确定特种作业人员的范围。有关特种作业人员的范围应以国务院应急管理部门会同国务院有关部门确定的为准。有关部门应当相互协作，科学、合理、及时确定特种作业人员范围，满足实际工作需要。

三、岗位操作安全事故的应急处理

凡事预则立，不预则废。有效的应急系统和应急预案，可以减少事故的发生。因此，青年学生掌握必要的应急逃生手段和安全事故应急管理知识，对于事故发生后最大限度地减少人员伤亡和财产损失，具有非常重要的意义。

（一）应急逃生

火灾是常见的事故类型，火灾发生后，很多人不是被烧死，而是因吸入大量浓烟窒息而亡。因此，配备防毒面具和防毒口罩十分必要。火灾发生的初期，要在最短的时间内利用一切有效的手段灭火，青年学生应学会正确使用灭火器、消火栓和喷淋装置等消防器材，积极参与火灾事故应急培训和演练，提高应急能力。

高层建筑发生的火灾尤为常见，当劳动人员处于起火位置以下的楼层，应当向低楼层疏散；当劳动人员处于起火位置以上的楼层，不要盲目往低楼层跑，更不可跳楼逃生。应当关紧门窗，堵死进烟孔洞，向窗外悬挂醒目标志或用手电筒向窗外照射，以表示室内有人，等待救援。如果有被大火围困的危险情况，应当根据火情往高层逃生；如果门窗、通道、楼梯已被烟火封住，确实难以向外逃生时，可向头部、身上浇些冷水或用湿毛巾把头部包好，用湿棉被、湿毯子、湿被单将身体裹好，再次尝试逃离险区。如果浓烟太大，有窒息的危险，应戴上防毒面具或防毒口罩；如果没有防毒面具或防毒口罩，可用湿毛巾捂住口鼻，身体尽量贴近墙边、地面，匍匐前进，穿过险区。

✎ 知识拓展

干粉灭火器的使用方法

一提：将灭火器提到起火点的上风向。

二摇：将灭火器上下颠倒摇匀，使干粉松动。

三拔：拔下保险销。

四握：一手握住喷管最前端，在离起火点一定距离的上风口瞄准起火点。

五按：另一手按下手柄，对准火源根部扫射。

注意事项：灭火剂一次性用完，禁止倒立使用干粉灭火器，不可将喷管对着人脸部喷射。

室内消火栓的使用方法

一、打开或者击碎消火栓箱门，取出消防水带。

二、将水带一端接在消火栓接口上。

三、将水带另一端接上消防水枪。

四、按下消火箱内消火栓起泵按钮。

五、打开消火栓上的水闸开关。

六、将水枪对准火源根部喷射灭火。

（二）安全事故应急管理

安全事故应急管理包括四个阶段，即预防、准备、响应和恢复。

1. 预防

在应急管理中预防有两层含义，一是事故的预防工作，即通过安全管理和安全技术等手段。尽可能地防止事故的发生，实现本质安全。二是在假定事故发生的前提下，通过采取的预防措施，降低事故的影响或减轻事故后果的严重程度，如加大建筑物的安全距离、减少危险物品的存量、设置防护墙及开展公众教育等。从长远来看，低成本高效率的预防措施是减少事故损失的关键。

2. 准备

应急准备是应急管理过程中一个极其关键的阶段，它是针对可能发生的事故，为迅速有效地开展应急行动而预先所做的各种准备，包括应急机构的设立和职责的落实、预案的编制、应急队伍的建设、应急设备（设施）及物资的准备和维护、预案的演习、与外部应急能力的衔接等，其目的是保持重大事故应急救援所需的应急能力。对劳动人员来说，开展应急培训教育和演练，提升应急技能，正确使用应急救援器材，都是应急准备工作需要关注的重点。

3. 响应

应急响应是在事故发生后立即采取的应急救援行动。包括事故的报警与通报、人员的紧急疏散、急救与医疗、实施消防和工程抢险措施、信息收集与应急决策和外部救援等，其目标是尽可能地抢救受害人员、保护可能受威胁的人群，并尽可能控制或消除事故的影响。劳动人员应能够正确开展自救和互救，知道如何正确报警。比如，火警电话是119；维护治安、服务群众的报警电话是110；安全生产举报投诉特服电话是12350；医疗救助电话是120。正确的逃生和疏散也是应急响应中应具备的能力，如发生液氯、液氨或者煤气泄漏事故时，劳动人员应切断电源，关闭阀门，戴上防毒面具或防毒口罩，站到上风向，进行堵漏。如果堵漏失败，要沿主导风向的上风向逃生。

4. 恢复

恢复工作应在事故发生后立即进行，应首先使事故影响区域恢复到相对安全的基本状态，然后逐步恢复到正常状态。需要立即进行的恢复工作包括事故损失评估、原因调查、清理废墟等。恢复分为短期恢复和长期恢复。短期恢复工作包括向受灾人员提供食品、避难所、安全保障和医疗卫生等基本服务，在短期恢复中应注意避免出现新的紧急情况。长期恢复包括厂区重建和受影响区域的重新规划和发展，在长期恢复工作中，应汲取事故和应急救援的经验教训，开展进一步的预防工作和减灾行动。

对劳动人员来说，只有具备专业的应急处置能力和素养才能进行恢复工作。因为部分劳动过程中发生的突发事故是在事故恢复阶段出现的二次衍生事故，因此，应急管理的恢复阶段极其关键，应请专业机构和专业部门进行，劳动人员盲目恢复，很有可能导致非常严重的二次事故。

及时有效的应急救援和逃生行动是抵御事故或控制灾害蔓延、降低危害的关键，甚至是唯一手段。青年学生掌握必要的安全事故应急管理知识和应急逃生手段，是正确开展自救和互救的安全应急必备能力。

知识拓展

高等学校实验室火灾事故处置与善后

一、实验室发生火灾后，应立即启动灭火和应急疏散预案。

二、实验室发生火灾后，应保护火灾现场。消防救援机构划定的警戒线范围是火灾现场保护范围；尚未划定时，应将火灾过火范围以及与发生火灾有关的部位划定为火灾现场保护范围。

三、不应擅自进入火灾现场或移动火场中的任何物品。

四、未经消防救援机构同意，不应擅自清理火灾现场。

五、火灾事故相关人员应主动配合接受事故调查，如实提供火灾事故情况，如实申报火灾直接财产损失。

六、火灾调查结束后，应总结火灾事故教训，做好现场学生心理疏导及善后处置，加强校园舆情分析和监管，及时改进消防安全管理，维护学校安全稳定。

问题讨论

根据自己所学相关专业及可能会入职的工作岗位，浅谈一下应该注意的安全事项。

第三节　社会实践安全

社会实践是人才培养的重要环节，是提高青年学生创造能力、就业能力和创业能力的重要途径与手段。然而，青年学生在实践过程中往往需要离开学校，深入社会，走进企事业单位、社区、农村等，由于青年学生的社会经验相对欠缺，安全防范意识和技能不强，因此安全问题时有发生，且呈现上升趋势，对青年学生及其家庭造成了无法弥补的损失。所以做好社会实践安全防护是青年学生必备的基本能力。

一、交通安全

交通安全是青年学生实践出行中需要注意的。在前往实践地点和返校途中一般都需要乘坐公共交通工具，为确保个人安全，避免发生交通安全事故，应做到以下几点。

1. 遵守交通法规

青年学生要加强对交通法规的学习，严格遵守交通规则。

2. 关注外出天气

青年学生要避免在危险天气外出实践，如台风、大雪、冰雹等恶劣天气。

3. 注意车辆安全

外出时，青年学生要努力做到不乘坐"三无"（无车牌、无行驶证、无营运资格）的"黑车""黑船"，应当尽量到正规的车站或渡口购买正式车票、船票，不乘坐状况不好的车船，拒绝乘坐严重超载的车船。

4. 关注交通状况

青年学生在乘车过程中，不要把头、手伸出窗外；下车时，应等车辆停稳再下车，同时注意路上的交通状况。

5. 妥善处理交通事故

如果遇到交通事故，应当由当地交通安全管理部门依照交通安全法律法规进行妥善处理。

二、饮食安全

饮食安全是青年学生在参加实践活动时必须重视的一项内容。在实践过程中，青年学生应当时刻注意饮食卫生安全，预防食物中毒。在饮食安全方面应做到以下几点。

1. 保持良好的卫生习惯

不良的个人卫生习惯会把致病菌从人体带到食物上。例如，用沾有致病菌的手拿食物后，受污染的食物进入消化道就会引发细菌性食物中毒，从而导致腹泻。

2. 选择新鲜安全的食品

在购买食品时，要注意查看其外观、性状，检查其是否有腐烂变质现象。尤其是对于小包装的食品，不要只看花花绿绿的诱人外表，要注意查看生产日期、保质期、生产单位名称、生产单位地址、生产许可证标识等。

3. 拒绝暴饮暴食

现代医学认为，暴饮暴食会增加胃的负担，引起消化液供应不足，造成消化不良，甚至引起急性胃炎。同时，暴饮暴食使血液集中于肠胃，心脑部位相对缺血，容易使人产生疲劳不适感。所以，吃饭应该定时定量，以吃八成饱为宜。另外要选择合适的就餐场所，不要边走边吃。

三、人身安全

人身安全至关重要，青年学生在实践过程中要格外注意人身安全。具体而言，应当做到以下几点。

1. 避免单独行动

青年学生尽量避免单独行动，个人单独进行实践活动时，应当随时与亲人、学校保持联系。

2. 尽量低调行事

参加实践活动时，青年学生应尽量低调行事，防止因财物外露或个人激烈行为而遭到不法分子的侵害。

3. 遵守法律法规

青年学生在外出时，应自觉遵守各项法律法规，时刻注意安全，避免发生意外事故。

4. 注意防止性侵

青年学生在实践过程中穿着要得体大方，避免在夜间单独外出活动，以防遭到性侵。

5. 携带常用药物

青年学生参加实践活动时，可以自带一些常用的药物（晕船晕车药、抗过敏药等）以备急需。

动漫解说
实习安全无小事

📝 知识拓展

被挤进人山人海 该如何保护自己？

一、易发生踩踏的场所

空间有限、人群又相对集中的场所易发生踩踏。例如学校、车站、机场、广场、球场、商场等地方，以及狭窄的街道、室内通道或楼梯、影院、酒吧、航行中的轮船等。

二、发生踩踏的常见原因

1. 当人群较为集中时，前面有人摔倒（或只是蹲下来系鞋带），后面人群未留意，没有止步，发生踩踏。

2. 人群受到惊吓，产生恐慌，如听到爆炸声、出现惊慌失措的失控局面，在无组织无目的的逃生中，相互拥挤踩踏。

3. 因好奇心驱使，去人多拥挤处探究竟，造成不必要的人员集中而踩踏。

三、出现踩踏的后果有多严重

一旦出现踩踏，后果十分严重。人类呼吸是需要胸腔扩张来完成的，当发生踩踏事件时，由于人压着人，胸部受到严重挤压，根本没办法扩张，短短几分钟内，就可能因为无法呼吸导致死亡。

四、遭遇踩踏怎么办

去人流密集的地方应当先观察周围，记住出口的位置，提前在大脑中规划撤离方案。

五、初遇拥挤人群

当发觉拥挤的人群向着自己行走的方向涌来时，不要盲目奔跑，不要逆流前进。如果路边有商店、咖啡馆等可以躲避的地方，可以暂避。远离店铺的玻璃窗，以免因玻璃破碎而被扎伤。时刻保持警惕，当发现有人情绪不对，或人群开始骚动时，就要做好准备保护自己和他人。

六、陷入拥挤人群

1. 时刻保持警惕，千万不能被绊倒！即便鞋子被踩掉，也不要贸然弯腰提鞋或系鞋带。如有可能，抓住一样坚固牢靠的东西，例如路灯柱之类，待人群过去后，迅速离开现场。

2. 发现前面有人突然摔倒时，马上停下脚步，告知后面的人不要向前靠近。

3. 如果人流量很大，但移动速度不快，可左手握拳，右手握住左手手腕，双肘与双肩平行，放在胸前。肘部能够保护自己不被挤压，给心肺留出呼吸空间。

4. 若已经陷入拥挤人群，继续保持双肘在胸前，形成牢固而稳定的三角保护区的姿势。同时，微弯下腰，降低重心，低姿态前进，防止摔倒。

七、混乱局面自保

1. 若被推倒，要设法靠近墙壁，或在人流移动方向的侧面。

2. 双手在颈后紧扣，以保护身体最脆弱的部位，面向墙壁，身体蜷成球状。

3. 如果不能靠近墙壁，倒下时，蜷缩身体成团，并继续保持手部姿势，以保护头部、胸部等重要器官。

八、事故已经发生

1. 及时报警联系外援，寻求帮助，同时开展自救和互救。

2. 如发现伤者呼吸、心跳停止时，要赶快做人工呼吸，辅之以胸外按压。

九、牢记自救"二十四字诀"

踩踏现场一旦摔倒，牢记自救"二十四字诀"：紧急侧卧，双手扣颈，护住头部，蜷缩成团，并腿收拢，全身紧绷。

四、财产安全

青年学生在劳动过程中，可能会遇到与财产安全有关的问题。这些问题复杂多样，概括起来，主要的财产安全问题有盗窃、抢劫、诈骗等。而且这些问题在青年学生的日常生活和学习中也均会涉及，所以应该加强防范。

1. 防盗窃

盗窃是导致丢失财产的常见原因之一。无论在什么场所，如果发现盗窃，一定要保持头脑清醒，不要大呼小叫。比如，发现门窗被打开，玻璃被打碎或者纱窗被割破，室内物品被翻乱等情况，要第一时间想到这是室内发生了盗窃。遇到这种情况，先保持镇定，头脑清醒，不要急于到室内查找自己的物品，应该采取以下措施。

（1）及时报案。立刻报告学校保卫处或者公安机关，请他们第一时间到现场进行调查了解，对事情进行科学判断。

（2）保护现场。要保护好不法分子留下的现场，任何人不要进入室内或者私自挪动现场的物品，从而有利于公安人员从现场提取不法分子留下的痕迹和线索。

（3）随机应变。进入房间时，如果恰逢盗贼作案，一定在保持自身安全的前提下，大声呵斥，或者高喊同学及保安前来支援，共同将不法分子擒获。如果所处场所不可能有他人帮忙，那么一定要与不法分子保持一定距离，谨防不法分子情急之下行凶伤人。为了保证个人安全，可以拿起身边的棍棒、板凳、砖头等物品做好自卫准备。切不可盲目生扑，以免不敌对方，受到伤害。

（4）配合公安的保卫工作。发生盗窃案后，要积极配合公安机关侦破案件；同时如果发现银行卡等物品丢失，要马上挂失。

> **教学讲解**
> 社会实践之财产安全

2. 防诈骗

诈骗是指以非法占有为目的，用虚构事实或者隐瞒真相的方法骗取公私财物的行为。而学生群体因为生活环境单一、社会阅历较浅，独立性较差、好奇心强及识别能力不足，因此许多诈骗组织将目标转向青年学生，致使一些青年学生的财产受到损失，严重影响了社会的稳定与和谐。

> **资料链接**
> 防电信诈骗小口诀

在社会实践活动中，兼职是常见的实践项目，而兼职招聘也是诈骗组织的行骗方式之一。接下来介绍一下在应聘中需要注意的问题。

（1）警惕"黑中介"。某些非法机构抓住青年学生求职心切的心理，以介绍工作为名，向求职的青年学生收取高额中介费，甚至变相收取各种名目费用，最后却不履行承诺。求职的青年学生一定要核实中介机构营业执照的经营范围是否包括职业介绍业务，是否具备《人力资源服务许可证》。

（2）警惕"假兼职"。某些诈骗人员打着高薪兼职、点击鼠标就赚钱、刷单返现等幌子进行金融诈骗。求职的青年学生不要轻信既轻松又赚钱的"好差事"，应树立正确的求职观、就业观。

（3）警惕"乱收费"。某些用人单位或者中介机构以工作为名收取报名费、服装费、体检费、培训费、押金、资料审核费等费用。应聘工作本身并不需要任何费用，对于将先交报名费、培训费等作为条件的招聘面试都要谨慎对待。入职体检通常都是要求求职者自行到二甲以上医院进行，正规单位不会代收体检费用。

（4）警惕"扣证件"。有时用人单位或中介机构假借保管或经办社会保险、申办工资卡等名义，扣押求职者身份证、毕业证等个人证件原件。在此要清楚，任何单位和个人都没有权利扣留他人证件原件，求职者不要将证件原件交付他人，如有需要，仅向有关人员出示即可。

（5）警惕"培训贷"。有时某些培训机构将高薪就业作为诱饵，向求职人员承诺培训后包就业，但必须向指定借贷机构贷款支付培训费用。求职者要增强辨别和防范意识，要看培训机构是否具备培训资质；要看培训机构经营范围中是否包含培训内容；要看承诺薪资是否与社会同等岗位条件薪资水平大体一致；等等，避免上当受骗。

（6）警惕"传销骗"。传销组织往往打着"连锁销售""特许经营""直销"等幌子，或者以"国家搞试点""响应西部大开发号召"等名义诱骗青年学生参与传销活动。有的传销组织还打着"电子商务""网络直销"等旗号利用互联网进行传销，形式更加多样，违法诈骗行为更加隐蔽。而且很多传销活动都是通过亲朋好友或学生开展的，如果突然收到长期没有联系的亲友同学突然邀请自己去异地参加高薪工作的信息，青年学生一定提高警惕。

如果发现被骗，要果断抽身。尽快从被骗的噩梦中清醒过来，及时向公安机关报案，而不是自怨自艾，贻误破案时机。更不要过于要面子，就此不了了之。应该积极向学校保卫处或者公安机关提供不法分子的相关线索，从而有助于公安机关抓获不法分子，挽回损失或者将损失降至最低。

动漫解说
要上班了，准备好了吗？

◀ 实践演练 ▶

应急疏散演练

为构建平安校园，保障全体学生的生命安全，通过有计划、有步骤、有针对性地组织学生开展安全疏散演练活动，能够进一步增强学生的安全意识，提高学生自护、自救抵御灾害事故的能力，确保人身安全，并使学生能够在紧急情况下及时疏散，顺利逃生。

演练内容

1. 发出警报（哨声或口令）；
2. 学生有序离开教室，一切行动听指挥（计时开始）；
3. 学生成一路纵队靠右安全有序奔跑（本次演练以快走方式完成）；
4. 撤离到广场安全区集中，要远离教学楼（指定位置）；
5. 体育委员清点人数并向老师报告情况（计时结束）；
6. 学生列队沿原路返回教室。

演练要求

1. 虽然这是一次应急演练，但是思想上应高度重视，不必恐慌。

2. 学生必须做到：降低重心、小步快走、右侧通行。

3. 学生疏散时要冷静，不推、不超、不冲，前后保持一定距离。

4. 老师讲清班级学生撤离的顺序和方向（如前三排学生走前门，后三排学生走后门），出教室后学生成一路纵队靠右跑步撤离，避免碰撞、拥挤、踩踏。绝不能临时更换线路。

◀ **章节习题** ▶

1. 全国通用的安全色有哪几种，它们的用途有哪些？

2. 劳动安全防护用品按人体防护部位通常可划分哪几类？

3. 安全事故应急管理包括哪几个阶段？

◀ **以劳育美** ▶

动漫解说
父亲

《父亲》是当代画家罗中立于 1980 年创作完成的大幅画布油画，现收藏于中国美术馆。巨幅的画作、开裂的嘴唇、满脸的皱纹等无不带给人们以强烈的艺术冲击，这些皱纹是艰辛劳动的痕迹。他古铜色的皮肤，是长年户外泥土生活的见证。中国农民的勤劳朴素、坚韧隐忍等品质都跃然纸上。

第八章　劳动实践

思维导图

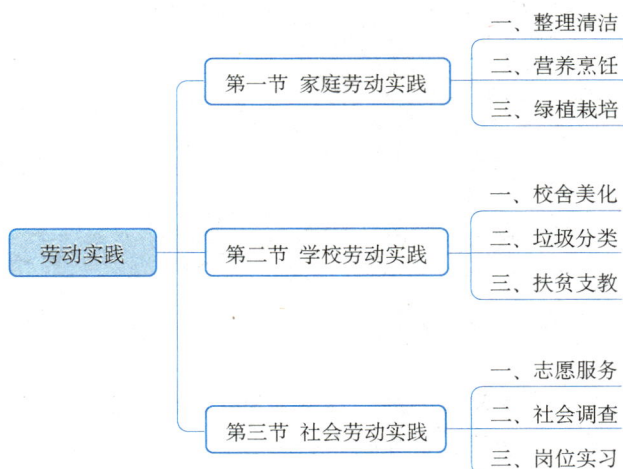

劳动实践

第一节　家庭劳动实践
一、整理清洁
二、营养烹饪
三、绿植栽培

第二节　学校劳动实践
一、校舍美化
二、垃圾分类
三、扶贫支教

第三节　社会劳动实践
一、志愿服务
二、社会调查
三、岗位实习

导读导学

中共中央、国务院印发的《关于全面加强新时代大中小学劳动教育的意见》指出："实施劳动教育重点是在系统的文化知识学习之外，有目的、有计划地组织学生参加日常生活劳动、生产劳动和服务性劳动，让学生动手实践、出力流汗，接受锻炼、磨炼意志，培养学生正确劳动价值观和良好劳动品质。"

劳动实践是加强思想政治教育工作和实践育人工作的重要载体，是全面提升人才培养质量的重要途径，对于国家人才培养和青年学生健康成长具有重要意义。

首先，劳动实践有助于青年学生增强社会责任感。通过亲身参与社会生产和服务，学生们能更加直观地感受到自己作为社会成员的责任和使命，从而培养出为社会、为人民奉献的崇高情怀。

其次，劳动实践是青年学生锻炼自身能力的重要途径。在劳动中，青年学生需要动手动脑，解决实际问题，这无疑是对他们组织协调能力、创新思维能力及解决实际问题能力的一次大考。经过这样的锻炼，青年学生在未来的学习和工作中将更加游刃有余。

再次，劳动实践有助于青年学生形成正确的价值观。通过劳动，青年学生能更加真切地体会到劳动的价值和劳动人民的伟大，从而摒弃好逸恶劳、不劳而获的错误思想，树立起勤劳致富、劳动光荣的正确观念。

最后，劳动实践还是青年学生了解社会、认识国情的重要窗口。通过深入基层、深入群众，青年学生能更加全面地了解到我国的社会现状和发展趋势，从而为自己的未来规划提供更加坚实的现实基础。

学习目标

【知识目标】

1. 掌握日常基础劳动的理论知识。
2. 深刻理解劳动的重要性。
3. 认识到劳动是创造社会财富和推动社会进步的动力。

【能力目标】

1. 能够掌握一定的劳动技能，如基本的手工操作、农业生产技能等。
2. 学会与他人协作，提高团队协作能力和问题解决能力。

【素质目标】

1. 树立正确的劳动观念，培养劳动精神、创新精神。
2. 养成勤劳节俭、自强不息的优良品质，形成积极向上的生活态度。
3. 增强社会责任感，学会感恩和回报社会。

第一节　家庭劳动实践

家庭是每个人生活的避风港和栖息地。家庭的温暖，不仅体现在亲密的言谈举止中，更体现在琐碎的家庭劳动中，一个人对待家庭劳动的态度，就是对待生活的温度。家庭劳动主要是我们日常生活中涉及衣食住行过程中的相关劳动，是保障我们能够独立生活、健康生活、幸福生活的方方面面的劳动，也是我们每个人生活能力的重要衡量内容和扮演好生活中的角色、处理好日常人际关系、获得幸福生活的重要保障。

教学讲解
自我服务劳动

一、清洁整理

千里之行，始于足下。从小事做起，扣好人生第一粒扣子，树立好新时代的劳动价值观，青年学生应该从最基本的洗衣服、整理房间等方面学起，在日常生活中养成良好的劳动习惯，不要让"不会""我有更重要的事情"成为拒绝家庭劳动的借口。

（一）衣物清洁整理

1. 洗衣必备常识

（1）区分衣物、分类洗涤

洗衣服时，不仅要按颜色分类，还要看衣服的材质、种类。衣物按颜色可分成纯白色、浅色（包括带白色条纹的衣物）、深色（黑、蓝、褐等）、艳色（红、黄、橙等）四类进行清洗；材质方面，要将毛绒多的衣物（毛巾、毛衣、灯芯绒衣物等）和容易起球的衣服分开洗，防止把衣服洗坏；贴身衣物与外衣要分开，内裤、秋衣裤等要单独洗涤。另外，成人与儿童的衣物要分开，病人和健康人的衣物要分开。

（2）辨别衣物面料

常见衣物面料包括纺织纤维和皮革两种。纺织纤维包括天然纤维和化学纤维，其中天然纤维包括植物纤维（如棉、麻等）和动物纤维（如羊毛、兔毛等），化学纤维包括人造纤维和合成纤维。皮革包括天然皮革、再生革和人造革。不同的面料具有不同的特点，应采用不同的洗涤方法。皮革通常用皮革专用油来保养，不能洗涤。对于需洗涤的纺织纤维类衣物，应掌握其面料的辨别方法。

（3）检查衣服表面及口袋

检查衣服表面是否有特殊污垢，如有发现，应在洗涤前处理。检查衣服口袋中是否有纸币、钱包、手机等物品，如有，洗涤前要及时拿出，然后抖尽口袋中的灰尘、碎屑等。

（4）洗涤方式

查看衣物的洗涤标志，衣物的洗涤标志通常由文字和图形两部分组成，也有的衣物采用中文和外文两种洗涤标志。文字尽管有差异，但图形相对一致，可以通过图形来判断所洗衣物适合哪种洗涤方式。

（5）选配洗涤用品

不同面料的衣物由于其性能的差异，与不同的洗涤用品相混会产生不同的效果。洗涤用品种类繁多，成分、性能各异，必须多加了解，正确选用，才能取得理想的洗涤效果。

2. 洗涤方法

洗涤方法要根据衣物的面料、质地和洗涤标志而定。一般来说，可水洗的衣物在洗涤前要稍加浸泡，这样更易洗涤干净。洗涤的方法包括手洗和机洗两种。

（1）手洗

毛料衣物、丝麻织品、人造棉、人造毛、人造丝、羽绒制品等适宜手洗。另外，对于可机洗的衣物，若领口、袖口等部位污垢严重，可先手洗再机洗。洗涤棉麻、合成纤维类衣物时，可选择使用高泡洗衣粉、碱性液体洗涤剂或肥皂；洗涤丝毛类衣物时，可选择中性液体洗涤剂或皂片。

对领口、袖口等容易脏的地方可先用洗衣液涂抹；根据衣物的面料合理浸泡，但不可浸泡时间过长，洗完后要注意冲洗干净。

（2）机洗

用全自动洗衣机时，可按洗涤菜单进行操作，根据不同的衣物选择合适的洗涤程序即可。洗完后进行晾晒。

用洗衣机洗衣物时，要注意洗衣机不能塞太满，太满不但容易洗不干净，还会缩短洗衣机的使用寿命。所洗衣物体积最多只占洗衣机滚筒体积的 2/3。

（二）衣物折叠收纳

1. 折叠操作指南

（1）折叠衬衣。系上纽扣→前身朝下后背朝上抚平对正→以纽扣为中心，等距离将衣身两边向中间对折抚平→袖子折叠回来向下转，使袖子和刚刚折叠的部分对齐→下摆向上折翻过来使衬衣正面朝上→整理抚平。

（2）折叠西裤。拉上拉链、扣上扣子→从裤脚处将四条裤缝对齐→两条中线对齐→用手抚平，从裤脚至裤腰对折再对折。

（3）折叠无中缝的休闲裤。拉上拉链、扣上扣子→从裤裆处将两条裤腿对折抚平→从裤腿到裤腰依次对折两次。

（4）折叠秋衣裤。折叠各类睡衣、背心、内衣裤的方法可参照衬衣、裤子的折叠方法。

（5）折叠羽绒服。拉上拉链、扣上扣子→平摊、抚平→左右衣袖平行交叠于胸前→从下方将衣身向上折叠至所需要的大小→双手慢慢挤压出羽绒服内的空气。

（6）折叠棉被、毛毯。将棉被、毛毯沿长度上下对折三次，然后从一端卷向另一端。卷时要用力、避免松散。

2. 收纳操作指南

各式各样的衣服随意堆放在衣柜里，既不美观也不便拿取。那么，应如何合理使用衣柜空间收纳衣服呢？

（1）清空

将衣柜里的衣服全部清空，堆放在一起。

（2）选择

把自己完全不喜欢的或者不能再穿的衣服挑拣出来，放至一边，通过丢弃或者捐赠的方式流通出去，剩下的就是喜欢的、需要的衣服。

（3）分类

把留下的衣服按照外衣（外套、裤子）、卫衣、T恤、内衣、内裤、袜子分类折叠好，并按季节进行分类。

（4）收纳属于当季的衣服，可放于衣柜中易于拿取的位置；属于其他季节的衣服，可放于衣柜顶层或收纳盒、收纳袋中。另外，内衣裤、袜子等小衣物可放于抽屉中收纳。

为使衣物穿着时美观，不同的衣物也要有不同的摆放方式，如西服、毛呢、毛料衣物应挂放，要避免肩部变形、出现褶皱；针织类衣物适宜折叠后摆放而不宜挂放；其余衣物可折叠后放入衣柜。

> **资料链接**
> 衣物熨烫

二、营养烹饪

"民以食为天"，一日三餐不仅是保持良好体魄的关键，也是青年学生能独立生活的技能基础。做饭这样的"小事"，对于即将迈入社会的青年学生，也是考验其独立生活能力的"大事"。从"家常菜"到"营养均衡、色香味俱佳的佳肴"，做饭这一项生活技能能让我们享受烹饪的乐趣，用美食调剂生活。

随着时代的发展，曾经限量供应，只能在节日期间吃到的食品变得非常普遍，随时随地都可以吃到。这本是时代进步的标志，但问题是，丰富化和精细化的饮食条件带来的却是令人担忧的营养问题，我国肥胖和心脑血管等慢性疾病问题日益严重。

问题究竟出在哪里呢？事实上，现代人的饮食看上去虽然丰富，却有很多是甜品、零食、油炸食品等，而这些食物营养极其有限，多数情况下，只能提供脂肪、蛋白质和碳水化合物三大营养素，人体必需的微量元素和维生素则极度缺乏。所以现代人遇到的问题，不是营养过剩，而是营养不均衡。为解决这一问题，就需要每个人学会怎么吃来达到营养均衡，保持身体健康。

问题讨论

你知道在家庭餐制作过程中如何做到膳食平衡吗？

> **教学讲解**
> 营养与膳食科学

中餐的烹饪方法有26种，下面介绍最常见的7种。

（一）炒

炒是中式烹饪最经典的方法，炒的特点是快捷方便、美味可口。炒又有生炒、熟炒、生熟炒、水炒、滑炒等技法。炒所用的锅具为炒锅，在炒之前先提前准备好所有的配料，然后开火热锅，锅热后倒入适量的食用油，油热后将要烹饪的食材倒入锅内快速搅动至半熟，加入调味料，直至全熟盛出。

炒菜一般用急、旺火烹制，以保持原料特有的水分，烹调时必须动作快、时间短，防止出汤，以最大限度保存营养成分。

（二）炸

炸用于生产酥脆的食物，需要用到深锅或深油炸锅和长筷子。在油炸食物时，锅里可放少许盐防止油外溅。当油温升至70～80℃时，将食材顺锅边放入锅中，想外酥里嫩可先用低温炸熟，再用高温油炸至外皮酥脆。食材炸至成熟后用长筷子夹出，放置在过滤网上滤掉多余的油后即可食用。

依据食材的不同可以裹不同的糊，裹蛋泡糊可软炸，如软炸蘑菇、软炸小黄鱼；裹生糊或粉主要是脆，如松鼠鳜鱼；生熟糊一般用于制作外酥里嫩的食物，如熘肉片、糖醋里脊等。

（三）蒸

蒸是使用蒸汽烹饪的一种方法。蒸可保留食物中的各种营养成分，同时使口感清新可口。

所用器具为蒸笼或蒸锅。烹饪时，需要在锅底部放充足的水，将水缓慢煮沸。若有多种菜肴，需要多堆叠几个蒸笼，需要最多烹饪时间的放在最底层，而需要最少时间的放在顶层。在食物完全熟之前，应一直保持水沸状态。

（四）炖

炖是一种独特的中国烹饪技术，食物在小火下非常缓慢地烹饪。所需锅具为炖锅、慢炖锅等，主要用于烹饪各种肉类。烹饪时热锅凉油，放入葱姜，爆锅后倒入食材翻炒至食材变色，加入酱油、糖、料酒、五香粉等调味料，炒香后加入开水或高汤。小火慢炖直至软烂即可食用。

（五）煮

煮被认为是所有中式烹饪技术里最简单的，这种方法比其他方法快，且保留了食物的颜色、质地、形状和营养。大家喜爱的火锅就是一种典型的煮食。

煮对锅具没有要求，一般适用于小型或软质食材。煮的时候先要洗涤并切割食材，然后将其浸入沸水或肉汤中。煮熟后，将它们滤干，与调味料搅拌后食用。

（六）烤

烤所用厨具为烤箱或烤架。许多中国食物如鸡、鸭、整只羊、整只猪都可以这样烹饪。北京烤鸭、烤乳猪、烤全羊是典型的烤制美食。

烤制之前，需将肉清洁，放入调味料、食用油腌制 1 小时左右。将腌制好的肉放于烤箱内或烤架上，注意火候，不要烤糊，要勤翻动。肉烤好后，将其切碎放于盘子上食用，蘸干碟蘸料味道更佳。

（七）焖

著名的红焖菜肴包括红焖鸡肉蘑菇和红焖排骨。使用这种技术，通过长时间的焖制，味道完全渗透到食材中，口感浓郁，老少皆宜。焖可使用炒锅、平底锅或炖锅，烹饪时，将食材、香料、调味料和少量水加入锅中，大火煮沸，小火慢炖 1 小时即可。

问题讨论

你家乡最著名的菜肴是什么？是采用什么烹饪方法制作的？

阅读延伸

全国劳动模范刘波平：三尺厨房成就百味人生

"烟火之处，情味人间，三尺厨房，百味人生，一食一餐有故事，一厨一味暖人间。"这是刘波平对自己 35 年厨师生涯的一个总结。51 岁的刘波平将川菜烹饪艺术发扬至全国乃至全世界而因此获评 2020 年全国劳动模范。

在刘波平看来，烹饪是一门科学，厨师不光要有绝佳的手艺，还要有文化。他一直坚持科学烹饪实践，收各家之长，集名厨之大成，还曾远赴日本、法国汲取西餐营养，了解烹调技艺，在扩增川菜菜谱上，实现了对 286 个菜品的改良和创新，使之更适合现代人的口味，并出版过《面塑与菜肴》等专著，把自己多年的实践经验理论化。正是这份坚持，最终让他成为中国厨艺高级技能研修讲师、上海 FHC 国际烹饪大赛裁判、中餐世界锦标赛裁判。

三、绿植栽培

随着生活品质的提升，越来越多的家庭开始注重室内绿化，养花成为许多人的爱好。家庭养花不仅能美化家居环境，还能净化空气、调节室内气候，给人带来宁静舒适的感觉。然而，想要养好花并不是一件容易的事情，需要掌握一定的知识和技巧，才能打造出绿意盎然的家居环境。

（一）选择合适的花卉品种

家庭养花首先要选择合适的花卉品种。根据自己的兴趣爱好、家居环境及养护能力来选择适合的花卉。对于初学者来说，可以选择一些容易养护、适应性强的品种，如吊兰、绿萝、仙人掌等。这些花卉不仅美观，而且对环境要求不高，适合家庭养护。

（二）准备适宜的土壤和容器

养花需要适宜的土壤和容器。土壤是花卉生长的基础，要求疏松、透气、排水良好。可以选择泥炭土、珍珠岩、蛭石等混合配制的培养土，或者购买市场上专门针对某种花卉的专用土。容器则要根据花卉的生长习性和根系大小来选择，确保花卉有足够的生长空间。同时，容器底部要有排水孔，以便排出多余的水分，防止积水导致根部腐烂。

（三）合理浇水

浇水是养花的关键环节，也是许多初学者容易出错的地方。不同花卉对水分的需求不同，因此要根据花卉的习性来合理浇水。一般来说，浇水要遵循"见干见湿"的原则，即土壤表面稍干后再浇水，避免积水。夏季高温时，可适当增加浇水次数；冬季则要减少浇水，保持土壤微湿即可。另外，浇水时要注意水温，最好与室温相近，避免温差过大对花卉造成伤害。

（四）适当施肥

花卉生长需要充足的养分，因此我们要定期施肥。施肥时要遵循"薄肥勤施"的原则，避免浓度过高导致"烧死"花卉。可以选择有机肥料或复合肥，每月施肥 1～2 次，根据花卉生长情况适当调整。对于喜肥的花卉，可以适当增加施肥次数；对于对肥料敏感的花卉，则要减少施肥量。另外，施肥时要注意不要将肥料直接撒在花卉的叶片上，以免损伤叶片。

（五）光照和通风

光照和通风对花卉生长至关重要。大部分室内花卉需要充足的散射光，因此我们要将花卉放置在光线明亮的地方，避免阳光直射。阳光过强会导致叶片损伤，而光线不足则会影响花卉的光合作用，导致生长不良。同时，保持室内空气流通，有助于花卉进行光合作用，减少病虫害的发生。但是要注意避免将花卉放在空调出风口或风扇直接吹拂的地方，以免造成叶片失水、枯萎。

（六）病虫害防治

在家庭养花过程中，可能会遇到病虫害问题。我们要密切观察花卉的生长状况，一旦发现病虫害，要及时采取措施防治。可以使用生物防治、物理防治等方法，如喷洒杀虫剂、剪掉受害部位等。同时，保持花卉生长环境的清洁，减少病虫害的滋生。另外，定期为花卉喷洒叶面肥或生长调节剂，可以增强花卉的抗病能力，减少病虫害的发生。

（七）定期修剪和整理

为了保持花卉的美观，我们需要定期对其进行修剪和整理。修剪掉枯黄、病弱的枝叶，促进花卉更好地生长。对于蔓延性较强的花卉，可以设立支架或进行绑扎，引导其有序生长。同时，定期为花卉换盆、分株、繁殖等，让花卉保持旺盛的生命力。

（八）掌握花卉的生长习性

不同的花卉有不同的生长习性，了解并掌握这些习性对于家庭养花至关重要。例如有的花卉喜欢阳光充足的环境，有的则喜欢半阴半阳；有的花卉喜欢湿润的环境，有的则喜欢干燥的环境。因此我们要根据花卉的习性来调整光照、水分等条件，以满足它们的生长需求。此外还要了解花卉的休眠期、生长期等生长阶段的特点和需求以便进行有针对性的养护。

（九）培养耐心与爱心

家庭养花需要耐心和爱心。花卉的生长是一个缓慢的过程，不能急于求成。我们要耐心地观察花卉的生长状况，及时调整养护措施。同时要对花卉充满爱心，把它们当作家庭的一员来呵护。只有这样我们才能真正享受到家庭养花的乐趣。

总之，家庭养花是一项需要掌握一定知识和技巧的爱好。只要我们选择了合适的花卉品种、准备了适宜的土壤和容器、合理浇水施肥、保持光照和通风、及时防治病虫害并定期修剪整理就一定能够打造出绿意盎然的家居环境，享受到与自然的亲近和生活的美好。

阅读延伸

耕读教育：从土地和自然中汲取成长的力量

2021年8月23日教育部印发《加强和改进涉农高校耕读教育工作方案》的通知，全面加强涉农高校耕读教育。所谓"耕"，即从事农业生产；"读"，即接受文化教育。耕读教育将农业生产与文化教育相结合，其在我国农耕历史文化中源远流长，无论对于农人还是文人，"以耕养家""以读兴家""耕读传家"都已成为几千年来中国社会盛行的优良文化传统。

传统教育精华在当下的新延续

"中国是个农业大国，是世界上唯一拥有5000年不间断文明的国家。在这5000年间，我认为耕读教育起到了核心作用。"东北农业大学副校长刘竹青告诉科技日报记者，"从这个意义上说，耕读教育是中国传统教育的精华，或者说是传统文化传承的一个主要方式和途径，推动着中华文明的发展。"

耕读教育从一种读书人的生活方式，逐步演变成一种教育理念、家训家规、治国选材之策，它将物质生产与精神生活融为一体，晴耕雨读、昼耕夜读不仅成为中国古人崇尚的物质与精神自给自足的诗意生活，更成为古人治家治国的秘诀。耕读文化已经在岁月长河中逐渐融入中华民族的血脉中，最终促使中华文明经久不衰、源远流长。

新时代赋予耕读教育新内涵

可能有部分人认为，耕作是强度高、挣钱少的劳动，特别是随着智能机器人的发展，人力将会被大大解放。那么，在此时提出耕读教育，是否还有价值呢？

"其实，现代智能机器人所替代的，是工业化时代对人类有副作用以及异化作用的劳动。"我国农机专家张瑞宏说，在农业机械化的背景下，当人们从满足生计的高强度农耕劳动中解脱出来后，农耕劳动不是没有价值了，恰恰相反，在21世纪人类迈向生态文明的背景下，农耕劳动价值将比任何时候都大。在脱离生计后，农耕劳动所携带的文化价值、精神价值及生命教育的意义将更加凸显。新时代的耕读教育，要面向青年学生厚植家国情怀和"三农"情感，汇集起推进乡村全面振兴的强大动能，为农业农村现代化发展贡献智慧力量。

以耕读精神锻造新时代农业人才

把大自然当教室，拿着野生蘑菇讲课，这既是吉林农业大学教授图力古尔的讲课特色，也是吉林农业大学一直以来的传统。"什么是农业人才？就是给你一把锹、一块地、一袋种子、一堆肥，能种出好庄稼才算好。"中国工程院院士李玉告诉记者。

吉林农业大学一直坚持在田间地头搞科研、育人才，把广袤田野作为学生思想政治教育的大课堂，把"耕读精神"教育与思想教育、社会实践、科技创新等结合起来，让学生在"学与读"之外深"耕"，大力培养美丽乡村规划、农产品深加工、特色产业发展、现代乡村治理等方面人才，持续为国家粮食安全和乡村振兴战略提供坚实支撑。

第二节　校园劳动实践

一、校舍美化

干净整洁的校园环境对于促进学生的学习和发展、保障学生的健康和安全、提升学校的整体形象都有着深远的意义。整洁的环境有助于减少干扰，使学生更容易集中精力学习，有助于学生养成良好的卫生习惯和组织能力，增强归属感。通过保持校园清洁，学生可以体会到环保的重要性，增强可持续发展意识。

（一）校园公共环境卫生清洁

校园公共环境包括室内环境和室外环境，具体有教室、实验室、操场、图书馆、会议室、礼堂、花园、食堂、体育馆等。各级各类学校对本校的卫生保洁都有一定的标准和规范，总体来讲，主要包括以下几个方面。

1. 室内环境

保持门窗四壁、地面及顶棚、灯具及悬挂物、栏杆扶手及把手干净；卫生间、盥洗间无臭味、无黄垢、无便迹、无积水、无污迹等，水池无青苔、无堵塞等。

大学生在积极参加学校组织的各项卫生清扫活动之外，在日常生活和学习中也要不断增强环境保护意识，做到以下几个方面。

（1）以爱护教室环境为己任，自觉维护校园的清洁卫生，做好值日工作。

（2）不乱扔垃圾，并提醒乱扔垃圾的同学不乱扔。

（3）看到地面上有杂物、纸屑等，主动捡起来；教室垃圾桶满了，主动倒掉。

（4）杜绝"课桌文化"，爱护公共财物。

（5）上课前，确认讲台、黑板是干净整洁的，给老师营造一个轻松的上课环境。

（6）向"墙壁涂鸦"说"不"。

2. 室外环境

良好的校园室外环境能够给学生带来心理上的舒适感，有助于缓解学生的学习压力，促进学生的心理健康。校园内道路、场地应保持干净整洁，地面无明显杂物、无明显积水、无明显污渍；校园内无卫生死角；草坪、花坛及绿化带内干净整洁，无暴露的垃圾和废弃物；废物箱、垃圾桶内垃圾杂物少，外表干净；喷泉、景观水塘和水渠等水域中无废弃物与漂浮物。

（二）宿舍楼卫生清洁

宿舍楼是大学生重要的生活和学习场所，保持卫生尤为重要。大学生要积极参与宿舍卫生大扫除及日常卫生的清洁活动。宿舍楼卫生包括宿舍内卫生和公共区域卫生，如洗手间、楼道、洗漱间、洗澡间等。

1. 宿舍内卫生清洁标准

宿舍内的卫生不仅依靠学生通过大扫除、争先进、创文明等活动保持，还要通过日常清理来维护。

学生宿舍要安排好值日表，轮流值日，保持室内清洁卫生；宿舍内地面、阳台要整洁，无垃圾、无积水、无杂物；床铺被褥要叠放整齐，床上不准堆放各类杂物；室内外的墙壁保持干净，不准乱贴、乱写、乱画，不准乱挂衣物及其他物品；室内桌椅要摆放整齐，桌面保持干净，不乱放物品；床下干净，鞋子、洗漱用品统一摆放整齐；每日清理宿舍垃圾；门窗玻璃、日光灯等要保持干净，窗台不乱放杂物。

2. 公共区域卫生标准

宿舍楼公共区域人流量较大，使用较为频繁，而且经常用水，需要更加注意卫生；每日对走廊、公共卫生间、楼梯间等区域进行卫生清理；定期对走廊、宿舍及卫生间进行消毒，确保无病菌；严禁张贴及投放各类宿舍小广告；禁止向洗漱间、水池、便池等投放各类生活垃圾、剩饭等；及时清理垃圾桶内的垃圾。

（三）宿舍美化

1. 美化原则

（1）简单、大方：宿舍通常面积不大，没有必要摆放过多装饰品，否则会显得杂乱。

（2）温馨、舒适：宿舍是放松休息的地方，在美化时要考虑烘托一种温馨、舒适的氛围，让宿舍充满家的温暖气息。

（3）营造学习氛围：宿舍除了是放松休息的地方，也是学习的场所，在美化时，要从色彩、风格上考虑这个因素，营造一个安静、适宜学习的空间。

2. 美化小窍门

（1）衣柜整理

宿舍里的衣柜大多是直筒式的，几乎没有隔断，在放置衣物时往往浪费了很多空间，衣柜隔板能够在衣柜中划分出合适的区域，充分规整空间。此外，还可以在衣柜中放一些多层收纳挂筐，这样既充分利用了收纳空间，又能将贴身衣物、帽子、包分类收纳。如果宿舍的衣柜里没有挂衣杆，可以用伸缩棒代替。

（2）桌面美化

可用网格板和桌下挂篮等让桌子拥有更多收纳空间。网格板是一种轻便又实用的收纳工具，而且价格便宜。将网格板放置在桌面旁边的墙上，不仅能够收纳桌面的小东西，而且能够很好地装饰空间。桌下挂篮能创造隐形的收纳空间，用于放置各种小物件。

（3）床边装饰

床边挂篮和床边挂袋是宿舍非常实用的收纳和装饰工具，不仅能够放水杯、纸巾、书籍等，避免了爬上爬下拿东西，还可以保证床铺的整洁。

二、垃圾分类

垃圾分类一般是指按一定规定或标准将垃圾分类储存、分类投放和分类搬运，从而转变成公共资源的一系列活动的总称。

（一）垃圾分类的意义

实行垃圾分类，关系广大人民群众的生活环境，关系节约使用资源，是社会文明水平的一个重要体现，具有以下几方面的意义。

1. 减少环境污染

我国现有的垃圾处理方式包括填埋和焚烧。对垃圾进行填埋处理，即使是在远离生活的场所并采用相应的隔离技术，也难以杜绝有害物质渗透。这些有害物质会随着地球水的循环而进入整个生态圈，污染水源和土地，通过植物或动物的富集，最终影响人们的身体健康。另外，垃圾焚烧也会产生大量危害人体健康的有毒气体和灰尘。如果我们能够做好垃圾分类，就能减少垃圾的填埋和焚烧，从而减少环境污染。

2. 节省土地资源

填埋和堆放等垃圾处理方式占用土地资源，且垃圾填埋场属于不可重复使用场所，即填埋场不能够重新作为生活区域使用。此外，生活垃圾中有些物质不易降解，填埋后将使土地受到严重侵蚀。据统计，垃圾分类可以使人均生活垃圾产生量减少三分之二，从而节省大量土地资源。

3. 促进资源的循环利用

垃圾的产生源于人们没有利用好资源，将自己不用的资源当成垃圾抛弃，这种废弃资源的行为对整个生态系统造成的损失是不可估量的。通过垃圾分类，回收可利用的垃圾，就可以将垃圾变废为宝，促进资源的循环利用，从而保护我们的生态系统。

此外，垃圾分类有利于改善垃圾品质，使焚烧（或填埋）得以更好地无害化处理。例如，分类焚烧可起到减量（减少垃圾处理量）、减排（减少污染排放量）、提质（改善燃烧工况）、提效（提高发电效率）等作用。

4. 增强民众的环保意识

垃圾分类是处理垃圾公害的最佳解决方法和最佳出路。垃圾分类能够让大家学会节约资源、利用资源，养成良好的生活习惯，提高个人的素质素养。青年学生如果能够养成良好的垃圾分类习惯，那么他就会关注环境保护问题，在生活中注重资源的珍贵性，养成节约资源的习惯。

问题讨论

绿色生活方式有哪些实现途径？你有哪些绿色生活方式？

（二）垃圾分类标准

动漫解说
垃圾分类

住房和城乡建设部发布的新版《生活垃圾分类标志》标准于 2019 年 12 月 1 日起正式实施，新标准将生活垃圾类别调整为可回收物、有害垃圾、厨余垃圾和其他垃圾四大类。其中，厨余垃圾和其他垃圾又可分别称为湿垃圾和干垃圾。

1. 可回收物

指适宜回收可循环利用的生活废弃物，包括纸类、塑料、金属、玻璃、织物等。

2. 有害垃圾

指《国家危险废物名录》中的家庭源危险废物，会对人体健康或自然环境造成直接或潜在危害，包括灯管、家用化学品和电池等。

3. 厨余垃圾

指易腐烂的、含有有机质的生活垃圾，如食材废料、剩菜剩饭、过期食品、瓜皮果核、花卉绿植、中药药渣等。

4. 其他垃圾

指除可回收物、有害垃圾、厨余垃圾外的其他生活垃圾。

（三）垃圾分类操作

1. 分类原则

生活垃圾分类的基本原则是按照性质将生活垃圾分类，并选择适宜且有针对性的方法对各类垃圾进行处理、处置或回收利用，以实现较好的综合效益。具体的分类原则主要包括：可回收物与不可回收物分开；可燃物与不可燃物分开；干垃圾与湿垃圾分开；有毒有害物质与一般物质分开。具体的分类方法要根据当地的生活垃圾处理设施条件进行选择。

2. 投放要求

（1）可回收物

居民生活产生的可回收物，如废报纸、旧书本、纸箱、杂志、台历、包装纸、包装盒、卷纸芯、饮料瓶、矿泉水瓶、塑料餐具、泡沫塑料、塑料鞋、牙刷、易拉罐、水壶等，应当放在可回收物收集桶内。应尽量保持清洁干燥，避免污染。立体包装物应清空内容物，清洁后压扁投放。易破损或有尖锐边角的应包裹后投放。

（2）有害垃圾

居民生活产生的有害垃圾如废旧蓄电池、废旧电池、废旧扣式电池、废节能灯、废置药品、墨盒、硒鼓等，应当打包投放至有害垃圾收集桶内。投放时应注意轻放，易破碎的物品及废弃药品应连带包装或包裹后投放，压力罐装容器应排空内容物后投放。

另外，在公共场所产生有害垃圾且未发现对应收集容器时，应携带至有害垃圾投放点妥善投放。

（3）厨余垃圾

居民生活产生的厨余垃圾，如米饭、面食、蔬菜残余、果皮、蛋壳、残羹剩渣、肉类、鱼虾、茶渣、花草、落枝落叶等，应当沥干水分，投放至厨余垃圾收集桶内。厨余垃圾应从产生时就与其他品种垃圾分开收集，投放前尽量沥干水分，有外包装的应去除外包装投放。

（4）其他垃圾

居民生活产生的其他垃圾，如受污染的纸类、塑料袋、废旧衣物、废纸巾、烟蒂、碎玻璃、一次性碱性干电池及难以区分属性的垃圾，应投放至其他垃圾收集桶内，并保持周边环境整洁。

三、扶贫支教

1998 年 7 月 6 日，共青团中央、教育部发布《关于实施青年志愿者支教扶贫接力计划有关政策的意见》。该文件指出，为充分开发青年人力资源，促进广大青年在实践中锻炼成长，加强社会主义精神文明建设，同时缓解贫困地区教师数量不足、质量偏低的现状，根据中央领导的指示，中央文明办、共青团中央从 1998 年开始组织实施青年志愿者支教扶贫接力计划。这项计划以公开招募、定期轮换的方式组织具有一定文化水平的青年志愿者到贫困地区从事 1～2 年中小学教育和科技、文化、医疗等方面的志愿服务。

自此开始，中华大地掀起了扶贫支教的热潮。时至今日，支教活动热度不减，每年都有大量青年学生主动请缨，参与到支教队伍中。

（一）扶贫支教的意义

大学生支教作为高校公益活动的主要形式之一，其积极意义在于引导大学生以脑力劳动为依托，以培育爱国精神为根本，培育社会责任感，践行劳动实践理念，其重要意义有以下几点。

1. 以脑力劳动为依托，接受劳动教育

劳动分为体力劳动和脑力劳动两种。支教作为一种脑力劳动方式，是大学生体验劳动精神、树立劳动观念的重要途径之一。通过扶贫支教，大学生能够在利用所学知识、传授所学知识的同时，体会脑力劳动的乐趣，加深对脑力劳动的了解，这对大学生树立正确劳动观念有着重要的实践意义。

2. 以爱国精神为根本，升华劳动观念

扶贫支教的最终目的是改变贫困地区教育落后的现状和面貌，均衡国家教育资源和力量，以期达到教育均衡发展的目的。扶贫支教在中国大地规模空前。大学生能够参与这样具有时代意义的活动，对爱国精神会有更加深刻的体会。同时，在支教过程中，大学生通过自己的劳动为国家、社会、他人做出应有的贡献，对于大学生体验劳动的收获感、培养劳动的自豪感具有重要意义。

3. 以提高综合能力为目的，为全面参加社会劳动打基础

在支教过程中，大学生需要进行各方面的劳动准备和实践。"台上一分钟，台下十年功"这句话对台上的教师同样适用。尤其对于没有教学经验的大学生而言，要想在支教中达到良好的教学效果，需要做好很多方面的准备工作。例如，支教前，大学生需要对当代中国的教学形式、教学理念、教学改革、教学技术、教学方法、教学评价等有深入的了解，需要对教师职业道德理念有系统的学习，需要对支教地区的教育现状、教授的学生群体有所了解，需要对支教的课程内容有深入的把握，需要对该课程适合采用的教学方法进行深入研究。不仅如此，在支教过程中，对于学生的生活、学习、思想等各个方面的问题，支教大学生都要有应对和解决的能力。

在上述过程中，支教教师需要具备较强的综合能力。在学习、实践和总结的过程中大学生可从多个方面体会劳动的复杂性、深刻性和挑战性，为以后全面参加社会劳动打下良好的基础。

（二）扶贫支教的类型

从总体上来讲，大学生参加扶贫支教有两种类型：一种是政府部门、学校组织的支教也就是官方组织的支教；另一种是民间组织发起的支教或个人进行的支教。

1. 官方组织的支教

2003 年，团中央、教育部、财政部、人力资源和社会保障部根据国务院常务会议和全国高校毕业生就业工作会议精神，联合实施大学生志愿服务西部计划，招募一定数量的普通高等学校应届毕业生或在读研究生，到西部基层开展为期 1～3 年的志愿服务工作，鼓励志愿者服务期满后扎根当地就业创业。

西部计划按照服务内容分为基础教育、服务"三农"、医疗卫生、基层青年工作、基层社会管理、服务新疆、服务西藏 7 个专项。

作为实践育人工程，这一计划对引导具有理想主义情怀的青年人通过火热的西部基层实践坚定理想信念、锤炼意志品格、升华志愿情怀有着不凡的意义；西部计划引导和帮助高校毕业生树立正确的就业观与劳动观，并为他们搭建了到基层、到祖国和人民最需要的地方干事创业的通道与平台。

共青团中央发起的扶贫接力计划采取公开招募和定期轮换的方式，动员和组织青年以志愿服务的方式到贫困地区开展为期半年至两年的教育农业科技推广、医疗卫生、乡镇企业发展等方面的服务工作，服务期满后，由下一批志愿者接替其工作，从而形成接力机制。扶贫接力计划自实施多年以来为大批青年学生通过自己的劳动奉献社会提供了锻炼机会。

此外，各级省政府也会组织省级的支教活动。各高校则有学校组织的支教活动。大学生可根据自身需要选择报名。

✎ 知识拓展

三下乡活动

三下乡活动是指文化、科技、卫生"三下乡"。为了促进农村文化建设，改善农村

社会风气，密切党群、干群关系，深入贯彻中国共产党十四届六中全会精神，大力推进农村精神文明建设，满足广大农民的精神文化生活需求，1996年12月中央宣传部、国家科委、农业部、文化部等十部委联合下发了《关于开展文化科技卫生"三下乡"活动的通知》，并从1997年开始正式实施。

2. 民间组织或个人发起的支教

很多社会团体，如志愿组织、大学生社团等也会组织大量的支教活动。有精力的大学生可以通过这些组织报名参加。同时，有些需要教师的学校也会在网上发起需求，有精力的大学生可以自行参加。

（三）大学生参加扶贫支教的注意事项

大学生参加扶贫支教活动，要注意以下事项：

1. 做好心理准备

大城市里便利的交通、快捷的网络条件和高效的物流设施，使大学生的生活形成了快节奏、便捷化的特征。然而，很多偏远地区经济仍然相对落后，人们的生活相对简朴，既没有大城市的繁华和喧嚣，也没有大城市便利的生活设施。因此，大学生要做好过苦日子的心理准备，静下心来，学会动手照顾自己，只有这样才能在支教中真正做到帮助他人。

2. 要充分理解和尊重当地教师的意见，尤其是学生管理方面

当地教师经过多年的经验积累，对本地区、本班学生的基本情况更为了解，也在实际教学中积累了更多的经验，他们总结出的教学管理体系、办法和技巧往往是"接地气"的。大学生初来乍到，对当地情况不了解，仅凭在校期间学习的教育理论就想从根本上打破原有的教育氛围，是不切实际的。如果有更好的建议，要和当地教师进行深入的沟通和交流，达成一致意见后才能循序渐进地实施。毕竟，教育不是一朝一夕之功，要在实践中慢慢摸索、慢慢总结。

3. 在教学上，没有固定的方法和理念，只有创新的精神

究竟用什么方法才能够激发学生的学习兴趣，培养学生养成良好的学习习惯，是教师一生的必修课。大学生要在有限的支教时间里多学习教育理论、多研究教育案例、多进行实践总结，方能从中有所收获。

4. 切忌用物质奖励刺激学生

支教的本意是输出知识的力量，而非物质的力量。因此，支教大学生切忌大肆发送物品，以图博得学生的欢心和自己的满足。可以偶尔发一次物质奖励，但千万不要发放无度或没有原则，否则学生的价值观会被扭曲，一旦教师离开或物质终止，就会适得其反或反弹太大。

5. 入乡随俗

支教大学生要尊重当地的风土人情，尊重当地居民的生活习惯和习俗，切不可挑战当地的一些习俗。尤其是进入少数民族地区支教的大学生，更要提前学习该民族的风土人情，尊重他们，理解他们，向他们表达友爱。

第三节　社会劳动实践

一、志愿服务

（一）志愿服务精神的内涵与原则

志愿者通过参与志愿服务，能使自己的能力得到提高，同时也促进了社会的进步。经过多年的实践经验积累，我国志愿服务的内涵和原则，为志愿服务组织开展志愿活动、个人积极参加志愿活动、受助者接受志愿服务等方面提供了指导。

1. 志愿服务精神的内涵

> **动漫解说**
> 志愿服务精神

志愿服务精神概括起来就是奉献、友爱、互助、进步。奉献、友爱、互助、进步的志愿精神与中华优秀传统文化一脉相承，与社会主义核心价值观相契合。

奉献是指志愿者以无偿奉献的独特方式推动人类文明发展。奉献精神是高尚的，是志愿服务精神的精髓。志愿者在不计报酬、不求名利、不要特权的情况下参与推动人类社会发展的活动，这些都体现了高尚的奉献精神。

友爱是指志愿者跨越人类的一切障碍与差异，传递关爱，使社会充满温暖。志愿服务精神提倡志愿者欣赏他人、与人为善、有爱无碍、平等尊重，这便是友爱精神。志愿者之爱跨越了国界、职业和贫富差距，没有文化差异，没有种族之分，没有收入高低，是一种平等之爱，它让社会充满了阳光般的温暖。如医者，他们不分种族、政治及宗教信仰，为受天灾、人祸及战火影响的受害者提供人道主义援助，他们奉献的是超国界之爱。

互助是指志愿者以爱心、所长助人自助，促进社会和谐。志愿服务包含着深刻的互助精神，它提倡"互相帮助，助人自助"。志愿者凭借自己的双手、头脑、知识、爱心开展各种志愿服务活动，以帮助那些处于困难和危机中的人。志愿服务者以互助精神唤醒了许多人内心的仁爱和慈善，使他们付出所余，持之以恒地真心奉献。助人自助帮助人们走出困境，自强自立，重返生活舞台。受助者获得生活的能力后也会投入关心他人、帮助他人、为社会做贡献的志愿活动中，这些志愿活动都涵盖着深刻的互助精神。

进步精神是志愿服务精神的重要组成部分，志愿者通过参与志愿服务，使自己的能力得到提高，同时促进社会的进步。在志愿活动中无处不体现着进步精神，正是这一精神使人们甘心付出，追求社会和谐之境得以实现。

2. 志愿服务精神的原则

开展志愿服务应当遵循自愿、无偿、平等、诚实、合法的原则，不得违背社会公德、损害社会公共利益和他人合法权益，不得危害国家安全。

自愿原则体现了两个方面的意思：一是任何组织和个人不得胁迫他人从事志愿服务。

二是志愿者参加志愿活动具有自觉性，是主动的，而不是被动的；是自觉的，而不是被强迫的。只有自愿才能成为志愿者，只有自愿才能发自内心地积极参加志愿活动，只有自愿才能调动志愿者的积极性和主动性。因此，自愿是开展志愿服务活动的前提。

无偿原则指的是一切志愿活动都不得收取任何费用。志愿服务不应该被当成达到其他目的的手段。志愿者在提供志愿服务时应该坚持利他和公益的基本出发点。志愿者服务可以获得回报，但是不应该以获得回报为基本目的，即使完全没有回报，也应坚持志愿服务。因此，无偿是从志愿服务的动机确定的志愿服务的基本原则之一。

平等原则指在公益活动中，志愿者对救助对象应一视同仁。同时，志愿者和受助者之间也是互相帮助的平等关系，志愿者不应有"施予""赠予"的心理与态度。志愿者在活动中要尊重和爱护受助者，保护他们的隐私，尊重他们的人格，保障他们的权益不受侵犯。

诚实原则指志愿者行动的出发点和立足点就是为政府分忧、为群众解难，办实事、诚实办事。示范性的活动要搞，在基层的落实更要搞。志愿服务只有落实到基层，落实到具体人、具体事，真正成为基层广大志愿者的经常行为，才有生命力和发展前途。

合法原则指志愿服务要遵守我国的一切法律法规，如《中华人民共和国宪法》《中华人民共和国民法典》《中华人民共和国刑法》《中华人民共和国民事诉讼法》《志愿服务条例》《中国注册志愿者管理办法》等。近年来，志愿服务越来越规范化和制度化，青年学生在志愿服务的过程中要严格按照流程操作，听从组织安排，切不可单独行动。

对青年学生来说，要进行志愿服务活动，还要注意量力而行，要在自身的人力、物力和财力允许的条件下开展工作。志愿服务要从自身的实际出发，从社会需求的实际出发，把主观愿望和客观实际结合起来，把社会需求和服务能力结合起来，对于因自己能力有限而无法承担的工作，志愿者要主动提出，不可强行接受。

社会上需要关注、需要帮扶的人很多，但是大学生力量有限、能力有限，不可能满足所有的社会需求。大学生要做的便是知道自己能做什么，既不能无所作为，也不能大包大揽。

（二）志愿服务的时代特征

受社会背景、国家经济发展水平、人民受教育程度、文化建设发展层次等因素的影响，不同时代的志愿服务具有不同的特征。在当代社会，中国特色社会主义进入新时代，我国社会的主要矛盾已经转化为人民日益增长的美好生活需要和不平衡不充分的发展之间的矛盾，志愿服务的范围也延伸到了社会的各个角落和层面，成为社会进步的重要资源，呈现出制度化、规范化、群众化、主题时代化、专业化、多样化、国际化等鲜明特征。认识志愿服务的时代特征，对推动志愿服务事业的健康发展具有重要意义。

1. 志愿服务制度化和规范化

志愿服务在我国从无到有，虽然起步较晚，但发展迅速。在志愿服务的发展过程中，相关部门制定了一系列法律法规，为我国志愿服务走向制度化、规范化提供了保障。2016年7月，中央宣传部、中央文明办、民政部、教育部、财政部、全国总工会、共青团中央和全国妇联印发了《关于支持和发展志愿服务组织的意见》。该意见指出，要把支持和发展志愿服务组织纳入全面建成小康社会、全面深化改革、全面推进依法治国和全面从严治党大局，正确处理志愿服务组织与其他社会服务提供主体之间的关系，统筹不同区域、不同领域、不同类型的志愿服务组织发展。为贯彻落实党的十八大和十八届三中全会精神，引导广大团员青年和社会公众广泛参与志愿服务，根据共青团十七大及《中国青年志愿者行动发展规划（2014—2018）》的要求，共青团中央对 2006 年颁行的《中国注册志愿者管理办法》进行了修订。新修订的《中国注册志愿者管理办法》于 2013 年 12 月 11 日印发，此次修订对进一步规范注册志愿者管理工作，大力弘扬奉献、友爱、互助、进步的志愿精神，推动志愿服务项目化运作、社会化动员、制度化发展，深化青年志愿者的行动具有重要意义。为了保障志愿者、志愿服务组织、志愿服务对象的合法权益，鼓励和规范志愿服务，发展志愿服务事业，培育和践行社会主义核心价值观，促进社会文明进步，2017 年 12 月 1 日，《志愿服务条例》正式施行，该条例是志愿服务工作的最高准则和制度依据。《志愿服务条例》明确了什么是志愿服务、什么人可以做志愿服务、志愿服务的原则是什么、志愿活动的管理单位有哪些、志愿组织的操作规范是什么、国家对志愿活动的促进措施有哪些等内容。

资料链接
志愿者日

2. 志愿服务群众化

志愿服务符合志愿者愿望和社会需求，具有强烈的社会感召力和广泛的群众基础，是一项以青年为主体、全社会广泛参与、充满生机与活力的群众性活动。它已超越了空间、时间、职业等方面的局限，遍及、深入社会生活的各个方面、各个层面，在全社会形成了强烈的辐射效应。各地、各条战线、各个行业的志愿服务组织结合自己的实际开展活动使志愿服务从内容到形式都呈现出多样性。

3. 志愿服务主题时代化

志愿服务的基本精神是确定不移的，但志愿服务的主题和服务范围会随着时代的发展与社会的变迁不断变化。当前，我国的志愿服务更突出地体现在一些大规模的社会活动方面，如扶贫济困、应急救援、大型赛事和环境保护等。从志愿服务关注的人群方面来看，近年来，除了关心贫困人口、困难职工和残疾人，空巢老人、留守妇女儿童人群也成为志愿服务重点关注的对象。

从以上变化可以看出，我国志愿服务活动主题和范围的变化体现了改革开放以来中国社会的历史变迁。时代变化了，志愿服务的主题和范围也要发生相应的变化，中国的志愿服务是植根于中国土壤、为中国的实际需要服务的进步活动。

4. 志愿服务专业化和多样化

随着社会经济水平的提高、人民物质生活的丰富和文化生活的繁荣，城乡群众对志愿服务的需求不断丰富，这促使志愿服务组织类型不断丰富，志愿服务不断走向专业化和多样化。中国志愿服务的项目分化出了智慧服务、技术服务、行为服务、信息服务、资源服务等类型。智慧服务就是发挥高端志愿者的思想创新、思维创新、科技创新的优势，为社区、农村志愿服务组织提供开阔视野、活跃思想、策划项目、提升服务等支持。技术服务就是文艺人才、专业人员、技术人员、科技人员等为城乡志愿服务组织提供专业技术的帮助。行为服务就是志愿者发挥爱心奉献精神，具体帮助有需要的群众，特别是提供帮贫济困服务，帮助他们解决生活问题。信息服务就是志愿者收集和整理城乡群众生活需要的各类信息，义务提供给群众，供其了解和参考。资源服务就是志愿者将拥有的生活与发展资源提供、输送给有需求的群体，给予其资源方面的帮助和支持。

5. 志愿服务国际化

当前，在全球化背景下，世界各国融合发展趋势不断增强，志愿服务工作国际化越来越明显。在中国推动构建人类命运共同体的前进道路上，我国广大的社会组织、志愿服务组织也应当大有作为，担起大国责任、展示大国形象。

目前，在国际赛事、国际会议的组织过程中，志愿者成了一道亮丽的风景线。志愿者的服务应彰显世界情怀，这也是当代中国青年志愿精神的应有之义。青年学生志愿者应坚持站在人类命运共同体的历史高度，用更加宏伟的视野和格局审视志愿精神的内涵，通过志愿服务，通过自身的行动，展现中国人民为世界担责的博大胸襟，让世界人民更深刻、更真诚、更广泛地认同和接纳中国，并与中国一同致力于构建人类命运共同体的宏伟大业，共同铸就全世界的美好未来。

（三）践行志愿服务精神

大学生是践行新时代志愿服务精神的主力军，高等学校对大学生进行志愿服务精神的培养具有非常重要的意义。高等学校要在大学教育中加强志愿服务管理的制度化、规范化和专业化，采取相关措施，积极探索对大学生志愿服务精神培养的多样化模式，将志愿服务精神的培育工作与国家和社会时事紧密联系，将志愿服务精神培育和思想道德课程深度融合，以形式丰富的志愿活动为载体，尝试服务领域多样化和服务活动品牌化，确保志愿服务保障体系化和激励机制长效化，促进对大学生志愿服务精神的培养。

教学讲解
雷锋精神

二、社会调查

社会调查是一项重要的劳动技能，调查研究的成果也是社会性劳动实践活动的重要参考资料。大学生可以根据专业、兴趣和特长，进行有计划有目的的调研，一方面开阔眼界，另一方面为行业提供参考，社会调查不仅是学生提升个人价值的重要途径，还是大学生以能力回报社会的重要方式。

（一）社会调查的概念和类型

社会调查是社会"调查"和"研究"的简称，是人们有目的、有意识地通过对社会现象的考察、了解和分析、研究，来了解社会真实情况、认识社会生活本质及其发展规律，探索改造社会、建设社会的道路或方法的一种自觉认识活动。它包含了四层意思：一是社会调查是一种自觉认识活动；二是社会调查的对象是社会现象；三是社会调查要使用一定方法；四是社会调查要有一定目的。

社会调查根据标准不同有不同的类型。根据调查分析单位的不同，可分为宏观调查（如对国家、省、县或人口普查等大范围或大规模的调查）和微观调查（一般为两三人或数人的小群体的调查）；根据调查内容和功能的不同，可分为研究性的调查（为解决理论性或政策性的问题而进行）和工作性的调查（为解决当前实际工作中的问题而进行）两类。

（二）社会调查的步骤

作为一种科学的研究活动，社会调查研究也必须遵循科学的程序。从社会调查研究的内在逻辑来看，一项社会调查研究一般分为五个阶段：一是选题阶段，二是准备阶段，三是调查阶段，四是分析阶段，五是总结阶段。

1. 选题阶段

本阶段的重点即确定调查主题。

选好研究课题是社会调查研究的起点。对一项社会调查研究的选题加以评判的主要标准包括：选题的价值、时效性、前瞻性、可操作性及可行性等。大学生根据当前国家经济形势和相关的方针政策，以及自己的专业、兴趣和学识，并结合社会调查的要素特征，选定一个值得研究的问题，并通过查阅必要的文献资料、咨询相关老师等方法最终确定调查主题。

2. 准备阶段

本阶段的重点是明确调查内容、调查对象、调查工具。

（1）制订计划，明确调查内容。要紧扣选定的主题，参照相关资料，提出不同层次的问题，并确定系统的调查项目，同时对所有提出的问题和项目加以精选，分轻重缓急，系统完整，并用提纲的形式将最终调查内容确定下来。

（2）设计指标，确定调查对象。调查对象，指接受调查的社会现象的总体。调查对象由性质相同的各个调查单位和个人组成。指标就是用一定的数量和单位来描述调查对象，要用各种数量指标和质量指标从各方面完整地揭示调查对象的本质特征，保证其纵向和横向的可比性。

（3）选择工具，确定适当的调查方式和方法。常用的调查方式有普遍调查（对调查对象的每个部分每个分子毫无遗漏地逐个调查）；典型调查（选择一个或若干个具有代表性的单位做全面、系统、周密的调查）；个案调查（对社会中的某个个人、某个人群，或某个事件、某个单位所做的调查）。常用的调查方法有：问卷法（合理设计问卷，采用开放式、封闭式或混合式问卷收集信息）；文献法（通过书面材料、统计数据等文献对研究对象进行间接调查）；访问法（通过交谈获得资料）；观察法（现场观察，凭借感觉及印象搜集数据资料）。

（4）培训与准备。请有关专家对参与调查的人员进行必要的培训，包括调查态度和调查技能的培训。此外，还应该注意筹备必要的资金和物资，做好与被调查单位的接洽工作，并争取有关单位的支持，保证调查工作的顺利开展。

3. 调查阶段

本阶段的重点是搜集资料实施调查。

资料搜集过程，也就是调查实施的过程。调查研究实施的效果，直接取决于所选择的调查方式是否恰当。研究者经常采用的调查方式包括邮寄、面访、电话问卷调查、网络调查等。网络调查成本低，执行便利，调查范围广，然而，网络的虚拟性会影响到信息的真实性，而且样本的代表性也经常会受到质疑。

4. 分析阶段

本阶段的工作重点是审核、整理、统计、分析调查搜集的资料。

通过调查获得的数据资料往往并不能直接为研究者提供有效的信息，这时就需要借助统计方法和技术，对调查资料进行整理与分析。对社会调查数据的分析可以从两个层面进行，即描述统计和推断统计。如果仅就某次调查的数据进行整理、概括，对该组数据的分布特征加以描述，或者对变量之间的关系加以探讨，则称为描述统计。推断统计是根据样本所提供的信息，运用概率的理论对总体的分布特征和变量关系进行估计、推测。社会调查研究在运用推断统计时，主要是对总体参数进行估计和对研究假设进行检验。描述统计是推断统计的基础，推断统计通过样本的描述统计信息来估计、推测总体，从已知情况推测、估计未来情况。

5. 总结阶段

本阶段的重点工作是撰写调查报告。

对于大学生而言，调查的过程和结论要通过完整的调查报告呈现出来。因此，调查报告也是衡量一个调查研究整体水平的重要考核依据。根据研究目的的不同，社会调查研究报告可以分为规范的学术报告和决策建议报告。规范的学术研究报告一般包括引言、研究方法、结果分析、对策建议、小结、参考文献等部分。社会调查研究报告的文字与写作风格要尽量采用客观的表述，语言要准确、简洁、生动，可以采用必要的图表和数字说明问题。

（三）社会调查的意义

社会调查对大学生的成长成才意义重大。

首先，社会调查有助于大学生认识社会生活的真实情况和因果联系，揭示社会现象的本质及其规律。研究问题、制定政策、推进工作，刻舟求剑不行，闭门造车不行，异想天开更不行，必须进行全面深入的调查研究。

其次，社会调查有助于培养大学生积极向上的人生态度。任何的社会现象和问题都是社会发展大趋势下及特定历史环境下的产物，拨开现象看本质、积极研究解决发展中的问题对于大学生而言就是培养积极的人生态度、树立坚定的理想方向的过程。

再次，社会调查有助于培养大学生对人民群众的深厚感情。调查的过程，离不开与人民群众的深入沟通，调查本身就是大学生深刻了解群众的需求、愿望的过程；而思考解决问题的过程，就是追求满足人民群众美好幸福生活目标的体悟过程、创造过程。

最后，社会调查有助于大学生参与社会生活心态的调整。一是求益的态度，力求促进社会进步，解决社会问题，增进人民幸福；二是求实的态度，尊重客观事实，不"唯上"，不"唯书"；三是求教的态度，眼睛向下，虚心向群众学习与求教。这种心态的调整对大学生未来走入社会影响深远。

三、岗位实习

（一）岗位实习概述

职业教育不仅要让大学生掌握基本的理论知识，还要培养大学生实际操作的技术和能力。在学过大部分基础技术课之后，职业院校通常会按照职业教育的培养目标和教学计划的安排，组织大学生到用人单位参与实际岗位的生产服务或到专业对口的现场直接参与生产过程，让大学生综合运用本专业所学的知识和技能完成一定的生产任务，掌握操作技能，学习企业管理方法，培养正确的劳动态度。职业院校这种专业人才的培养方案就是岗位实习。与传统意义上的实习不同，参与岗位实习的学生在用人单位实习期间就有正式的工作岗位，要完全履行其实习岗位的所有职责，要能够独当一面。这对学生而言，是一个极大的挑战。在工作中，青年学生一方面要巩固理论知识，另一方面要进行实践，不仅要接受教师的指导，还要接受企业文化的熏陶。在真实的工作环境中，以"准员工"的身份独立从事生产性工作，对实际工作岗位的工作负责，履行实际工作岗位上的一切职责。

岗位实习一般安排在大学生在校学习的最后一年，这样的安排符合教育规律。青年学生只有在积累了一定的理论知识后，参加岗位实习才能真正起到作用。若没有前期的知识储备，对一些机械操作岗位，青年学生很可能会因为缺乏相应的理论知识而危及人身安全。任何企业都不愿意接收这样的实习学生。

岗位实习可以开阔青年学生的视野，使青年学生将所学知识及技能应用于岗位实践，熟悉自己即将从事行业的运行情况；较全面地掌握本专业生产实际中常用的技术知识、管理知识和实际操作技能；提高大学生的职业素质和独立工作的能力，激发青年学生的敬业和创业精神，为就业做好心理准备，为毕业后走向工作岗位打下坚实的基础。青年学生在具体的工作岗位上可以了解企业的性质、组织结构、规章制度、企业文化和工作流程，熟悉所在具体岗位和部门的职责、操作规范与要求，掌握自己所在岗位要求具备的具体操作技能，提高自身的职业素养和技术素养。

对学校而言，岗位实习是职业院校充分利用各种有利资源，通过校企合作，提升学生综合素质和就业竞争力的有效途径，是职业院校人才培养中独特的教学环节。对青年学生而言，岗位实习是对自己在校期间所学知识与能力的巩固、补充和提高，也是为毕业做准备的过程。

阅读延伸

大学生选择实习　有人看平台，有人注重机会

每天早上，浙江一所高校的黄雅馨都会打开电脑，在实习公司的留言平台上与客户进行互动。尽管实习期间每天晚上9点下班、周六也要到单位加班，黄雅馨仍乐在其中："我不在乎我加班加到多晚或者薪资多少，我只在乎在这个过程中我能够学到什

么。"和黄雅馨一样，现在一些大学生在选择实习时，薪资高低不是首要因素，兴趣、平台和经验等才是他们的考虑因素。

期待提高自我，坚持兴趣至上

在四川一所高校读硕士研究生二年级的潘微微，本科专业是电子商务，硕士研究生所学专业是市场营销，她选择了一份与自己所学专业完全不对口的实习岗位——人力资源，"我对人力资源比较感兴趣，希望在工作中接触到不同的人和事，所以在选择实习的时候我就留意了有人力资源岗位的公司。"

从一开始的不熟悉到后来的熟能生巧，潘微微发现许多学科都是融会贯通的。在她看来，大学生可以根据自己的兴趣爱好选择实习岗位，积累不同领域的经验，确定自己与理想岗位的匹配度。在人力资源岗位实习之后，她总结出了自己的一些经验："虽然以后我也不能确定自己是否从事这份职业，但是在这里实习让我对未来应聘有了一些经验，知道用人单位看重应聘者的哪些素质，我觉得这一点很重要。"

看重实习平台，注重资源与机会

在成都一所高校读大三的余靖文，目前已有过3次实习经历，从大一开始，她就决定毕业直接找工作，她对实习的选择也有着明确的目标。"我主要是根据自己未来的就业方向来选择实习岗位，比较看重公司的平台和行业的前景，大公司的实习比较有含金量，写在简历里比较好看，而且在大公司会拓宽整个人的视野和格局，能够接触更多更好的资源，可以为以后的工作打下良好的根基。"余靖文在选择实习时首选世界500强企业，并且会根据行业的发展和公司的近况对实习的平台和岗位进行评估，再结合自身的情况最终敲定实习意向。

在多次实习中找寻方向

在上海一所高校读大三的沈月有过3次实习经历。大二寒假，她找到了自己的第一份实习工作，实习单位是一家传统媒体；大二暑假，她去了一家互联网初创企业，做亲子类社交平台的内容输出工作；大三期间，她换了一家有名的互联网公司做运营工作。从传统媒体到新媒体，选择的变化，得益于沈月自身在工作中的不断探索。

（二）岗位实习的形式

岗位实习是职业院校培养高技能、高素质人才的必需阶段，其主要形式可以分为集中岗位实习和分散岗位实习。

1. 集中岗位实习

为了方便统一管理，完成学生的学习任务，由学校联系企事业单位，安排指导教师带领学生集体到企事业单位进行岗位实习的形式，就是集中岗位实习。集中岗位实习有助于学校实施统一的管理和控制，以及贯彻落实岗位实习的任务目标。学校负责联系、安排实习单位，通过定点定岗的形式，对学生的实习内容、实习情况等进行统一安排。

在集中岗位实习时，同学之间能够相互交流、彼此陪伴，从而更快地适应工作。在集中岗位实习期间，同学之间可以通过讨论、相互观摩等方式进行交流与合作学习。通过向同学、同事请教，学生可以取长补短、解除疑惑、解决疑难问题。同时，指导教师会按照学校的要求，对实习学生进行一定的规范管理。因此，学生要考虑的问题相对较少，但可选择的范围相对较窄。

2. 分散岗位实习

分散岗位实习又称自联岗位实习，是学生在确保各种安全的情况下，自己联系实习单位进行岗位实习，完成实习任务的形式。分散岗位实习能够让学生以家庭为中心，就近选择实习单位，选择自己喜欢的行业、职位等。对初入职场的学生而言，在交通、食宿等都方便的条件下，安全感相对较高，也有助于学生集中精力完成实习，收获良好的实习效果。

分散岗位实习可选择的资源相对丰富。学生自主联系实习单位，能够锻炼自我推销能力和人际交往能力。分散岗位实习时，指导教师只能巡回指导，无法全程跟踪管理。如果学生自身的控制力和毅力不强，在岗位实习中很可能会出现应付的态度，岗位实习的质量会严重下降。有些学生频繁更换实习单位，更加大了学校指导与管理工作的难度。

每种实习形式都有其优点和缺点，如何使岗位实习真正发挥它的效用是每个学校要认真研究的问题。目前，很多职业院校都在积极探索有效的岗位实习模式，大多数院校采用集中与分散相结合的形式，取长补短，最大限度地提高岗位实习的质量。

（三）岗位实习的特点

与其他教学环节相比，岗位实习虽然教学形式和教学场所发生了变化，但依然是职业院校教育教学活动的重要组成部分，是职业院校学生的一门必修课程。岗位实习同其他课程一样，只有考试合格才能取得相应学分。但同时，岗位实习仍有其自身的特殊性。

1. 岗位实习具有教育性和职业性双重性质

岗位实习与专业培养目标密切相关，是学校培养合格人才十分重要的一个教学环节。在岗位实习的过程中，通过学校和实习单位教师的指导，学生的专业知识能够获得一定的增长，实践操作技能也能有一定的提高。岗位实习时，大学生到用人单位工作，教学场所由校内转向校外，学习从以课堂和学校为中心转变为以岗位和用人单位为中心，大学生在用人单位通过岗位上的职业操作开展相关的学习，这是一种职业劳动过程。

2. 大学生具有双重身份

在岗位实习过程中，实习的大学生既是学校的学生，又是企业的员工，身份具有双重性。岗位实习的大学生必须接受学校和实习单位的双重管理，在岗位实习期间，大学生既要完成学习任务，又要履行实习单位的岗位职责；既要遵守学校的规章制度，又要遵守实习单位的相关规定。

3. 学习内容具有针对性

针对具体岗位，大学生岗位实习学习的内容具体、明确、有针对性。大学生在岗位实习过程中会提升职业素养与职业能力，也会遇到很多书本上没有讲解到的具体知识和技能。因此，大学生必须善于在实践中学习，善于在岗位工作中学习，以提高自己的就业竞争力。

4. 教学模式的特殊性

岗位实习强调教学实践与工作过程相结合，是实施"工学结合"人才培养的有效模式。在岗位实习过程中，大学生是实习单位的准员工，应将所学的理论知识与工作相结合。大学生进入工作岗位后，实行与企业员工一样的 8 小时工作制，在必要情况下还要加班。总之，岗位实习是职业院校人才培养过程中的特殊环节，这种特殊性决定了大学生在岗位实习中必将有一个角色转变与适应的过程。

5. 国家政策的强制性

2005年发布的《国务院关于大力发展职业教育的决定》规定："高等职业院校学生实习实训时间不少于半年。"之后，国务院、教育部等部门陆续下发职业教育相关的政策文件，对这一要求进行重申。2019年1月24日，国务院印发了《国家职业教育改革实施方案》，其中提到"职业院校实践性教学课时原则上占总课时一半以上，岗位实习时间一般为6个月"。同时，文件明确了"职业教育与普通教育是两种不同教育类型，具有同等重要地位"，这在职业教育发展过程中具有划时代的意义。由此可见国家政府部门对职业院校实施岗位实习的重视程度，因此，岗位实习在一定程度上具有国家政策的强制性特征。

（四）岗位实习的目的

《国务院关于加快发展现代职业教育的决定》中明确指出，发展现代职业教育必须"坚持以立德树人为根本，以服务发展为宗旨，以促进就业为导向，适应技术进步和生产方式变革以及社会公共服务的需要，深化体制机制改革，统筹发挥好政府和市场的作用，加快现代职业教育体系建设，深化产教融合、校企合作，培养数以亿计的高素质劳动者和技术技能人才"。岗位实习就是实现现代职业教育目标的有效模式。职业院校组织学生参加岗位实习的根本目的是培养社会需要的合格的职业人，提升职业人的培养质量，让学生实现从学校人向职业人的转换。通过岗位实习，学生可将理论知识与工作实践有效结合起来，增加对社会的了解，丰富社会实践经验，提升自身的综合素质；通过岗位实习，学生可强化动手操作能力，从而实现零距离上岗；通过岗位实习，学生能够提高自身的管理能力、应变能力及运用知识解决实际问题的能力，培养实事求是严肃认真的科学工作态度；通过岗位实习，学生能够学习如何解决问题，从而总结经验教训，为以后的发展奠定基础。

对于职业院校来讲，岗位实习的目的是使学生置身于真实的生产环境中，实际参与生产过程，接触最新的技术和设备，把校内学习与企业生产实践紧密结合起来，进一步培养、提高学生的实践能力、职业素质和岗位技能。在岗位实习中，学生有机会将所学的专业理论知识应用到工作中，对所学专业的认识更加具体，对专业理论的学习和理解更加深刻，并能够通过实践操作来验证和丰富理论，达到学以致用、工学相长的效果。同时，岗位实习能培养学生吃苦耐劳的精神，帮助学生了解企业管理，感受企业文化，提升学生的职业素质和职业能力，以更好地适应企业工作岗位的要求。岗位实习还能帮助学生增加潜在的就业机会，提高学生的就业率。无论是对学生、学校还是对企业而言，岗位实习的重要意义不言而喻。

（五）岗位实习的任务

职业院校肩负着培养面向生产、建设、服务和管理一线高端技术技能型人才的使命。岗位实习是有效推进校企合作、工学结合，深化产教融合的重要方式。参加岗位实习的职业院校学生应完成以下任务。

1. 增强岗位担当意识，培养爱岗敬业的职业品质，养成良好的职业道德

一般来说，学校的生活环境和社会的工作环境差距较大，学校主要专注于培养学生的

学习能力和专业技能，社会主要关注员工的专业知识和业务潜力。大学生要想适应社会的生存要求，除了要加强课堂上理论知识的学习，还必须亲自接触社会，参加工作实践，培养自己的适应能力、组织能力、协调能力和分析解决实际问题的能力。

对职业院校的大学生来说，岗位是其体现自身价值的重要平台。毕业后走向社会，大多数人会从事一线工作，虽然有生产性的岗位、采购性的岗位、营销性的岗位、维修性的岗位等不同性质的岗位，但是基本上需要从基层做起。每个岗位都是独特的，在社会中发挥着特有的作用。干一行，爱一行，专一行，精一行，这是基本的岗位职责，也是一种职业品质，还是一种工作作风，更是良好精神状态的反映。在岗位实习的过程中，大学生要立足岗位职责，做好分内事，承担应当承担的责任，履行应当履行的义务，完成应当完成的使命，努力在承担义务的过程中激发自己的能力。每个人无论从事什么工作、处于什么岗位，都应该树立岗位担当意识，这是一名劳动者走向成功的必经之路。在岗位实习的过程中，大学生务必深入生产一线，培养良好的职业道德，脚踏实地、兢兢业业地工作。

2. 转变观念，实现角色转换，提升工作能力

大学生从学校到企业，从校园切换到现实社会，往往需要较长的适应期。大学生只有实现了角色转换，才能顺利完成岗位实习的任务，实现从校园走向社会的平稳过渡，继而树立正确的就业、创业观。

大学生刚毕业，不了解企业的实际情况，对企业的认识也相对肤浅和理想化，一旦进入企业，往往难以适应企业环境。然而，企业急需的是适应能力强的人，是能够快速融入企业的人，是能够实现自身价值、促进企业发展的人。若员工进入企业后，一切从零开始学习，对企业而言人力成本无疑是巨大的。

岗位实习很好地填补了大学生从学校走向社会的空窗期。想要成为符合社会要求的技术型、应用型人才，大学生就要在思想观念上适应社会，了解社会对职业院校学生的要求，充分利用岗位实习的缓冲期，深入、具体地了解企业和社会，锻炼和提升自身的工作能力，为毕业后顺利踏入社会、适应社会与工作奠定基础。

3. 丰富社会实践经验，增强岗位的适应性

参加岗位实习，对大部分大学生而言是一次重大挑战与自我升华。在应对用人单位的面试时，大多数大学生会被问到有无工作经验，从实际情况来看，这道门槛也拦住了不少大学生。

大学生进入企业进行岗位实习，接受企业的管理，服从企业的安排，严格按照企业的要求工作，接受企业文化的熏陶。这不仅能够锻炼大学生的劳动能力，还能够通过实践提升工作中的沟通和适应能力，增强做人的才干，提高职业素养和职业精神。实践出真知，实践长才干。大学生有了岗位实习经历并顺利拿到岗位实习合格证，对今后走向社会参加岗位应聘是十分有益的。

4. 提高社会化程度，促进自我发展

在毕业前，岗位实习能够让大学生提前进入社会，在工作中积累经验，将理论知识与具体工作相结合，找到自己的不足。在明确不足之后，大学生可以利用时间多学习，不断完善自己。只有这样，大学生才能既满足企业的岗位需要，又促进自己的职业发展。社会化和职业化的大学生才是企业需要的人才。在岗位实习的过程中，大学生应该注重培养自己吃苦耐劳的精神，增强自己承受挫折的心理素质，养成良好的职业道德；应该着重锻炼

自己综合运用知识解决实际问题的能力，强化自己的动手实践能力；应该抱有实事求是、严肃认真的科学工作态度，转变自己的就业观念，适应社会对高端技术技能型人才的要求。

◆ 实践演练 ◆

为家人做一顿美味营养餐

家庭烹饪的魅力就在于简单与真实，热气腾腾的饭菜里藏的是家的温暖。每一道菜，都是对家人的爱与关心，都能在其中感受到家的温暖与幸福。

本次实践活动以"为家人做一顿美味营养餐"为主题，通过亲手做饭来进行食材选择、烹饪技巧学习、营养搭配等环节的学习，同学们可以在烹饪中感受劳动的乐趣。请以短视频或PPT的形式分享给其他同学和老师。

通过亲手为家人准备一顿饭，同学们可以学习基本的烹饪技能，提高生活能力，了解健康饮食的重要性，养成良好的饮食习惯，还可以表达对家人的爱和感激之情，增进家庭成员之间的感情，营造温馨和谐的家庭氛围。

◆ 章节习题 ◆

1. 家庭养花应注意哪些方面的问题？
2. 按照《生活垃圾分类标志》标准，生活垃圾可分为哪几类？
3. 青年学生参加扶贫支教的意义是什么？
4. 志愿服务精神是什么？
5. 岗位实习的特点有哪些？

◆ 以劳育美 ◆

动漫解说
扭秧歌

扭秧歌，是我国北方民间喜闻乐见、具有代表性的一种舞蹈，是我国第一批进入国家级非物质文化遗产名录的项目之一。它的前身是农民在插秧时的一种歌咏活动，起源于农业生产劳动。每年春耕时，农家的妇女儿童数以十计，一起到田里插秧，一人敲起大鼓，鼓声一响，"群歌竞作，弥日不绝"，称为"秧歌"。

REFERENCE

[1] 柳友容，吴长法. 大学生劳动教育[M]. 北京：北京师范大学出版社，2023.

[2] 陈嘉兴，周建章，孔健，等. 大学生劳动教育理论与实践教程[M]. 上海：上海交通大学出版社，2021.

[3] 史钟锋，董爱芹，张艳霞. 新时代大学生劳动教育[M]. 北京：清华大学出版社，2021.

[4] 中共中央马克思恩格斯列宁斯大林著作编译局. 马克思恩格斯选集[M]. 北京：人民出版社，2019.

[5] 宦平，田雷，管晓刚，等. 工匠精神读本[M]. 北京：中国劳动社会保障出版社，2016.

[6] 冯喜成，向松林. 新时代劳动教育理论与实践教程[M]. 北京：首都师范大学出版社，2021.

[7] 黄建科，邓灶福. 新时代劳动教育与实践[M]. 北京：中国轻工业出版社，2023.

[8] 曹三杰，汤火箭. 新时代大学生劳动教育理论与实践[M]. 北京：科学出版社，2023.

[9] 刘俊，叶静漪，林嘉，等. 劳动与社会保障法学[M]. 北京：高等教育出版社，2018.